사람과 사물, 현실을 대체하는 뉴노멀 비즈니스

한국이
열광할
세계 트렌드

사람과 사물, 현실을 대체하는 뉴노멀 비즈니스

한국이
열광할
세계 트렌드

KOTRA 지음

일상을 뒤바꾼 포스트 코로나 시대, 미래의 조각 퍼즐을 맞춰보자

아직도 변이 바이러스가 남아는 있지만, 지난 2년여간 전 세계를 혼란스럽게 한 코로나19의 위력이 움츠러들면서 세계는 다시 일상으로 복귀하고 있는 듯하다. 하지만 팬데믹은 우리의 삶을 이전과 완전히 다른 모습으로 만들었다. 비대면으로 소통하는 것이 자연스러워졌고, 직원과의 대화보다는 화면을 통한 구매와 결제가 더 흔한 일상이 되었다. 바야흐로 포스트 코로나 시대가 시작되었다.

비대면이 일상이 되면서, 디지털로의 전환도 빠르게 이루어졌다. 가상현실, 증강현실, 메타버스와 같은 신기술이 우리의 일상 곳곳으로 폭넓게 퍼졌고, 많은 이들이 가상세계와의 동행을 자연스럽게 받아들이게 됐다. AI나 사물인터넷[IoT] 같은 컴퓨터와 통신 기술의 발달은 이전에는 실현이 어렵다고 여겨진 미래의 모습들을 우리 곁으로 가져왔다. 이제 집 앞의 가게 대신 손안의 인터넷 쇼핑몰을 이용하는 것이 익숙해졌고, 사람들은 아침부터 저녁까지 디지털 기기를 손에서 놓지 않고 있다. 모든 것이 디지털로 전환되는 시대이다.

개인의 일상뿐만 아니라 기업의 경영에도 큰 변화가 일어났다. 지구온난화에 따른 기상이변이 속출하면서 소비자의 선택 기준이 친환경으로 바뀌기 시작했다. 코로나 시대를 거치면서 ESG에 대한 가치가 더욱 강조되고 있다. 지구온난화의 주범으로 지목된 이산화탄소 배출을 줄이기 위해 내연기관을 대체하게 될 전기차의 도입이 늘어나고 있고, 수소 선박의 개발도 본격화되고 있다. 또 기후 대응을 위한 탄소중립 실현과 녹색 수소 생산을 위한 각국의 노력이 가속화되고 있다.

에너지 안보뿐만 아니라 식량 안보 역시 새로운 과제로 떠오르고 있다. 2022년 초 벌어진 전쟁은 에너지와 식량의 글로벌 공급망에 위기를 초래했고, 세계 각국은 식량 안보를 확보하기 위해 고심하고 있다. 이에 따라 새로운 기술과 혁신을 기반으로 한 대체식품과 미래 식량에 대한 관심도 증가하고 있다. 내연기관이나 종이화폐, 고기류처럼 익숙했던 것들을 새로운 것으로 대체해야 하는 시대이다.

이러한 전환과 대체는 새로운 기술의 개발과 도입을 통해 가능해지고 있다. 《2023 한국이 열광할 세계 트렌드》는 이 같은 미래 변화의 조짐을 포착하고 발굴하는 데 집중했다. 이 책에 실린 36개의 글로벌 비즈니스 사례는 전 세계 83개국 128개 해외무역관 직원들이 찾아낸 최신 사례 중 창의적 영감과 인사이트를 불러일으킬 법한 아이템만을 선별한 것이다.

특히 '전환'과 '대체'의 시대에 필요한 인간과 기술의 행복한 '동행'을 다양한 관점으로 제시해 보았다. 1부 '일상 깊숙이 스며든 디지털 전환'에서는 메타버스, 증강현실 등 우리의 일상 깊숙이 침투한 가상세계와 NFT로 대표되는 가상자산의 인기 비결, 빠른 성장곡선을 그리고 있는 로봇산업의 현주소를 다루었다. 2부 '익숙한 것으로부터의 탈피'에서는 기존 화석연료를 대체할 녹색 수소, 바이오에너지 등 신에너지를 비롯해, 식량위기에 대비해 기존 식량을 대체할 수 있는 세포배양식품, 대체식품 등 다양한 미래식량과 함께 기존 기술을 대체할 3D 프린팅이나 전기자동차 같은 혁신적 기술을 소개했다. 3부 '함께하는 삶을 위한 스마트한 변화'에서는 장애인과 노년층 등 사회적 약자를 위한 기술, 리커머스나 업사이클링으로 대변되는 친환경 트렌드, 아이와 반려동물을 위한 다양한 기술 등에 대한 사례를 담았다.

포스트 코로나와 공급망 위기로 인해 물가가 치솟고, 이를 잡기 위한 금리인상으로 달러화가 초강세를 보이면서 글로벌 경기 침체가 장기화될 것이라는 전망도 확산되고 있다. 전 세계가 미래를 예견하기 힘든 불확실성의 시대에 접어든 것이다. 하지만 미래는 언제나 불확실하고 예측이 쉽지 않았다. 이런 때일수록 우리가 처한 상황을 냉정하게 살펴 새로운 기회를 포착해야 한다. KOTRA가 발굴한 최신 비즈니스 사례가 새로운 기회와 변화의 계기가 되길 바라며, 여기에서 인사이트를 얻어 다양한 비즈니스 모델이 창출되기를 기대한다.

2022년은 우리나라의 무역과 투자를 진흥하기 위해 KOTRA가 창립된 지 60주년이 되는 해이다. 그동안 전 세계 곳곳에서 해외 비즈니스 현황을 발 빠르게 전해준 해외무역관 직원들과 이를 활용해 새로운 영역에 과감하게 뛰어든 기업가들이 있었기에 오늘날 무역대국 대한민국을 만들 수 있었다. 2011년부터 발간해온 〈세계 트렌드〉 역시 변화하는 시대에 새로운 기회를 찾는 데 도움이 되기를 바란다. 책이 나올 수 있게 수고해준 해외무역관에게 진심으로 감사의 인사를 전한다. 더불어 오랜 시간 이 책에 많은 관심을 기울여준 독자 여러분과 좋은 책을 만들기 위해 노력해준 출판사 관계자들에게도 진심으로 감사드린다.

KOTRA 사장 유정열

CONTENTS

대체불가토큰-NFT
신개념 마케팅의 수단이 된 NFT

로보틱스-ROBOTICS
로봇이 가져온 일상 속 변화들

PART 2

익숙한 것으로부터의 탈피

에너지-ENERGY
더 나은 내일을 위한 청정에너지원

푸드-FOOD
지구의 안녕을 위한 미래형 대체식품

기술-TECHNOLOGY
혁신적 미래 기술의 현주소

PART **3**

함께하는 삶을 위한 스마트한 변화

사회-SOCIETY
기술로 앞당기는 따뜻한 포용사회

자연-NATURE
지구와 공존하는 친환경 라이프스타일

친구-FRIEND
새로운 친구와 함께하는 소중한 삶

일러두기

* 환율은 1USD=1,300원, 1AUD=920원, 1JPY=9.85원, 1HKD=182원, 1PLN=285원, 1INR=17원, 1EUR=1,330원, 1CNY=194원을 기준으로 했습니다.

PART

1

일상 깊숙이
스며든
디지털 전환

메타-META

현실에 더 가까워진

가상세계

코로나19 팬데믹이 비대면 디지털 사회로의 전환을 가속화하면서 멀게만 느껴졌던 가상세계는 우리에게 친숙한 곳이 되었다. 메타버스 공간에서의 상품 판매를 의미하는 메타커머스가 새로운 쇼핑 트렌드로 떠올랐고, AR 기술이 혁신적 마케팅 툴로 기능하며 '경험'에 중점을 둔 소비 방식이 핵심으로 떠올랐다. 더욱이 시청각은 물론 촉각 경험까지 가능해진 가상세계 속 일상은 현실세계에 한층 더 가까워졌다. 보다 전문적인 영역이라 할 수 있는 금융과 의료 분야 역시 더 편리하고 유용한 디지털 솔루션을 창출해냈다. 이제는 현실세계의 대체재가 아니라 현실 속 또 다른 일상으로 자리잡은 가상세계의 다양한 기술 트렌드와 최신 비즈니스 사례를 소개한다.

META

MZ세대를 겨냥한
새로운 쇼핑 트렌드
'메타커머스'

오사카

도쿄에 사는 20대 직장인 모리의 취미는 쇼핑이다. 퇴근 후 인터넷 쇼핑몰 이곳저곳을 돌아다니며 마음에 드는 물건을 장바구니에 담아두었다가 한꺼번에 구매하는 게 유일한 낙이다. 그녀가 주로 구매하는 품목은 의류와 화장품인데 고르고 골라 주문한 제품도 막상 받아보면 기대했던 것과 달라 속상할 때가 많다. 유명한 인플루언서의 추천 평이나 기존 구매자들의 상품 리뷰를 꼼꼼히 따져보고 구매하는데도 이상하게 실패 확률이 높았다. 그런데 최근 유명 메타버스Metaverse 플랫폼으로 쇼핑 채널을 바꾼 후 실패 확률이 대폭 줄어들었다. 아바타와 함께 오프라인 매장과 거의 똑같은 분위기의 국내외 브랜드 가상매장을 둘러보는 재미도 쏠쏠하지만, 마음에 드는 옷을 바로 아바타에게 입혀본 후 똑같은 디자인의 옷을 실제로 구매할 수도 있어서다. 게다가 다양한 게임과 체험 이벤트까지 즐길 수 있어 메타버스 플랫폼을 찾는 빈도가 점점 늘어나고 있다.

전 세계가 주목하는 '제3의 판매 방식'

최근 가공, 추상을 의미하는 메타^{Meta}와 현실세계를 의미하는 유니버스^{Universe}의 합성어인 '메타버스'를 기반으로 한 비즈니스가 늘어나는 추세다. 그중 메타커머스^{Metacommerce}('메타버스'와 '커머스'를 합친 단어로 메타버스 공간에서 상품을 판매하는 새로운 E-커머스 트렌드)가 오프라인 점포와 전자상거래^{Electronic Commerce}에 이은 제3의 판매 방식으로 주목받는다.

일례로 명품 브랜드 구찌^{GUCCI}는 미국의 대표적인 메타버스 게임 플랫폼 로블록스^{Roblox}뿐만 아니라 네이버의 메타버스 플랫폼 제페토^{ZEPETO}에 가상매장을 오픈하고, 비정기적으로 아바타 착용 가방과 의상 등을 판매하며 MZ세대를 공략하고 있다. 2021년 5월, 로블록스 내 전시장에서 가상의 핸드백을 판매했을 당시 4,115달러(약 535만 원)에 거래됐을 정도로 반응도 뜨겁다. 제페토에서 구찌 가방은 77~88젬^{ZEM*}에 판매된다. 일본 기업들 역시 마찬가지로 메타커머스를 주목하고 있다. 새로운 홍보 수단의 하나로 글로벌 메타버스 플랫폼 내에 가상매장을 구축하거나, 메타커머스를 위한 새로운 프로젝트를 속속 도입 중이다.

◦ 제페토에서의 화폐 단위로 1ZEM=85원 상당.

토요시마의 'GET BOTH' 프로젝트

섬유 전문 상사인 토요시마^{TOYOSHIMA}는 가상세계의 아바타와 현실세계의 사람이 같은 옷을 구입해 함께 착용하는 'GET BOTH, BOTH BUY' 프로젝트를 PocketRD(아바타 제작 솔루션 'AVATARIUM' 개발·제공)와 협업해 진행하고 있다.

토요시마가 제공하는 의류 패턴 데이터를 토대로 PocketRD가 아바타가 입는 가상의 옷과 실제 인간이 착용하는 옷을 동시에 제작·판매하는 형태다. 2022년에 일부 상품이 공개됐으며, 향후 상품 종류를 조금씩 늘려가면서 상당수의 실제 의류를 아바타용 디지털 상품으로도 제공할 계획이다.

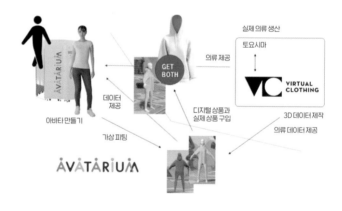

GET BOTH, BOTH BUY 프로젝트   출처: 토요시마

'버추얼 마켓 2021'에 참가한 여러 기업들

1) 엔터테인먼트 요소를 곳곳에 배치한 로손

로손LAWSON은 '버추얼 마켓 2021*'에 처음 참가하면서 메타버스 공간 내에 가상매장을 정교하게 구현했다.

더불어 오프라인 매장에서 판매하는 상품을 가상매장에 전시하고, 가상매장 내에서 촬영한 사진을 활용해 오리지널 패키지 상품을 만드는 제작 체험 등도 함께 진행했다. 또 인기 VTuber(버추얼 유튜버)인 아사노 루리, 오메가 시스터즈, 후지 아오이가 1일 점장으로 참여해 유저와 실시간 교류를 하거나, 그녀들의 오리지널 3D 아이템을 판매하는 등 유저가 즐기고 체험할 수 있는 엔터테인먼트 요소를 곳곳에 배치했다.

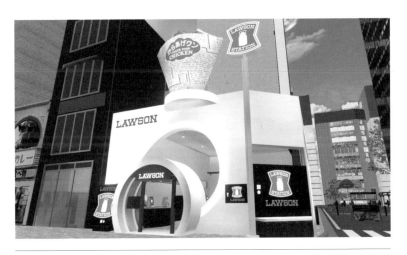

버추얼 마켓 2021에서 선보인 로손 가상매장 외관   출처: 버추얼 마켓 트위터

• HIKKY(VR, AR, MR 등 XR 관련 사업 운영)가 2021년 12월 4~19일 개최한 세계 최대 규모 VR 이벤트.

이외에도 오프라인 매장과의 연계를 위해 가상매장에서 오리지널 튀김을 제작하거나 혹은 셀프 커피머신 체험을 한 고객을 대상으로 로손 오프라인 매장에서 사용할 수 있는 쿠폰을 제공하여 고객들이 실제 매장을 찾도록 유도했다.

로손 가상매장의 셀프 커피머신 안내

출처: 버추얼 마켓 트위터

2) 실시간 고객 응대를 도입한 빔스

어패럴 기업 빔스BEAMS는 버추얼 마켓 2021 내 가상매장에서 아바타 의류뿐만 아니라 실제 의류와 잡화 등도 함께 판매했다. 유저가 3D로 구축한 가상매장을 자유롭게 돌아다니면서 현실 속 매장에서처럼 상품을 손에 들고 구경할 수 있도록 한 것이다. 특정 시간대에는 빔스 실제 직원이 아바타와 연동해 고객을 실시간으로 응대했다. 헤드 마운트 디스플레이HMD나 컨트롤러를 사용해 스태프의 세세한 움직임을 아바타와 연동함으로써 자연스러운 고객 응대가 가능하도록 했다.

빔스 가상매장 외관

3) 메타버스 연회를 개최한 다이마루 마쓰자카야 백화점

다이마루 마쓰자카야^{Daimaru Matsuzakaya} 백화점은 고객이 3D 형태의 식품
을 손에 들고 상품을 확인하거나, 가상의 카탈로그를 보고 상품을 구입
할 수 있는 가상매장을 구현했다. 크리스마스나 설날 등 특별한 날을 위
한 로스트비프, 디저트 등을 비롯해 2,700가지에 달하는 음식을 함께 선
보였다.

더불어 실제 식품과 가상식품을 동시에 판매해 사용자가 가상공간에
서 3D 형태의 맥주로 건배하거나, 3D 디저트로 생일이나 기념일을 축하
하고 즐길 수 있도록 했다. 또한 고객이 가상식품에 접근하면 어떤 맛인지
알려주는 캐릭터가 카운터에 등장하는 엔터테인먼트 장치도 마련했다.

행사 기간 중 100명 이상의 손님이 모이는 '메타버스 연회'도 개최했
다. 다이마루 마쓰자카야 백화점 직원이 연회에서 아바타의 모습으로 손
님을 응대하는 장면을 유튜브로 송출하는 한편, 추천 음식 및 상품을 소
개하는 행사도 진행했다.

다이마루 마쓰자카야 가상백화점 3D 식품 메뉴   출처: 다이마루 마쓰자카야

가상공간의 상업시설 소라노우에 쇼핑몰

소라노우에Soranoue 쇼핑몰은 IT 서비스를 제공하는 베네릭디지털엔터
테인먼트BENELIC Digital Entertainment가 운영하는 가상공간의 상업시설로, 인
기 캐릭터 숍이 입점해 있으며 대형 홀, 스튜디오, 전시 홀 등 이벤트 공
간도 마련돼 있다. 대표적인 예가 에반게리온스토어EVANGELION STORE, 지
브리 도토리 공화국, 토미카숍TOMICA SHOP 등이다. 이 중 토미카숍은 4K
고화질 카메라로 촬영한 진짜 오프라인 매장 이미지를 기반으로 가상매
장을 구축했기 때문에 이곳을 방문한 고객은 마치 실제 매장에 와 있는
듯한 느낌을 받을 수 있다.

　매장 방문 및 제품 구입도 편리하다. 아바타를 설정한 후 소라노우에
쇼핑몰을 방문한 고객들은 누구나 쇼핑몰 내부를 자유롭게 돌아다닐 수

있으며, 가상매장에서 제품을 구입하고 싶을 땐 해당 제품을 클릭하기만 하면 된다. 클릭하는 즉시 공식 판매 사이트로 이동하므로 편리한 쇼핑이 가능하다.

소라노우에 가상쇼핑몰을 구경 중인 아바타 모습   출처: 소라노우에 공식 홈페이지

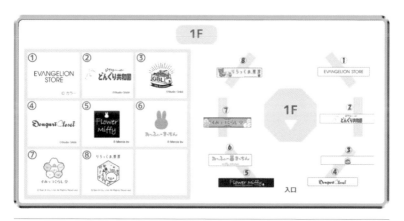

소라노우에 가상쇼핑몰 가이드맵 일부   출처: 소라노우에 공식 홈페이지

급격하게 성장 중인 전 세계 메타커머스 시장

글로벌마켓인사이트Global Market Insights의 보고서에 따르면, 메타버스 시장 규모는 2028년에 5,000억 달러(약 650조 원)를 넘을 것으로 예상된다. 시장조사 업체 스트래티지애널리틱스Strategy Analytics의 전망도 비슷하다. 전 세계 메타버스 시장 규모가 2021년 460억 달러(약 59조 8,000억 원)에서 2025년 2,800억 달러(약 364조 원)로 6배 넘게 성장할 것으로 예견한 것이다. 새로운 소비 영역인 메타커머스에서 최근 '메타패션Meta Fashion'이라는 글로벌 트렌드가 생겨나고 백화점, 패션, 캐릭터, 편의점 등 다양한 브랜드들이 가상공간에 적극적으로 진출하는 등 앞으로 시장은 더욱 확대될 전망이다. 우리나라 기업들 역시 향후 주요 소비층이 될 MZ세대를 타깃으로 하는 가상매장을 주요 글로벌 메타버스 플랫폼에 발 빠르게 구축하고 있다. 특히 백화점, 홈쇼핑, 편의점, 커피전문점 등 유통 업계가 적극적인 행보를 보이는 상황이다. 이에 따라 메타커머스에 많이 활용되는 실감형 콘텐츠(가상현실Virtual Reality, VR, 증강현실Augmented Reality, AR을 활용한 콘텐츠)의 기술 관련 특허도 늘어나는 추세다. 특허청에 따르면, 2000년부터 2020년까지 한국·미국·일본·유럽·중국 등 선진 5개국 특허청(IP5)에 출원된 실감형 콘텐츠 기술 관련 특허는 총 3만 1,567건에 달하며, 2010년 이후부터는 출원이 연평균 19%나 증가했다. 실감형 콘텐츠를 앞세운 메타커머스가 기존 쇼핑 채널을 대체할 날도 머지않은 셈이다.

고다연(오사카무역관)

소비 패턴의
변화를 가져온
AR 기술

워싱턴

군이 써보지 않아도 나에게 어울리는 안경과 선글라스를 고를 수 있다? 혹은 직접 체험해보지 않아도 메이크업에 따라 달라진 내 모습을 확인할 수 있다? 만약 입어보지 않아도 이 옷이 나에게 어울리는지, 어울리지 않는지 확인할 수 있고, 운전해보지 않아도 차량의 성능과 디자인을 충분히 경험할 수 있으며, 실제로 집에 들여놓지 않아도 가구와 대형 가전제품을 내 마음에 들게 배치할 수 있다면, 사람들은 어떤 선택을 하게 될까? 시간을 들여 오프라인 매장에 방문하는 대신, 실제와 거의 유사한 경험을 제공하면서도 활용하기 쉽고 간편한 AR 기술에 매료되지 않을까?

놀이에서 도구를 거쳐 전면화로, AR 기술의 변화

결론부터 말하자면, 'YES'다. 코로나19와 사회적 거리두기는 우리 삶의 많은 부분을 바꿔놓았다. 여러 산업에 걸쳐 디지털 전환이 일어난 가운데 전자상거래는 특히 빠른 속도로 성장했다. 하지만 전자상거래를 찾는 소비자들이 급격히 늘어나면서 많은 문제점이 거론되기 시작했다. 제품의 실물을 확인하고 구매했던 기존의 소비 방식에서 상품 정보, 리뷰, 사진에만 의존한 구매로의 전환은 소비자들의 불편함과 불확실성을 자아냈다. 그리고 이러한 고민은 AR 기술의 도입을 촉진했다. 타인이 제공하는 정보에 의존하기보다 AR을 활용해 직접 배치해보고 착용한 후 구입하는 소비 방식으로의 변화가 소비자 만족도를 높였기 때문이다.

그랜드뷰리서치Grand View Research의 2021년 자료에 따르면, 글로벌 AR 시장은 연평균 43.8%의 성장률로 2028년까지 3,400억 달러(약 442조 원) 규모를 형성할 것으로 전망된다. 또한 딜로이트디지털Deloitte Digital은 2021년 '스냅 고객 AR 글로벌 리포트Snap Consumer AR Global Report'를 통해 AR 기술과 관련한 흥미로운 분석을 공개했다. 기술 도입 단계 지표인 4T, 즉 신규 기술Tech, 놀이Toy, 도구Tool, 전면화Totality 중 AR 기술은 코로나19 기간 동안 놀이에서 도구 단계로 급격한 성장을 이뤄냈으며, 이른 시일 내 전면화 절차를 밟게 될 것으로 전망한 것이다. AR 기술이 이른바 새로운 시대 표준인 뉴 노멀New Normal에 이르는 전면화 단계인 지금, 미국 현지의 AR 도입은 어느 수준까지 왔을까?

셀카 필터의 변신 'AR 피팅 룸과 버추얼 아티스트'

스냅Snap, 페이스북Facebook, 인스타그램Instagram 등에서 제공하는 카메라 필터를 적용해 사진을 촬영하는 일은 이미 대중에게 매우 친숙하다. 이런 낮은 진입 장벽은 선글라스, 안경, 화장품, 액세서리 관련 업체들이 기존 애플리케이션(앱) 기능을 활용해 상품 정보를 전달하는 마케팅 방식을 도입하는 데 크게 기여했다. 최근 AR 피팅 룸Fitting room 마케팅을 적극 활용하고 있는 안경 업체 와비파커Warby Parker의 닐 블루먼솔Neil Blumenthal CEO는 자사의 AR 기술 도입을 매우 긍정적으로 평가했다. 이전에는 모든 안경테를 모든 점포가 구비할 수 없는 환경에서 고객에게 디자인을 추천해야 하는 어려움이 있었으나, AR 피팅 룸 도입 이후에는 고객들이 자신에게 맞는 스타일을 먼저 찾아내 주문을 하는 등의 선순환이 일어나고 있다는 것이다. 또한 선글라스가 본인에게 잘 어울리는지를 지인들에게 확인하기 위해 AR 피팅 룸 사진을 SNSSocial Network Service(사회관계망 서비스)에 공유하는 사례가 많아졌고, 이를 통한 부가적 광고 효과 역시 크다고 강조했다.

현지에서 높은 인지도를 자랑하는 화장품 유통 업체 세포라Sephora도 버추얼 아티스트Virtual Artist를 통해 소비자들이 색조 화장품을 미리 경험할 수 있도록 지원한다. 버추얼 아티스트 앱은 소비자들이 체험한 제품과 함께 자주 판매되는 다른 제품을 추천하면서 더 폭넓은 소비자 경험을 제공하기도 한다. 또한 소비자들이 완성된 메이크업 프리셋Preset을 AR 필터로 체험할 때 해당 메이크업에 사용된 제품과 화장 기법에 대한 정보를 함께 제공함으로써 AR 앱을 통한 마케팅 효과를 극대화하고 있다. 구글의 2019년 설문조사에 따르면, 스마트폰을 이용해 온라인 쇼핑을 경험한 소비자들 중 43%는 모든 뷰티 브랜드가 AR을 도입하길 희망할 정도다. 이에 따라 현지 뷰티 브랜드 업계 내 AR 기술 도입은 더욱 속도를 낼 전망이다.

버추얼 아티스트 시연

출처: 세포라

소비자 구매 만족도를 최대로
'AR 의류 피팅 서비스와 버추얼 미러'

글로벌 시장조사 전문 업체 포천비즈니스인사이트Fortune Business Insights는 가상 피팅 룸의 시장 규모가 2021년 35억 달러(약 4조 5,500억 원)에서 2028년 129억 달러(약 16조 7,700억 원) 규모로 성장할 것으로 전망했으며, 이러한 성장세를 주도할 산업으로 의류 산업을 주목했다. 안경과 화장품처럼 집에서 미리 체험해보고 온라인에서 구매할 수 있는 편의성이 AR의 가장 큰 장점으로 부각되는 것이다. 하지만 AR 의류 피팅 서비스를 제공하는 사이저^{Sizer}는 2021년 보고서를 통해, 매장에서 의류를 직접 판매할 경우 환불률이 5~10%인 반면, 온라인으로 판매한 제품의 환불률은 40%를 기록한 사례를 제시했다. 이는 의류 사이즈에 대한 업계 표준이 불분명해 업체별로 사이즈 표기가 다른 점도 있지만, 일부 업체들이 소비자 구매 만족도를 높이기 위해 사이즈 표기를 한 단계 낮추는 전략을 사용해 발생한 통계로 분석했다. 이처럼 사이즈에 대한 정확한 정보를 얻기 힘든 의류 품목의 경우 온라인 쇼핑 환경에서 의류 사이즈가 최대 변수로 떠오른다. 하지만 사이저는 AR 피팅으로 소비자들이 온라인에서도 본인에게 가장 잘 맞는 사이즈를 고를 수 있도록 돕고 있다.

한편 현지 의류 판매점들이 소비자의 휴대전화 카메라에만 의존하는 것은 아니다. 현지 일부 백화점에서는 버추얼 미러$^{Virtual Mirror}$를 통해 거울 형태의 AR 피팅 룸을 제공하는 기술이 도입되고 있다. 매장 내부의 경우 탈의실을 이용할 필요 없이 간편하게 스타일을 체크할 수 있다는 점, 거울을 보면서 다른 색상과 사이즈, 가격 정보를 한 번에 확인할 수 있다는 점이 장점이다. 매장 외부의 경우 광고 진열대 근처에 거울 카메라를 부착해, 백화점 고객들이 거울을 이용할 때 자사 광고 진열대에 전시된 옷을 피팅하며 잠재 고객의 호기심을 이끌어내기도 한다.

다만 AR 의류 피팅 업체들은 더 진화된 AR 기술에 대한 수요를 언급한다. 정적인 자세로 착용하는 것보다 사람의 움직임에 맞춰 더욱 자연스러운 착용 경험을 제공하는 기술 도입이 시장 성장을 가속할 것으로 보인다.

버추얼 미러 시연   출처: QUY Tech

매장에 없는 모델도 AR로 체험

딜로이트는 '자동차 업계의 혼란: 디지털은 자동차 판매를 어떻게 변화
시키는가 Disruption in the Automotive Industry: How Digital is Changing Car Sales'라는 보고
서에서, 2019년 기준 84%의 잠재적 차량 구매 고객들이 차량 정보를 휴
대전화로 검색하며 온라인을 통한 정보 수집을 더 선호한다고 분석했
다. 편의성을 추구하는 고객들이 많았던 것 못지않게 코로나19 이후 자
동차를 오프라인에서 구하기 힘들어진 환경도 이 같은 현상을 부추기는
데 한몫했다. 공급망 혼란으로 신차 출고가 지연됐고, 차량 판매 감소를
전망한 업체들은 코로나19 확산 초기 렌트Rent와 리스Lease 업체에 재고
를 넘겨 손실을 줄였기 때문이다. 더욱이 코로나19로 방문 고객 응대 중
심의 기존 마케팅 방식에 제약이 생긴 자동차 업체들은 디지털 기술 도
입을 통해 상황을 반전시키고자 했다. 클로즈브라더스모터파이낸스Close

Brothers Motor Finance의 2020년 자료에 의하면, 43%에 달하는 딜러들이 디지털 전환을 위해 투자했을 정도다. 이에 맞춰 구글의 2020년 통계자료는, 2018년 전체 구매 건수 중 불과 1%에 달했던 온라인 차량 구매가 2020년 10%를 차지했다는 놀라운 결과를 공유했다.

자동차 구매에는 적지 않은 자본이 필요하다. 그만큼 소비자들은 정보에 입각한 구매Informed Purchasing Decision에 매우 민감할 수밖에 없다. 특히 온라인 차량 판매는 제공하는 정보에 한계가 있기 때문에, 신규 도입한 AR 기술을 적극 활용한다. '토요타 AR 쇼룸Toyota AR Showroom' 앱은 자사의 C-HR 모델을 AR로 볼 수 있는 서비스를 제공한다. 이 앱을 통해 소비자들은 색상과 등급별 차량 외관 및 내관을 확인할 수 있는 것은 물론, 하이브리드 시스템의 작용 원리도 쉽게 이해할 수 있다. 또한 결정 난도를 낮추고 구매 만족도를 높이는 데도 기여한다.

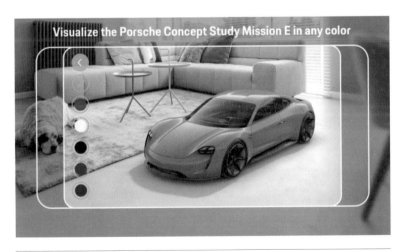

포르쉐 AR 비주얼라이저   출처: 포르쉐

한편 포르쉐^{Porsche}는 포르쉐 '포르쉐 AR 비주얼라이저^{Porsche AR Visualis-er}' 앱을 통해 제품의 개인화^{Personalization}를 극대화하고 있다. 원하는 희망 옵션을 적용한 자신의 차량을 미리 AR로 체험할 수 있으며, 더욱 세부적인 조정도 가능하다. 이외에도 아우디^{Audi}와 BMW는 AR을 통한 차량 전시를 활용해 신차에 대한 소비자 관심도를 높이고, 실험적인 디자인에 대한 소비자 반응도 수집하고 있다.

불가능을 가능으로 바꾸는 게임체인저

'제품 체험^{Try before you buy}'은 많은 업체에서 소비자들에게 제공하는 서비스다. 하지만 체험 서비스 제공에 근본적인 제약이 있는 제품도 존재한다. 대형 가전제품과 가구를 가정에 미리 전시해보고 체험하는 일은 AR 기술 도입 이전에는 많은 시간과 비용이 소요되거나 불가능에 가까웠다. 하지만 소파, 침대, 식탁 등 대형 가구를 AR로 배치해볼 수 있게 되면서 가구 업계는 AR 기술을 게임체인저^{Game Changer}로 재평가했다. AR 디자인 기업인 스리키트^{Threekit}의 2021년 설문조사에 따르면, AR을 이용해 상품을 구매한 사례(복수응답 가능) 중 가구 구매가 60%를 기록하며 모든 제품 중 가장 높은 순위를 차지했다. 또한 응답자의 41%는 AR을 통해 간접 체험한 경우, 체험해보지 못한 제품보다 가격이 높아도 구매할 의향이 있다고 밝혔다.

소비자들의 긍정적인 경험을 바탕으로 이케아^{IKEA}, 웨이페어^{Wayfair}, 홈디포^{Home Depot} 등 주요 가구 판매 업체들도 AR 도입을 완료했다. 아마존^{Amazon}은 '내 방에서 보기^{View in Your Room}' 기능을 통해 가구를 배치하고,

'룸 데커레이터Room Decorator' 기능을 통해 동시에 여러 제품을 배치할 수 있도록 지원한다. 웨이페어는 한 단계 더 나아가, AR 가구 앞에서 사람이 서 있거나 앉아 있는 등 다양한 인터랙션Interaction을 소화하는 AR 경험을 제공하며, 실시간 조명Real-time Lighting 기능을 통해 보다 자연스럽게 제품의 광도를 체험할 수 있도록 지원한다. 또한 인테리어 업체 하우즈 Houzz는 이미 배치된 가구에 어울리는 타일과 벽지 등을 선택할 수 있도록 지원하는 등 현재 가구 또는 대형 전자제품에 적극 적용되는 AR 제품 체험의 확장성과 방향성을 제시했다.

이케아 플레이스 앱
출처: 이케아

AR 기술의 효용성과 미래 전망: 마케팅과 판매량의 상관관계

전자상거래의 AR 기술 도입 시 소비자에게 주어지는 효용은 소비자 경험 증진이다. 시간과 장소에 제약받지 않고 정보를 취득하면서도 높은 소비 만족도를 얻을 수 있어 이용하는 소비자들이 늘어나는 추세다. 구글의 2019년 AR 관련 설문조사에서 응답자 중 66%는 온라인 쇼핑 시 AR을 활용해 구매 의사를 결정할 것이라고 답했으며, 실제로 이용한 고객들 중에서는 98%가 도움이 됐다고 답했다. 또한 판매자 역시 판매량 증가, 환불 감소, 소비자 선호도 데이터 확보를 통한 판매자 경험Seller Experience 증진의 효과를 얻을 수 있다.

구글의 2021년 설문조사 기준, MZ세대는 앞선 세대들보다 AR 기술을 71% 더 사용하는 것으로 나타났다. 스냅챗Snapchat이 리서치 기관 크라우드디엔에이Crowd DNA와 함께 조사해 발표한 '2022년 Z세대 트렌드 리포트' 역시 비슷한 결과를 보였다. Z세대 4,778명 중 92%가 AR 기술을 쇼핑에 사용하고, 이들 중 절반이 넘는 응답자가 AR 효과를 포함한 광고에 좀 더 주목하게 된다고 답했다. 이처럼 AR 기술을 적극적으로 활용하는 소비자들은 많은 경우 인터넷을 통한 자료 조사는 뛰어날 수 있지만, 각 제품을 사용해본 경험은 적을 가능성이 크다. 따라서 젊은 세대 소비자들의 디자인, 가격 선호도와 같은 데이터를 취합한 후 AR 기술로 관심도가 높은 자사 제품을 추천하는 마케팅을 강화한다면 판매량을 확대할 수 있을 것으로 기대된다. 또한 직접 생산하는 제품들 이외에도, 원하는 상품의 브랜드와 대표 제품을 AR로 체험하고 결제 웹페이지로 연결해주는 AR 앱도 속속 등장해 소비자 특성을 이용한 AR 사업 아이템은 앞으로 더욱 다양해질 전망이다.

물론 아직까지 미국 현지에서는 자사 앱을 통해서만 AR을 체험할 수 있는 경우가 많다. 일부 업체들은 아마존 패션처럼 애플Apple의 앱만 호환되기도 해 소비자가 불편함을 겪기도 한다. 최근에는 이런 불만을 해소하기 위해 웹사이트에 접속만 하면 모두가 이용할 수 있는 '웹사이트 기반 AR^{Web AR}' 기술에 대한 연구도 활발히 이뤄져 주목할 만하다.

이준성(워싱턴무역관)

META

반지 하나로 느끼고 즐기는 가상세계

바르샤바

상상이 현실이 되는 곳, 상상하는 대로 이루어지는 곳, 가상세계 오아시스! 2027년생 웨이드는 어려서 부모를 잃고 빈민가에 있는 이모 집에 얹혀살고 있다. 시궁창 같은 현실 속에서 탈출을 꿈꾸는 웨이드는 방으로 들어가 VR 안경과 센서 장갑을 착용하고 오아시스에 접속한다. 오아시스에서 웨이드는 잘생긴 미남인 데다, 머리 스타일도 원하는 대로 바꾸고 친한 친구와 전투를 즐기며 하와이에서 서핑하는 것은 물론 에베레스트도 등반할 수 있다.

또 하나의 시공간 메타버스에 꼭 필요한 촉각 경험

웨이드는 2018년 개봉한 스티븐 스필버그Steven Spielberg 감독의 영화 〈레디 플레이어 원Ready Player One〉의 주인공이다. 〈레디 플레이어 원〉에는 최근 큰 이슈가 되고 있는 메타버스의 모습이 구체적으로 구현된다. 과거 VR의 수요는 주로 게임 시장에 한정되었으나 최근 의료, 교육, 문화 콘텐츠 시장뿐 아니라 메타버스로까지 이어지며 그 중요성이 더욱 부각되고 있다. 메타버스는 미래에 더 각광받을 또 하나의 시공간으로서 그 사회적, 경제적 기능이 무궁무진하게 확장할 것으로 예상된다.

여기서 또 하나 주목해야 할 것은 웨이드가 착용했던 센서 장갑이다. 지금까지의 VR 체험은 주로 VR 안경에 의존한 것이었으나 메타버스가 또 하나의 세상으로 기능하기 위해서는 시청각뿐만 아니라 촉각 경험이 필요하다. 문을 열고 물건을 쥐고 타인과 교감하기 위한 도구로서 사용되는 웨이드의 센서 장갑은, 현재 폴란드 햅톨로지Haptology에서 출시한 반지 형태의 햅링Hapling으로 그 기능이 구현되고 있다.

EU와 정부 정책이 키운 폴란드 VR·AR 기업

2020년 기준 폴란드의 게임 시장 규모는 총 9억 6,900만 유로(약 1조 2,900억 원)로 추산된다. 폴란드 내에서 운영되는 게임 제작 회사 및 게임 퍼블리셔Publisher는 약 470여 곳으로 나타났으며, 시장 규모 세계 랭킹 20위를 차지할 만큼 빠르게 성장하고 있다. 폴란드 게임 산업은 전통적으로 양질의 과학 교육을 기반으로 '기술적 독립성'을 기르며 발전해왔으며 정부에서도 게임 산업을 '차세대 혁신 산업'으로 지정해 국가 차원에서 적극적으로 육성해왔다.

게임용 VR·AR 시장 확대로 폴란드에서는 VR·AR 제품, 콘텐츠, 앱 개발 관련 스타트업 기업도 활발하게 성장 중이다. 특히 최근 메타버스가 전 세계의 화두로 떠오르면서 관련 기업들의 초현실감각 기술도 함께 진화하고 있다. 시청각적 경험에 집중한 가상세계의 한계를 넘어서 사용자가 느낄 수 있는 촉감의 영역까지 메타버스의 기술을 진화시키는 다양한 제품이 개발되고 있다.

폴란드 내 게임 산업 육성 정책과 더불어 EU의 혁신 기업 투자 지원 정책은 폴란드 VR·AR 기업의 성장을 가속화하는 데 기여했다. 2017년 유럽위원회European Commission, EC는 유럽투자기금European Investment Fund, EIF과 함께 시장주도형 혁신적 스타트업과 성장 기업 투자를 위해 약 4억 1,000만 유로(약 5,453억 원) 규모의 모태펀드를 조성했다. 이 펀드를 통해 기업이 벤처자본에 용이하게 접근할 수 있도록 지원함으로써 VR·AR 기업들이 직접적 혜택을 받을 수 있게 됐다. 뿐만 아니라 EC의 다양한 지원 정책으로 '브로드밴드 유럽Broadband Europe' 같은 이니셔티브를 추진해 인터넷 접근성, 커넥티비티 기능이 향상되면서 간접적 혜택을 누리기도 했다. 폴란드의 햅톨로지도 2020년 약 400만 즈워티(약 11억 4,000만 원)를 투자받아 빠른 시간 내에 햅링을 개발했으며, 성공적으로 테스트를 마칠 수 있었다.

게임을 생생하게 즐길 수 있는 반지형 촉각 장치, '햅링'

촉각은 가장 직관적인 인간의 감각으로, 사람의 감정을 형성하는 데 영향을 미친다. 그렇다면 가상세계에서 촉각을 게임에 추가할 수 있을까?

핸톨로지가 개발한 VR 햅틱^{Haptic}(촉각) 기기 '햅링'은 기계, 전자, 소프트웨어의 시너지 효과를 빛과 지능형 주얼리^{Jewellery} 형태로 결합한 제품이다. 사용자가 가상세계에서 무언가를 접촉하거나 만졌을 때 손가락에 느껴지는 진동으로 촉각을 경험한다. 예를 들어, 게임 참가자들이 서로 하이파이브를 하거나, 새끼 고양이를 쓰다듬거나, 숲속 나무에서 흐르는 끈적한 수액을 만졌을 때 등의 다양한 촉각을 경험할 수 있다.

현재까지 시장에서 판매되는 VR 햅틱 기기는 장갑, 조끼 등의 부피가 있는 형태가 대부분이지만 햅링은 반지 형태라는 점에 특히 주목할 필요가 있다. 손가락에 끼는 기기이므로 게임 중 사용자가 자유롭게 몸을 움직일 수 있고, 관리도 용이하며, 부피가 작아 휴대가 편리하다는 장점이 있다. 기기 사이즈는 5가지(XS~XL)로, 손가락 굵기에 맞게 추가 조절도 가능하다. 또한 충전 방식으로 90분이면 완전 충전된다.

햅링은 약 60여 개의 광범위한 촉각 라이브러리를 보유할 수 있고, 게임 엔진에 맞게 조정이 가능해 거의 모든 게임에서 촉각 경험을 추가할 수 있다. 개발사인 핸톨로지는 2021년 게임 사용자들을 대상으로 테스트를 진행했는데, 참가자의 약 80%가 햅링을 이용해 촉각이 추가되자 VR 게임에 더 재미있게 몰입할 수 있었다고 긍정적인 평가를 내렸다. 동 제품 관련 실험 테스트는 2021년 2월에 모두 마무리됐고, 현재 특허상품 등록도 완료돼 늦어도 2024년경에는 B2C^{Business to Customer} 시장 판매가 가능할 것으로 예상된다. 폴란드 현지 VR 게임 전문가들은 햅링이 게임, 산업용 VR 훈련, 교육, 디지털상거래(쇼룸, 전시회 등), 로봇공학, 원격 의료 진단, 스마트 시스템 등 다양한 분야에 적용 가능해 빠르게 성장하는 VR 시장에 혁명을 일으킬 잠재력을 가진 것으로 평가하고 있다.

핸링 제품   출처: 햅톨로지

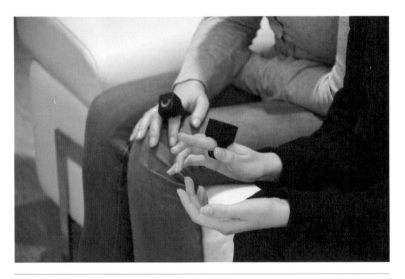

사용자가 핸링을 손에 착용한 모습   출처: 햅톨로지

웨어러블 햅틱 기기 및 소프트웨어 전문 기업, 햅톨로지

햅톨로지는 햅틱 기기 개발과 더불어 기기의 소프트웨어 앱인 햅X랩 HapXLab도 함께 운영한다. 햅X랩의 라이브러리를 활용해 사용자는 수많은 촉각을 가진 지능형 엔진을 만들 수 있다. 또한 인기 있는 플랫폼에서 촉각 경험을 만들고 이를 실행하기 위한 도구로 사용할 수 있어 앱 개발자에게도 활용도가 높다.

햅링으로 VR에서 촉각을 경험하는 모습   출처: 햅톨로지

2020년 초 설립된 햅톨로지는 사용자에게 촉각 자극을 전달해주는 웨어러블 햅틱 기기뿐만 아니라, 이를 누구나 손쉽게 조절해 VR 콘텐츠와 연동할 수 있도록 하는 다양한 전문 소프트웨어 및 알고리즘을 개발하고 있다. 폴란드 공대 졸업 후 영국에서 촉각공학으로 박사학위를 취득한 브리기다 지덱Brygida Dzidek 대표는, 영국 현지 스타트업 기업에서 근무하다가 VR 햅틱 시장의 미래 잠재력을 실감하고 고국인 폴란드로 돌아와 VR 햅틱 기술을 전문으로 하는 스타트업을 설립했다. 현재 그는 전시회 참가보다 B2BBusiness to Business 시장 진출을 위해 클라이언트 미팅을 통한 제품 홍보에 주력하고 있다.

관광·의료에서 메타버스까지, VR 시장의 빅뱅

VR·AR 기기는 비대면 사회로의 전환이 이루어진 코로나19 기간 동안 폭발적으로 판매가 증가했다. 이제 VR 시장은 게임에 국한되지 않고 관광, 의료, 호텔, 문화 콘텐츠, 교육 등 다양한 산업을 아우른다. 유럽에서도 콘텐츠 및 앱 개발 스타트업 지원 등 다방면에서 전략적 발전을 도모하고 있어 향후 VR 시장은 지속적으로 성장할 전망이다.

더욱이 최근 메타버스 시장이 각광을 받으면서 VR 시장은 더 크게 성장할 것으로 보인다. 포천비즈니스인사이트에 따르면 메타버스 시장 규모는 2021년 640억 달러(약 83조 2,000억 원)로 평가됐으며, 2022년 1,000억 달러(약 130조 원)에서 2029년 1조 5,275억 달러(약 1,985조 7,500억 원)로 연평균 성장률 47.6%를 나타낼 것으로 예상된다. 메타버스는 현실과 유사하게 구현된 공간이기에 시각 정보뿐만 아니라 촉각 정보 역시 중요하게 다뤄질 가능성이 높다. 그리고 이는 햅링의 성장 가능성과 잠재력이 무궁무진함을 의미한다.

VR 시장이 메타버스 시장으로 이어지고 지속 성장이 예상됨에 따라 한국에서도 향후 햅링과 같은 촉각 장치 관련 수요가 증가할 것으로 전망된다. 이미 국내에서도 가상 촉각을 구현하는 신소재를 개발하는 등 VR 햅틱 기기 개발에 박차를 가하고 있다. 시장 분석 업체 글로벌마켓인사이트는 햅틱 기술이 적용된 제품의 시장 규모가 2019년 약 7조 원에서 매년 7% 이상 성장하여 2026년에는 약 10조 원 규모에 달할 것으로 예상했다. 조끼, 장갑, 반지 등 햅틱 기기의 유형도 다양해질 전망이다. 영화 〈레디 플레이어 원〉의 주인공 웨이드는 햅틱 기기로 장갑을 선택했지만, 현실에서는 크기와 형태, 기능 면에서 사용자의 니즈를 면밀히 캐치한 제품이 선택될 것이다.

남호선, 윤서준(바르샤바무역관)

의료 시장의
화두로 떠오른
디지털 헬스케어

싱가포르

2013년 개봉한 맷 데이먼, 조디 포스터 주연의 SF 영화 〈엘리시움Elysi-um〉은 미래 양극화된 인류의 삶을 그린 영화로 2개의 세계가 등장한다. 하나는 인구가 폭증해 자원이 고갈되고 심각한 환경오염의 위협에 시달리는 지구이고 다른 하나는 선택받은 1%의 상류층이 우주 공간에 창조한 그들만의 유토피아 '엘리시움'이다. 영화에서 지구에 사는 사람들은 어떻게든 지구를 떠나 엘리시움에 가고 싶어 하는데, 그 이유는 바로 '메디컬 머신Medical Machine' 때문이다. 메디컬 머신은 환자가 캡슐에 들어가는 즉시 전신을 스캐닝해 병을 진단하고 그에 맞는 치료를 시행한다. 진단부터 치료까지 불과 몇 분밖에 걸리지 않을 뿐 아니라, 지구의 의료 수준으로는 치료가 불가능한 백혈병, 암 등의 질환도 완벽하게 치료할 수 있다. 게다가 엘리시움에 사는 상류층들은 집집마다 메디컬 머신을 보유해 언제든 원격 진료 시스템과 결합한 최첨단 의료 기술의 혜택을 받을 수 있다.

언뜻 영화에서나 있을 법한 얘기라고 생각하기 쉽지만, 현실에서도 점차 모바일 앱이나 웨어러블 기기 등을 활용한 원격 진료 시스템이 확대되는 추세다.

코로나19로 촉발된 디지털 헬스케어 솔루션의 성장

다국적 회계컨설팅 기업 PwC 싱가포르Pricewaterhouse Coopers Singapore의 보건 산업 리더인 주빈 다루왈라Zubin Daruwalla 박사는 싱가포르 경제개발청Economic Development Board, EDB에서 "코로나19는 전부터 꾸준히 거론돼왔던 디지털 헬스케어의 진보를 앞당기고, 보건의료의 미래라고 부르는 '뉴 헬스 이코노미New Health Economy, NHE'의 시대를 열었다"고 언급한 바 있다. NHE와 함께 의료 솔루션의 혁신은 이제 소비자의 요구에 따라 변화하며, 싱가포르에서도 공급자와 환자를 직접 연결하는 디지털 의료 솔루션이 탄생해 관심을 집중시킨다. 코로나19를 계기로 원격 진료에서 원격 환자 분석에 이르기까지 일상생활에서 디지털 솔루션 사용이 표준화되는 등 의료 표준도 점차 변화하고 있는 것이다.

싱가포르의 디지털 헬스케어 시장은 모바일 건강 앱과 이와 연결된 웨어러블 기기, 원격 진료를 포함한 광범위한 기술을 아우른다. 글로벌 시장조사 기관 스태티스타Statista에 따르면 싱가포르의 디지털 헬스케어 시장 규모는 2022년에 4억 3,150만 달러(약 5,610억 원)에 이를 것으로 예상되며, 연간 매출 성장률은 9.25%로 2026년 시장 규모가 6억 1,460만 달러(약 7,990억 원)까지 성장할 것으로 보인다. 또한 2022년 싱가포르 디지털 헬스케어의 사용자당 평균 수익^{ARPU}은 77.81달러(약 10만 1,000원)가 될 전망이며, 이 시장의 가장 큰 수혜자는 2022년 총 수익 가치가 2억 2,860만 달러(약 2,972억 원)에 달하는 'E-헬스'가 될 것으로 보인다. 참고로 스태티스타에서는 디지털 헬스 통계를 '디지털 피트니스 & 웰빙'과 'E-헬스' 2가지 분야로 나누어 제시한다. E-헬스는 환자에게 질병 치료의 목적을 가진 치료와 의약품에 대한 보다 효율적인 접근을 제공하는 제품 및 서비스에 초점을 맞춘 분야를 일컫는다.

언제 어디서나 원활한 의료 서비스가 가능한 '텔레헬스'

싱가포르 정부의 이니셔티브인 '스마트 네이션$^{Smart\ Nation}$(정보통신 기술^{ICT}, 네트워크 및 빅데이터를 활용해 기술 지원 솔루션을 구축)' 프로그램 중 하나는 바로 '텔레헬스^{TeleHealth}'다. 텔레헬스는 직접 의료 기관에 가지 않아도 온라인 의료 상담으로 통합적이고 원활한 의료 서비스를 제공하고 환자와 의료 제공자 모두 효율성을 높일 수 있는 일종의 원격 케어를 의미한다.

그 대표적인 예가 2015년 설립된 싱가포르 스타트업 '닥터 애니웨어$^{Doctor\ Anywhere,\ DA}$'의 DA 앱이다. 환자들이 비대면 화상회의를 통해 의사와 상담하는 디지털 플랫폼으로, 사용자가 어디에 있든 5분 이내에 DA 앱으로 진료와 처방을 받을 수 있다. 현재 DA는 싱가포르, 베트남, 태국, 말레이시아, 필리핀 등지에서 운영되며 3,000명의 GP$^{General\ Practitioner}$

(지역 보건의)와 전문의로 구성된 강력한 의료팀과 함께 200만 명 이상의 사용자를 보유하고 있다.

코로나19 대유행이 시작된 이후 DA 앱의 사용자 수는 2022년에 2020년 대비 2배 이상 증가했다. 2020년 4월부터 6월까지 싱가포르 정부가 강력한 방역 조치를 실시하여 필수 목적 이외의 외출을 자제해야 했던 상황이 디지털 헬스케어 서비스 이용자 증가에도 큰 영향을 미친 것으로 보인다. 특히 사용자들이 더 쉽게, 언제 어디서나 의사와 상담할 수 있고 이후 처방된 약이 몇 시간 내에 집으로 배송되는 DA의 특징은 많은 이용자들을 유인하는 하나의 요인이 됐다. 또한 환자들이 붐비는 병원에서 오랜 시간 기다릴 필요가 없는 데다 환자의 의료 기록 및 건강 보고서가 DA 앱에 저장돼 언제든 확인이 가능하다는 사실도 매력으로 작용했다. 현재까지 DA는 의사 진료뿐 아니라 DA 홈케어 서비스Home Care Services, 만성질환 관리 프로그램Chronic Disease Management Programme, 정신 건강Mental Wellness 등 다양한 분야의 서비스를 제공하고 있다.

복잡한 수술 환경까지 시뮬레이션이 가능한 VR 시스템

한편 싱가포르국립대학교National University of Singapore, NUS 의과대학에서는 의대생들이 VR 게임을 통해 복잡하고 시뮬레이션하기 어려운 수술 환경에서 환자 안전과 전문가 간 커뮤니케이션을 이해할 수 있도록 돕는 혁신적 시스템 'PASS-ITPAtient Safety aS Inter-professional Training'을 2020년에 개발했다.

NUS 의과대학의 교육 부학장 알프레드 코우Alfred Kow 교수는 코로나

19 상황에선 학생들이 에어로졸 생성 절차에 노출될 위험 때문에 이 같은 실습 환경이 배제됐으며, VR 시스템은 학생들의 통합 학습을 돕는 좋은 도구라고 언급했다.

PASS-IT에서 학생들은 VR 헤드셋을 착용하고 핸드헬드^{Handheld}를 조종하며 실시간으로 수술실 시나리오에 몰입할 수 있다. 이를 통해 환자의 동의를 받고 신원을 확인하는 방법, 수술 도구를 다루는 올바른 방법, 팀 구성원이 실수했을 때 수행해야 하는 조치 등 실제로 일어날 수 있는 다양한 시나리오를 시뮬레이션할 수 있다. 또한 지도교수들이 학생들의 신체적 움직임과 행동을 추적하고 평가할 수 있는 화면이 실시간으로 표시된다.

AR·VR에서 XR까지, 3D 홀로그램 기술을 활용한 의료 실습

현재 NUS 의과대학에서는 마이크로소프트의 '홀로렌즈2^{Microsoft's Holo-Lens 2}' 시스템을 실습에 활용하는 방안을 모색 중이다. 이 방안이 현실화되면 의대생들이 헤드셋을 착용하고 가상으로 실습에 참여하는 모습을 흔하게 볼 수 있을 것으로 기대된다. 강의를 통해서만 배울 수 있는 복잡한 상황을 홀로렌즈로 연습하며 한결 쉽게 학습할 수 있게 되는 것이다.

또한 2022년 4월 NUS 간호학과와 의과대학 2, 3학년 학생들을 대상으로, 마이크로소프트와 공동 개발한 3D 홀로그램 기술의 도움을 받아 '클리니컬 어태치먼트^{Clinical Attachments}(간호학과와 의과대 학생들이 클리닉이나 병원으로 실습을 나가는 것)'를 위한 가상훈련을 진행했다. 이 프로그램을 통해 간호대생과 의대생들은 헤드셋을 쓰고 홀로그램의 안내를 받아 비뇨기 카테터^{Urinary Catheters}와 정맥주사용 튜브를 삽입하는 연습을 했다. 이는 입원 환자에게 꼭 필요한 의료 절차 중 하나로 실습 시 자주 반복하는 훈련이다.

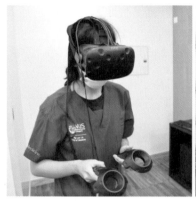 

NUS 학생들이 마이크로소프트의 '홀로렌즈2'를 착용한 모습   출처: NUS

    싱가포르에서 가상현실이나 증강현실이 아닌 혼합현실^{Mixed Reality, MR}로 묘사되는 홀로그램 기술이 의대생과 간호대생 양성을 위한 교육 과정에 공식적으로 통합되는 것은 이번이 처음이다. NUS 의과대학의 부학장은 NUS 발표자료에서 "이 새로운 기술은 의대생들이 지금까지 경험했던 가상현실 훈련보다 더 발전된 것"이라고 밝혔다. 그는 "헤드셋과 컨트롤러가 무겁고 다루기 힘들어 30분 이상 착용할 경우 메스꺼움을 유발할 수 있는 기존 가상현실 수업과 달리, 홀로렌즈2는 디자인을 개선해 5~6시간 동안 착용이 가능하고 학생들이 실습 현장에서 실제 사용하는 도구로 연습할 수 있다"고 언급했다.

    이 새로운 기술은 NUS 학생들이 의료에서 중요한 올바른 '손의 느낌'을 발달시키고, 메스와 바늘 같은 의료 도구를 실제로 다뤄보는 경험을 하는 데도 기여할 전망이다. NUS는 혼합현실 프로그램이 궁극적으로 임상 소프트 기술과 수술 기술 등에 관한 교육을 제공할 것으로 예상됨에 따라, 2022년 말까지 학생들이 사용할 헤드셋의 수를 10여 개에서 60여 개로 늘려나갈 계획이다. 또한 앞으로 3~5년 안에 NUS 의대생들이 홀로렌즈2로 집에서 고급 수술 기술을 배울 수 있을 것으로 내다보고, 학생들의 숙련도를 평가하는 용도로도 활용할 예정이다.

NUS 학생들이 PASS-IT을 착용하는 모습   출처: NUS

잠재력이 풍부한 디지털 헬스케어 시장의 미래

코로나19 대유행은 홈케어(Home-based Care)를 효과적으로 구현하는 방법부터 건강 시스템 통합에 이르기까지 많은 변화를 시도할 수 있는 계기가 됐다. 코로나19에서 벗어나면서 더 포괄적이고 효율적인 기술 및 의료 시스템에 대한 중요성을 깨달은 것이다. 특히 싱가포르국립병원Singapore General Hospital, SGH과 싱가포르국립대병원National University Hospital, NUH은 의료의 디지털화를 선도적으로 추진, 선라이즈 클리니컬 매니저Sunrise Clinical Manager, SCM와 패스트랙Fastrak 등 통합 시스템을 활용해 환자의 진료 기록을 확인하고 온라인으로 처방받아 바로 의약품을 주문할 수 있는 시스템을 만들었다. 이를 통해 의료 기관의 작업 흐름을 개선한 것은 물론, 환자에게 약을 잘못 처방하는 문제까지 예방할 수 있어 환자의 안전 향상에 큰 도움이 됐다.

디지털 헬스는 미래에 시민, 정부 및 기업에 더 큰 혜택을 제공할 수 있는 잠재력이 풍부한 시장이다. 최근 싱가포르 정부에서 추진하는 '헬시어SGHealthierSG'는 예방 의료Preventive Care에 초점을 맞춘 의료 시스템 개혁 방안으로, 싱가포르 정부는 헬시어SG 이니셔티브를 향상하기 위해 디지털 솔루션, 앱, 웨어러블, 진단 도구 등을 이용할 것이라고 밝힌 바 있다. 한국 역시 2022년 7월 '비대면 진료 플랫폼 가이드라인'을 제정하고 원격 진료를 구체화하기 위한 기준을 명확히 했다.

전 세계적으로 디지털 의료 제품 및 서비스에 대한 수요는 점점 확대되는 추세다. 이에 발맞춰 싱가포르는 물론 한국 디지털 헬스케어 시장의 추가 확대를 기대한다.

제인 팡(싱가포르무역관)

현금 대신 '바콩' 캄보디아의 금융을 바꾸다

프놈펜

프놈펜에 거주하는 20대 소르는 평일에는 온라인 쇼핑을 즐겨 하고, 주말에는 커뮤니티 몰(소규모 쇼핑몰)에서 쇼핑과 외식을 즐긴다. 얼마 전까지만 해도 페이스북으로 제품을 주문하면 제품을 받을 때 현금으로 결제하는 게 일반적이었지만, 코로나19 이후 QR페이가 활성화되면서 각 은행의 QR페이나 캄보디아중앙은행National Bank of Cambodia의 바콩Bakong으로 결제하는 일이 많아졌다. 다른 은행으로 송금할 때도 이전에는 근무일 기준 2일 정도가 소요됐으나, 바콩 시스템 도입 이후 은행 간 실시간 송금이 가능해지면서 인터넷 뱅킹도 훨씬 편리해지고 일상생활도 아주 수월해졌다.

현금 중심에서 모바일·온라인 중심으로

캄보디아의 금융 시장은 크메르 루주Khmers Rouges 정권기* 동안 캄보디아 중앙은행이 폐쇄되었다가 1979년 재설립되면서 뒤늦게 발전하기 시작했다. 아직까지는 은행계좌 보급률이 낮아 현금 중심의 경제체제로 운영되지만, 2000~2019년 연평균 7.7%의 경제성장률을 기록하면서 금융 시장도 지속적으로 성장하고 있다. 일례로 2021년 12월 기준 캄보디아 예금 총액은 약 392억 달러(약 50조 9,600억 원)로 2020년 대비 약 16.5% 증가했다. 예금계좌 수 역시 2021년 1,270만 개로 2020년 대비 42%나 늘어났다. 단 캄보디아 인구가 1,671만 명인 것을 고려하면, 아직 계좌 보급률은 그리 높지 않은 수준이다. 법정 통화가 리엘화KHR임에도, 실생활에선 달러화가 주로 통용된다는 것 역시 특징이다. 실제로 2021년 기준 캄보디아의 리엘화 계좌 비중은 9.6%에 불과할 정도로 달러화 의존도가 매우 높은 상황이다.

그러나 코로나19 이후 온라인 결제 시장이 급속하게 성장하면서, 현금 중심 결제 시스템이 모바일과 온라인 중심으로 변화하고 있다. 캄보디아중앙은행에 따르면, 2021년 카드 수는 419만 개로 2020년 289만 개 대비 44% 증가하였다. 동시에 2021년 총 7억 건의 온라인 결제가 발생했는데, 이는 2020년 4억 8,000만 건 대비 약 45%나 증가한 수치다. 현재 캄보디아에는 트루머니 캄보디아TrueMoney Cambodia, 윙Wing, 리아워 페이프로Ly Hour Paypro, 페이고PayGo, 애온월렛Aeon Wallet 등 모바일 결제 앱,

---

* 공산혁명 무장단체로 1975년부터 1979년까지 캄보디아 정권을 잡았다. 그 기간 동안 킬링필드 대학살, 도심 강제 이주 등을 자행해 약 170만 명이 사망에 이른 것으로 추정된다.

통신사 이체 서비스, 유통망 온라인 결제 등 다양한 모바일 결제 옵션이 증가하면서 온라인 결제 시장이 점차 확대되는 추세다. 특히 캄보디아 정부가 2020년 10월 블록체인 기반의 결제 시스템인 '바콩'을 출시하면서 성장세는 더욱 빨라졌다.

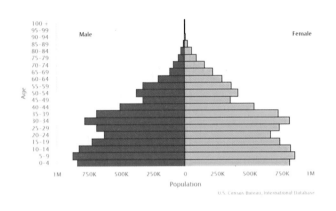

캄보디아 인구 구성 출처: CIA

블록체인 기술을 활용한 중앙은행 디지털 결제 시스템 '바콩'

캄보디아중앙은행이 밝힌 바콩을 출시한 목적은 디지털경제에 맞는 제4차 산업혁명 기반 구축, 캄보디아 리엘화 사용 유도, 결제 시스템 안전성과 효율성 증대, 기관 간 통합 등이다. 2012년 결제 시스템이 도입되긴 했지만, 은행 간 이체 및 결제 서비스 기관 간 상호 연결성은 해결해야 할 과제로 남아 있었다. 은행 간 실시간 이체 시스템이 제한됐을 뿐 아니라, 1일 2회 정도의 은행 간 이체만 가능했기 때문이다. 이를 해결하기 위해 캄보디아중앙은행은 2017년부터 분산원장 기술Distributed Ledger Technology,

DLT과 블록체인 기술을 검토했고, 일본의 소라미쓰Soramitsu가 만든 하이퍼레저 이로하Hyperledger Iroha 블록체인 기술을 채택해 2019년 7월부터 시범 운영했다. 비트코인Bitcoin 등의 블록체인 화폐와 달리, 마이닝에 의존하지 않고 블록체인을 유지하는 다수의 서버에 거래 완료 기록을 남기는 게 특징이다.

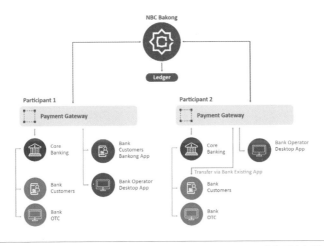

바콩 운영 방식
출처:캄보디아중앙은행

바콩에서는 앱과 웹을 통한 계정 접속, 분산원장에 거래 기록, 바콩계좌와 기존 금융계좌 연결, 실시간 거래, 5초 이내 거래 처리가 가능하다. 바콩 시스템은 오픈 API를 통해 서비스 업체 간 수수료 없이 실시간 거래를 안전하게 할 수 있다. 단 참여 은행 및 개인들은 각 통화에 맞게 캄보디아 리엘화와 미국 달러를 별도로 보유해야 한다. 바콩은 신분증과 사진만 갖고 있으면 앱을 통해 빠른 등록이 가능하며, QR코드를 이용해 은행 간 이체가 가능하다.

바콩의 시스템은 분산돼 있으며 모든 거래를 기록하지만 개인식별 정보Personally Identifiable Information, PII는 금융 기관에 따로 저장된다. 금융 기관에서 모든 거래 정보를 확인할 순 없기 때문에 개인정보 보호에 용이하다. 블록체인 기술을 활용하므로 사기, 하드웨어 문제, 위변조, 사이버 공격의 위험 가능성도 낮아진다.

금융 통합·실시간 거래·리엘화 사용 촉진에 기여하다

바콩 시스템에는 2022년 8월 기준 현지은행, 금융 기관 및 결제 서비스 제공 업체 등 총 37개 사가 참여하며, 한국계 은행인 우리은행, 프놈펜상 업은행PPCB*, 신한은행, 국민은행 등도 포함되어 있다. 2021년 8월 말레이시아 기업인 메이뱅크Maybank가 바콩과 파트너십을 체결하면서, 국내 이체뿐만 아니라 해외 송금(말레이시아)까지 가능해졌다. 해외 근로자의 캄보디아 송금액은 약 12억 달러(약 1조 5,600억 원)로, 그중 말레이시아 송금은 1.4%를 차지한다. 캄보디아중앙은행은 해외 송금을 점진적으로 확대해나갈 예정이며, 국외 근로자들의 송금 수수료가 절감될 경우 국민들의 금융 시스템 이용에 도움이 될 것이라고 밝혔다.

바콩은 2020년 출시 이후, 코로나19 확산 방지를 위한 정부의 사용 독려와 락다운Lockdown 등으로 온라인 결제 중심의 사용이 두드러졌으나, 방역 조치 완화에 따라 오프라인 사용도 점차 증가하는 추세다. 캄보디아중앙은행 연간 보고서에 따르면, 2021년 바콩 이체 건수는 총 570만

* 전북은행의 모기업인 JB 금융지주가 2016년에 인수했다.

건으로, 이 중 달러 거래는 450만 건(19억 달러, 약 2조 4,700억 원)을 기록했으며, 캄보디아 리엘화 거래는 약 120만 건(4억 2,000만 달러, 약 5,460억 원)을 기록했다. 사용자는 약 790만 명으로 전체 인구의 47%에 달한다. 여전히 달러화 사용 비율이 높지만, 리엘화 사용도 점차 늘고 있다.

통화 구분	이체 건수		이체 금액	
	이체 건수	비중	이체 금액	비중
달러	450만 건	78.95%	19억 달러 (약 2조 4,700억 원)	81.90%
리엘	120만 건	21.05%	4억 2,000만 달러 (1조 7,000억 리엘, 약 5,460억 원)	18.10%
총합	570만 건	100%	23억 2,000만 달러 (약 3조 160억 원)	100%

2021년 바콩 이용 현황   출처: 캄보디아중앙은행

바콩 결제 시스템은 PwC의 2021년 디지털 통화지수에서 아시아 1위, 글로벌 2위를 차지했다. PwC에서는 바콩이 휴대전화 보급률이 높은 캄보디아에서 금융 통합성을 늘리고, 은행 간 실시간 전자거래를 허용하며 리엘화 사용을 촉진한다는 점에서 의미 있다고 평가했다. 동시에 소상공인과 중소기업의 신용거래를 지원, 경제적 이점이 있을 것이라고 예측했다. 또한 바콩은 2022년 니케이 슈피리어 프로덕츠 앤드 서비스 어워즈Nikkei Superior Products and Services Awards에서 우수상을 수상했다. 니케이에서는 캄보디아 인구의 50%에 달하는 높은 이용률과 혁신적 기술

력, 국가의 경제·사회 발전에 미친 영향을 인정해 수상을 결정했다고 밝혔다.

안전하고 수수료 부담이 없어 성장 잠재력도 큰 시스템

캄보디아에서 온라인 결제 시장은 사용자 증가와 전자 결제에 대한 인식 제고로 지속 성장할 것으로 예상된다. 마트 및 식당 등 일상생활 환경에서도 QR코드로 손쉽게 결제가 이루어지는 것을 볼 수 있으며, 신용카드는 사용이 어려워도 바콩 등 QR 결제는 가능한 매장들이 많이 늘어나는 추세다. 또한 전자상거래가 지속적으로 성장하면서, 전자 결제 시장 역시 계속 확대될 것으로 보인다. 기존에는 타행 간 거래나 전자 결제를 위한 선불 충전을 하지 않은 경우 전자 결제 이용이 어려웠지만, 바콩을 통해 은행 및 결제 기관 간 이체가 수월해지고 수수료 부담이 없어지면서 바콩 사용자도 크게 증가할 전망이다. 더불어 블록체인 기술을 바탕으로 안전성을 높여나가고 있어, 개인정보 보호 인식이 약한 캄보디아에서도 상대적으로 안전한 시스템이라 할 수 있다.

캄보디아에서도 블록체인 기술을 활용하여 정부 주도 시스템을 구축한 것처럼, 한국은행에서도 블록체인 기술을 활용한 디지털 화폐 또는 시스템 구축이 가능할 것으로 예상된다.

이주영(프놈펜무역관)

대체불가토큰-NFT

신개념 마케팅의

수단이 된 NFT

비트코인으로 대변되는 가상자산 열풍은 고유성·희소성이 특징인 NFT 시장에까지 영향을 미쳤다. 거래액수가 늘어나면서 NFT의 가치가 향상됐고, 메타버스와의 결합, 마케팅 이벤트 전개 등 NFT의 활용 범위도 확대됐다. 예술작품 위주였던 NFT 적용 사례도 수제맥주, 위스키 등 먹거리부터 부동산, 주얼리, 패션에 이르기까지 다변화했고, MZ세대의 호기심을 자극할 신개념 마케팅 수단으로도 좋은 반응을 얻었다. 이처럼 가상자산의 진입장벽이었던 신뢰도 문제를 극복한 NFT가 실물자산 위주의 경제 흐름을 바꿔놓을 수 있을지, 다양한 NFT 활용 사례를 통해 진단한다.

NFT

떡볶이 식당이
NFT 시장에
진출한 까닭은?

쿠알라룸푸르

사업가 빈센트 루아^{Vincent Lua}는 새로운 사업을 구상하던 중 말레이시아 내 한류 열풍에 주목했다. 2010년대 초반 음악, 영화, 음식 등 문화 전 영역에 걸쳐 한류가 확산되고 있었고 루아는 이 새로운 트렌드를 사업에 접목하기 위해 서울행을 택했다. 한국의 식문화를 직접 체험하며 가능성을 확인한 그는, 2014년 명동떡볶이^{Myeongdong Topokki}라는 한국 길거리 음식 프랜차이즈 식당을 말레이시아에 설립했다. 사업 초기에는 떡볶이와 튀김을 주로 판매했으나 이후 덮밥, 찌개 등의 메뉴를 추가하며 시장 내 입지를 넓혀나갔다.

명동떡볶이는 코로나19 확산 직후 새로운 전환기를 맞았다. 말레이시아 내 락다운이 장기간 시행되면서 외식 업계 전체가 큰 위기에 당면한 것이다. 명동떡볶이는 위기를 극복하기 위해 클라우드 키친 및 배달 서비스를 강화한 하이브리드 매장을 확대 운영하는 것은 물론, 업계 최초로 NFT 콘셉트의 레스토랑을 오픈하며 고객의 이목을 끄는 데 성공했다. 과감한 도전을 바탕으로 코로나19 팬데믹 기간에도 빠른 성장세를 이어간 명동떡볶이는 '말레이시아 패스트 한식 프랜차이즈 1위'라는 목표에도 한발 더 다가설 수 있게 됐다. 현재 말레이시아 내 50개 매장을 운영 중인 명동떡볶이는 앞으로 말레이시아에 20개 매장, 인도네시아에 5개 매장을 추가로 오픈할 계획이다.

다양한 분야에서 성장 중인 NFT 시장

코로나19 팬데믹 이후 세계 NFT 시장은 빠른 속도로 성장하고 있다. 대체불가토큰Non-Fungible Token을 의미하는 NFT는 저마다 고유성과 희소성을 보유해 디지털자산으로서 가치를 인정받는데, 코로나19 확산 이후 일상생활과 디지털 환경이 밀접해지면서 NFT의 가치가 높아진 것이다. NFT 데이터 분석 사이트 논펀지블닷컴NonFungible.com에 따르면 2021년 전 세계 NFT 거래액은 2020년 약 8,300만 달러(약 1,080억 원)에서 214배 증가한 약 177억 달러(약 23조 100억 원)를 기록했다. 최근 NFT 시장이 소강 상태에 접어들었다는 분석도 있지만, 다수의 업계 전문가들은 앞으로도 꾸준히 성장할 것으로 내다본다. 시장조사 전문 기업 스태티스타는 NFT 미래 전망 보고서를 통해 글로벌 NFT 시장의 잠재력을 높게 평가하면서 2025년 시장 규모가 2019년 대비 3만 배 이상 성장한 800억 달러(약 104조 원)에 달할 것으로 예상했다.

전 세계적 NFT 열풍은 말레이시아에서도 예외가 아니다. 싱어송라이터 나미위Namewee가 2021년 출시한 99개의 음원 NFT는 총 90만 달러(약 11억 7,000만 원)에 판매됐고, 미술가 카툰Katun의 NFT 작품 2점은 36만 달러(약 4억 6,800만 원)에 거래됐다. 디지털 아트 작품을 중심으로 성장 중인 말레이시아 NFT 시장은 최근 미디어, 부동산, 스포츠 등 다양한 분야로 세분화되고 있다. F&B 업계에서도 활용 사례가 늘고 있는데, 앞서 언급한 명동떡볶이가 대표적인 경우다.

떡볶이 식당의 NFT 캐릭터 '포키'

명동떡볶이는 빠른 속도로 발전 중인 가상경제의 흐름을 포착하고 말레이시아 F&B 업계의 선두주자로 NFT 시장에 뛰어들었다. 루아는 NFT에 명동떡볶이의 아이덴티티를 담고 싶었다. 고심 끝에 회사 대표 메뉴인 떡볶이Topokki에서 따온 포키Pokki라는 NFT 캐릭터를 개발해 고객에게 선보였다. 포키 컬렉션은 각기 다른 외모와 개성을 지닌 총 970개의 캐릭터로 구성되며, 현재 세계 최대 규모의 NFT 거래소 '오픈시Opensea.io'에서 시장 최저가인 0.08이더리움ETH에 판매 중이다.

명동떡볶이는 NFT 프로젝트의 성공을 위해 NFT 고객 지원팀을 꾸리는 등 전사적 노력을 기울이고 있다. 최근에는 포키를 이용해 명동떡볶이 메타버스 내 음식 배달 및 대화 기능을 추가하며 한 단계 발전한 모습을 보였다. 2022년 하반기에는 30개의 포키 캐릭터를 추가로 출시할 예정이며, 에어드롭AirDrop 이벤트도 계획하고 있다.

명동떡볶이 NFT 캐릭터 '포키'   출처: 명동떡볶이

　이외에도 명동떡볶이는 NFT 시장 진출을 계기로 디지털 고객 서비스를 대폭 강화했다. 포키를 소지한 고객들을 대상으로 명동떡볶이 메타버스 회원 가입, 무료 식사, 동반 고객 할인 등의 다양한 프로모션을 진행한다. 특히 고급 식자재를 사용한 NFT 소지자 전용 프리미엄 메뉴가 고객들의 많은 호응을 얻으면서 포키의 소장 가치를 높이고 있다. 또한 일반적인 회원제 프로모션과는 달리 연간 수수료 등 추가 비용이 청구되지 않기 때문에 NFT 소지자는 누구나 부담 없이 혜택을 누린다는 장점이 있다.

　포키는 엘리트The Elite, 트렌드세터The Trend Setter, 언유주얼The Unusual, 베이스본Base Born 등 4등급으로 구분되는데, 각 등급에 따라 소지자가 받을

수 있는 전용 혜택이 달라진다. 포키 소지자가 받는 전용 혜택은 다음과
같다.

엘리트	트렌드세터
• 매월 메타버스 명동떡볶이 이용권 • 월 1회 매장 내 특별 메뉴 이용권 • 전용 프리미엄 메뉴 프로모션당 1회 이용권 • 전용 프리미엄 메뉴 게스트 3명 초대권(게스트 요금 적용) • 매장 내 NFT 전용 식사 공간 게스트 3명 초대권	• 월 1회 매장 내 특별 메뉴 이용권 • 전용 프리미엄 메뉴 프로모션당 1회 이용권 • 전용 프리미엄 메뉴 게스트 3명 초대권(게스트 요금 적용) • 매장 내 NFT 전용 식사 공간 게스트 3명 초대권
언유주얼	베이스본
• 월 1회 매장 내 특별 메뉴 이용권 • 전용 프리미엄 메뉴 프로모션당 1회 이용권 • 전용 프리미엄 메뉴 게스트 2명 초대권(게스트 요금 적용) • 매장 내 NFT 전용 식사 공간 게스트 2명 초대권	• 월 1회 매장 내 특별 메뉴 이용권 • 전용 프리미엄 메뉴 프로모션당 1회 이용권 • 전용 프리미엄 메뉴 게스트 1명 초대권(게스트 요금 적용) • 매장 내 NFT 전용 식사 공간 게스트 1명 초대권

NFT 소지자 전용 프리미엄 메뉴   출처: 명동떡볶이

말레이시아 최초 NFT 콘셉트 레스토랑

포키를 출시하며 NFT 시장에 본격적으로 진출한 명동떡볶이는 2021년 11월 NFT 콘셉트의 레스토랑을 오픈했다. 쿠알라룸푸르 인근 유명 휴양지인 겐팅 하일랜드Genting Highlands에 위치한 명동떡볶이의 NFT 콘셉트 레스토랑은 매장을 오픈할 때부터 언론의 주목을 받았으며, 지금까지 고객의 높은 호응을 얻고 있다. 현실과 가상세계를 접목한다는 콘셉트답게 레스토랑 내부는 미래지향적으로 디자인되어 있으며, NFT 소지자를 위한 전용 메뉴와 식사 공간이 별도로 마련되어 있다. NFT 소지자는 암호화폐 지갑을 직원에게 제시한 후 QR코드를 스캔하면 전용 혜택을 누릴 수 있다.

명동떡볶이 NFT 콘셉트 레스토랑   출처: 명동떡볶이

자사의 NFT를 출시하고 NFT 콘셉트의 레스토랑까지 오픈했지만, 명동떡볶이의 NFT 프로젝트는 아직 시작 단계다. 창업자인 빈센트 루아는 메타버스 및 NFT 프로젝트를 꾸준히 성장시켜 고객과의 접점을 확대할 계획이다. 메타버스와 NFT로 고객이 무엇을 선호하고, 시간을 어떻게 활용하는지 파악함으로써 더욱 세심한 고객 관리를 이어나갈 수

있기 때문이다. 루아는 이번 프로젝트를 통해 수집한 통계 데이터를 바탕으로, 고객 맞춤형 마케팅 전략을 수립하는 데 큰 성과를 낼 것으로 기대하고 있다.

F&B 업계에 불고 있는 NFT 바람

NFT 산업이 빠르게 성장하고 적용 분야 또한 다양해짐에 따라 기업들도 NFT를 적극 도입하고 있다. 빈센트 루아에 따르면 최근 브랜딩 전략을 위해 NFT를 제작하는 기업이 점점 늘어나는 추세다. 앞으로 NFT 시장이 더 확대될 경우, NFT가 곧 기업의 브랜드로 인식되는 날이 도래할 수 있으며 NFT 경쟁력이 미래 F&B 업계의 판도를 바꿀 가능성도 존재한다.

에이디부처앤드스테이크 메인 메뉴와 NFT   출처: 에이디부처앤드스테이크

에이디부처앤드스테이크$^{AD Butcher \& Steak}$는 코로나19 팬데믹 이후 메타버스가 대중화되고 있다는 점을 포착, 예술가들과 협업해 NFT를 개발하고 NFT 마케팅을 적극 도입했다. 에이디부처앤드스테이크의 NFT 마케팅은 직접 판매로 수익을 창출하는 것이 아니라, 식당을 처음 방문한 고객에게 NFT를 무료로 지급한 후, 다음 번 방문 시 자신이 소지한 NFT를 제시하면 전용 혜택을 제공하는 형태로 운영된다. 두 번째 방문에는 사이드 디시, 세 번째 방문에는 햄버거, 여덟 번째 방문에는 고가의 메인 메뉴를 무료로 제공한다.

타이거맥주$^{Tiger Beer}$는 2022년 호랑이해를 맞아 말레이시아 의류 업체 PMC와 '럭키 타이거스 NFT 컬렉션'을 출시했다. '더 타이거 아카이브스$^{The Tiger Archives}$'라고 불리는 6,688개의 NFT 컬렉션은 타이거맥주 병 디자인과 고대 중국의 호랑이 그림에 영감을 받아 제작됐다. 이 NFT 컬렉션의 소지자는 싱가포르, 말레이시아, 메타버스에서 개최되는 회원 전용 파티 입장권과 타이거맥주 교환권, PMC 전용 의류 구매권 등의 혜택을 받는다. 타이거맥주와 PMC는 기업의 마케팅 효과와 사회 환원적 의미를 모두 얻기 위해 2022년 한 해 NFT 판매로 벌어들인 수익금을 지역 예술가를 지원하는 데 사용하겠다고 밝혔다.

크림드라크림$^{Crème De La Crème}$은 'NFT 애호가를 위한 안식처'를 목표로 말레이시아 최초의 NFT 테마 아이스크림 가게를 열었다. 크림드라크림은 대표적인 NFT인 '크립토펑크^{CryptoPunk}', '보어드에이프$^{Bored Ape}$', '두들스^{Doodles}'에서 영감받은 아이스크림을 출시해 NFT 애호가들의 관심을 끌었다. 또한 매장 내 LED 화면과 벽면을 활용해 자사의 NFT는 물론, 고객의 NFT까지 전시해 고객과 함께한다는 메시지를 전달하고 있다. 앞으로도 NFT 관련 행사와 모임을 지속적으로 주최하여 NFT 애호가의 소통 공간으로 거듭난다는 계획이다.

Tiger Beer X PMC NFT

출처: 타이거맥주

크림드라크림의 NFT 콘셉트 아이스크림

출처: 크림드라크림

동남아의 디지털 선도 국가를 지향하다

말레이시아는 메타버스와 NFT 등 디지털경제 발전에 유리한 환경을 갖추고 있다. 말레이시아의 인터넷과 스마트폰 보급률은 약 90%에 달한다. 온라인 환경에 대한 접근성이 동남아시아 최상위 수준인 셈이다. 디지털 산업 육성에 대한 말레이시아 정부의 의지 또한 확고하다. 동남아시아 내 디지털 산업의 선도 국가가 되는 것을 목표로 '말레이시아 디지털 이코노미 블루프린트Malaysia Digital Economy Blueprint' 정책을 수립했다. 2021년부터 2030년까지 10년 단위로 총 3단계에 걸쳐 디지털 기반 인프라 구축, 공공 부문의 디지털 전환, 디지털화를 통한 경제 경쟁력 강화, 디지털 숙련 노동자 육성, 안전하고 윤리적인 디지털 환경 조성 등의 세부 목표를 달성한다는 계획이다.

최근 암호화폐와 NFT의 합법화에 대한 목소리가 말레이시아 정부 부처와 민간에서 심심찮게 들려오고 있다. 2022년 3월 말레이시아 통신멀티미디어부 장관은 '암호화폐와 NFT의 합법화'를 촉구했다. 암호화폐와 NFT를 제도권으로 편입함으로써 젊은 세대의 가상자산 시장 참여를 활성화하고 디지털경제를 강화할 수 있다는 주장이다. 그러나 이에 대해 금융 규제 기관인 말레이시아중앙은행과 증권거래위원회는 아직 회의적인 입장이다.

신산업의 선도국, 대한민국을 꿈꾸며

아직 초기 단계인 NFT 시장에는 저작권, 세금 과세 등 해결해야 할 과제가 존재한다. 코로나19 엔데믹 이후 시장의 성장 속도가 둔화될 가능성도 있다. 그러나 NFT 인프라는 빠른 속도로 구축되고 있으며 향후 시장 규모는 꾸준히 확대될 것으로 예상된다. 더욱이 NFT 활용 기술이 나날이 발전함에 따라 적용 산업과 분야 또한 다양해지고 있다. 메타버스 경제와 NFT는 이미 우리 생활 곳곳에 자리 잡고 있으며 앞으로 이런 현상은 더욱 심화될 것이다.

NFT 산업의 성장은 첨단 기술을 선도하는 미국, 유럽 같은 일부 지역에서만 나타나는 현상이 아니다. 말레이시아 같은 개발도상국에서도 NFT 산업은 놀라운 속도로 발전 중이다. NFT 산업이 전 세계 곳곳에 뿌리내리고 있고, NFT 시장에 도전장을 내민 수많은 사업가들이 우리의 경쟁자가 될 수 있음을 인지해야 한다.

대한민국은 세계에서 가장 우수한 IT 인프라와 인재풀을 보유한 국가다. 합리적인 정부 정책과 유능하고 역동적인 플레이어가 조화를 이룬다면 어느새 성큼 다가온 신산업의 선도국이 되는 것도 허상은 아닐 것이다.

박지호(쿠알라룸푸르무역관)

NFT
뽑기 이벤트에
당첨되면
NFT가 따라온다?

홍콩

무더운 여름날, 시원한 음료를 벌컥벌컥 마시며 병뚜껑 이벤트 당첨의 행운을 기대해본 경험이 있는가? 행운의 당첨자에겐 병뚜껑 안쪽에 적힌 내용에 따라 고급 승용차, 여행 상품권, 가전제품 등의 경품이 주어지는 이벤트 말이다. 홍콩에 사는 20대 인플루언서 캐나스는 어릴 때부터 이러한 경품 이벤트 참가를 즐겨 해왔다. 트렌드에 민감한 그는 최근 피규어 랜덤박스 구매에도 빠졌는데, 팍팍한 현실을 잊고 적은 돈으로도 재미를 느낄 수 있어서다. 소셜 미디어에서 화제인 수제맥주 랜덤박스 '원더먼트Wonderment'에 흥미를 가지게 된 것도 이 때문인데 그가 온라인으로 맥주를 구매하고 뽑은 경품은 과연 무엇이었을까? 놀랍게도 피규어나 여행 상품권이 아니라, 가상세계에서 가장 주목받고 있는 NFT였다.

NFT 수제맥주? 과연 마실 수는 있을까?

2016년에 설립된 히어로즈비어Heroes Beer Co.는 유리병에 담아 판매하던 수제맥주를 홍콩 최초로 캔에 담아 발매한 기업이다. 새로운 시도에 도전적인 기업답게 히어로즈비어는 칸나비디올CBD* 함유 맥주, 중국 차Tea 와 결합한 맥주 등 독특한 맛의 제품을 출시한 바 있다. 최근 가상과 현실이 어우러진 메타버스가 주목받는 가운데 가상자산의 일종인 NFT에서 가능성을 발견한 히어로즈비어는, 이 시장을 선점하고자 현지 NFT 거래 플랫폼인 아트지오니어Artzioneer와 협업해 홍콩 최초의 'NFT 수제맥주'를 출시했다.

기록 및 보관 기술인 블록체인에 존재하는 NFT는 가상자산의 일종으로, NFT 발행을 통해 유저에게 게임·예술품 등 디지털자산에 대한 소유권을 부여할 수 있다. 즉 NFT로 해당 자산이 유저가 소유한 '세계 유일의 진품'임을 증명할 수 있는 것이다. NFT와 맥주를 결합해 생각하면 어렵게 느껴질 수 있지만, 맥주 한 캔을 구매하면 NFT 하나가 증정되는 간단한 개념이다. 맛있는 맥주를 즐기면서 복권처럼 맥주 캔에 새겨진 스크래치를 긁으면 NFT 당첨번호를 바로 확인할 수 있다. 이 번호를 통해 아트지오니어의 온라인 플랫폼에서 홍콩 예술가들이 디지털 예술 작품에 입힌 소유권을 얻을 수 있다. 이들 작품은 기업에서 엄선한 홍콩 예술가 11명의 손을 거쳐 제작된 것으로, 작품 가치에 따라 일반 NFT, 레어Rare NFT, 슈퍼 레어Super Rare NFT로 나뉜다.

---

* 대마 추출 성분으로 강력한 항산화, 통증 완화, 스트레스 해소 등의 효능이 있어 식음료 업계에서 주목받으며 맥주, 쿠키, 화장품, 마사지 오일 등 다양한 상품에 활용돼왔다. 2022년 홍콩 정부는 CBD를 대마초와 같이 위험약물(dangerous drug)로 규제하는 법안을 마련할 계획이라 밝혔다.

이 경품 이벤트는 또 하나의 NFT 컬렉션인 '메타 미로^{Meta Milo}'도 선보였다. 메타버스 세계로 이끌어가는 캐릭터 '미로^{Milo}'를 별자리 특성에 따라 스타일링한 12개의 룩을 NFT로 발행한 것이다. 이처럼 희소성, 한정판 등 키워드가 덧붙여진 NFT는 디지털 세계에 관심이 높은 MZ세대의 소비심리를 자극한다.

홍콩 최초의 NFT 수제 맥주 '원더먼트'와 실제 맥주캔에 적힌 NFT 뽑기 방법
출처: www.lifenewshk.com(좌), www.tatlerasia.com(우)

원더먼트 NFT 컬렉션 중 하나인 '메타 미로'   출처: 아트지오니어

물론 원더먼트 맥주의 가격은 약 500홍콩달러(약 9만 1,000원)로 일반 맥주보다 비싸지만, 뜨겁게 달아오르는 NFT 경매 시장의 기존 매매

가격보다는 훨씬 낮다. 더욱이 NFT 맥주의 가치는 고객들에게 유형의 상품을 통해 무형의 부가가치와 재미까지 제공하는 것이므로, 기업 입장에서는 합리적 가격으로 NFT 거래를 보급해 새로운 성장동력을 창출할 기회가 아닐까 싶다.

.

홍콩 '국민 쌀국숫집'의 NFT 메뉴 출시, NFT의 활용도는 어디까지일까?

최근 인터넷에서 유행하는 짧은 '밈Meme'부터 '홍콩의 거장' 왕가위Wong Kar Wai 감독의 대표작인 〈화양연화In The Mood For Love〉에 이르기까지, 디지털자산의 NFT가 고가에 거래되는 추세다. 이는 NFT가 메타버스와 함께 홍콩 경제의 큰 화두로 자리매김했음을 의미한다. 코로나19로 인한 언택트 사회의 가속화가 큰 영향을 미친 셈이다.

2021년 9월 시장정보 플랫폼 파인더Finder가 18세 이상 홍콩 시민 1,001명을 대상으로 실시한 설문조사에 따르면, 응답자의 21.1%가 NFT에 대해 관심이 있다고 답했으며, 10.7%는 실제로 NFT를 소유하고 있다고 밝혔다. 홍콩의 NFT 시장 규모도 필리핀, 태국, 말레이시아 등에 이어 전체 조사 대상 20개국 중 8위를 차지했다.

NFT에 대한 관심이 확대됨에 따라 홍콩의 기업들도 NFT 사업에 앞다퉈 뛰어들고 있다. 2022년 5월 홍콩 전 지역에 지점을 둔 쌀국숫집 탐자이Tam Jai와 탐자이삼고Tam Jai Sam Gor는 처음으로 협업을 추진하며 현지인 사이에 알려진 메뉴에 기반한 NFT 컬렉션을 출시할 계획이라고 발표했다. 기존 메뉴를 중심으로 판매하되 NFT를 발행해 VIP 멤버십으로 활용하고 NFT 소유 고객에게 할인 혜택을 줄 예정인데, 이것이 바로 NFT의 가장 큰 용도이자 장점인 임파워먼트Empowerment*라 할 수 있다. NFT를 통한 임파워먼트로 고객에게 권한을 부여하는 동시에 고객과 더욱 긴밀한 관계를 맺게 되는 것이다.

탐자이와 탐자이삼고가 발행한 NFT   출처: 아트지오니어

실제 상품에 더해 브랜드 가치를 높이는 고객 경험까지

시장 내 경쟁이 치열해질수록 기능적, 물리적 측면의 향상은 계속된다. 그리고 이는 경쟁자들과의 차별화가 더 어려워질 수밖에 없음을 의미한다. 소비자들은 유형의 상품에서 파생되는 경험적 무형의 요소를 더욱 중시하게 될 것이기 때문이다. 한국 어도비Adobe 사업부 정승원 상무에 따르면, 코로나 시대에서 고객 경험Customer Experience, CX은 기업의 생존과도 밀접한 연관이 있을 정도로 그 중요성이 커진 상황이다. 이제는 소비

---

* 조직 구성원들에게 업무 수행에 필요한 권력을 부여한다는 뜻이지만, 고객 충성도 향상 및 구매 유도를 위해 기업이 고객에게 권한을 부여하는 것을 의미하기도 한다.

자의 입맛에 맞는 상품이나 서비스뿐만 아니라, 차별화된 경험을 제공하는 것이 기업의 성공 전략이 될 가능성이 높아졌다. 그렇다면 NFT는 기업의 차별화와 브랜드 가치 향상에 어떻게 활용될 수 있을까?

원더먼트 맥주의 출시 이벤트 일환으로, 히어로즈비어와 아트지오니어는 메타버스 체험을 테마로 한 3,000제곱피트(약 $28m^2$) 규모의 전시관 '원더버스Wonder-verse'를 조성해 예술가들의 NFT 작품을 생동감 있게 체험하는 기회를 마련했다. 이와 더불어 가상현실과 증강현실 기술로 집에 있는 소비자도 실감 넘치는 '몰입형Immersiveness' 경험을 할 수 있도록 했다. NFT 활용을 통해 단순한 상품 판매를 넘어 일관된 경험을 제공함으로써 고객 참여와 브랜드에 대한 관심을 제고한 것이다.

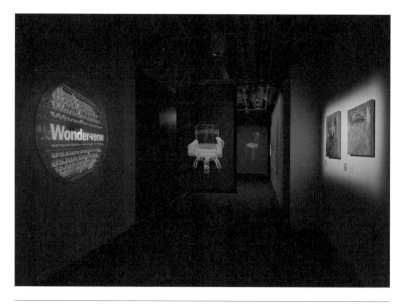

유형 상품에서 몰입형 경험까지 체험 가능한 '원더버스' 전시회 　　　　출처: www.lifenewshk.com

한편 NFT는 엔터테인먼트 업계에서도 활용된다. 홍콩의 주요 엔터기업 중 하나인 EEG^{Emperor Entertainment Group}가 현지 유명 가수 힌스 청^{Hins Cheung}을 메타버스에 소개함으로써 가상세계에서 팬들과 교류할 수 있는 플랫폼 '힌스랜드^{Hinsland}'를 구축한 사례가 있다. 팬들은 NFT 자산을 활용해 가상세계에서 아이돌과 함께 콘텐츠를 제작할 수 있으며 아이돌의 가상 콘서트 및 파티에도 참여할 수 있다. 언제나 재미있고 강렬한 경험을 찾아 헤매는 MZ세대를 사로잡을 마케팅 수단이 된 셈이다.

NFT와 만난 메타버스, 비즈니스 기회는 더욱 확대될 전망

메타버스 관련 비즈니스 기회가 커지면서 NFT 시장도 급성장하는 모습이다. 한국에서도 네이버, 삼성전자, 신세계 등 대기업의 NFT 활용 사례가 늘며, 최근 식품 업계까지(제너시스BBQ, BHC치킨 등) 메타버스에 진입해 NFT 마케팅에 적극적으로 뛰어들고 있다. 유형의 상품을 NFT와 결합하고 차별화된 경험까지 제공함으로써 상품과 브랜드의 가치를 높이고 소비자의 흥미도 유발할 수 있어 MZ세대의 마음을 사로잡는 데 제격이기 때문이다. 정부 역시 메타버스와 NFT의 결합에 많은 관심을 표명했다. 2022년 8월 과학기술정보통신부와 부산시 주최로 열린 '2022 글로벌 메타버스 컨퍼런스 & 한-아세안 포럼'이 대표적인 예다. '메타버스, 새로운 세상의 시작^{Metaverse, The beginning of New Worlds}'을 주제로 한 이 행사에선 메타버스와 NFT 등 주요 산업 동향에 대한 강연과 토론, 아세안 지역의 협력 방안 논의 등이 진행됐다.

앞으로도 NFT 시장 진출에 관심을 갖는 홍콩과 한국의 기업들은 점점 더 많아질 것으로 예상된다. 이들 기업이 과연 어떻게 NFT를 활용할지 그 무궁무진한 가능성에 더욱 기대가 된다.

아이비 시토(홍콩무역관)

위스키와 NFT의 결합,
일본은 지금
'酒테크' 열풍

도쿄

2020년 8월, 홍콩의 어느 경매소. 술 한 병이 무려 620만 홍콩달러(약 11억 2,800만 원)에 낙찰돼 관심을 모았다. 주인공은 바로 일본산 위스키 '야마자키 55년산(700ml)'. 1964년 이전에 증류해 55년간 숙성한 몰트위스키로, 산토리홀딩스에서 2020년 6월 100개만 한정 판매한 제품이다. 당시 판매 가격도 330만 엔(약 3,250만 원)으로 상당히 고가였는데, 불과 두 달 만에 28배나 폭등한 것이다. 이는 일본산 위스키 사상 최고 낙찰가였을 뿐 아니라 전 세계 위스키 경매가 'TOP 10' 반열에 드는 가격이었다.

일본 산토리홀딩스의 야마자키 55년   출처: 산토리홀딩스

지금 세계는 일본산 위스키 붐

2000년대부터 미국, 유럽 소비자를 중심으로 인기를 끌기 시작한 일본산 위스키는 최근 한국을 비롯한 아시아 시장에서도 인기몰이 중이다. 위스키의 원주를 숙성하는 데 최소 3년 이상의 시간이 걸리는 데다 최근 원주 품귀 현상으로 위스키 공급이 어려워지자 희소성이 커지면서 투자 상품으로 주목받고 있다. 덕분에 현재 일본은 스코틀랜드, 아일랜드, 미국, 캐나다와 함께 '세계 5대 위스키 생산국' 중 하나로 자리 잡았다.

게다가 최근 들어 중국이 5대 위스키 생산국에서 판매하는 위스키를 대량으로 사들이면서 위스키 가격은 꾸준히 상승세를 띠고 있다. 수요에 공급이 따라오지 못한 결과다. 그러다 보니 소위 '5대 위스키'에 속하기만 하면 일반 가정집 부엌 구석에 방치해둔 것까지 전문 업체가 큰돈을 주고 매입하는 사례가 빈번하게 발생한다. 심지어 경우에 따라서는 뚜껑을 열어 마시다 만 위스키조차도 유통될 정도다. 이처럼 인기가 치솟는 위스키와 최근 화제의 중심으로 떠오른 NFT를 결합한 아이디어가 일본에서 큰 주목을 받고 있다.

NFT, 희소성 있는 자산을 담는 수단

블록체인을 기반으로 하는 NFT는 소유권과 판매 이력 등의 관련 정보가 모두 블록체인에 저장되며, 최초 발행자를 언제든 확인할 수 있어 위조나 조작이 불가능하다. 기존 암호화폐 등의 가상자산이 발행처에 따라 균등한 조건을 가졌다면, NFT는 별도의 고유한 인식값을 담고 있어 서로 교환할 수 없다는 것이 특징이다. 예를 들어 비트코인 1개당 가격은 동일하지만 NFT는 각각의 토큰 가치가 다르므로 가격도 다르게 매길 수 있다.

이처럼 NFT는 가상자산에 '희소성'과 '유일성'이란 가치를 부여하기 때문에 최근 디지털 예술품, E-스포츠, 게임 아이템 등을 중심으로 활용 범위가 점차 확대되고 있다. 대표적으로 디지털 아티스트 '비플Beeple'이 만든 10초짜리 비디오 클립은 2021년 2월 NFT 거래소에서 660만 달러(약 85억 8,000만 원)에 판매됐다. 세계 최대 미술품 경매 업체인 소더비Sotheby's 역시 2021년 NFT 작품의 매출 규모를 1억 달러(약 1,300억 원)라고 발표하는 등 경매 업계의 NFT 시장 진입도 가속화하는 추세다.

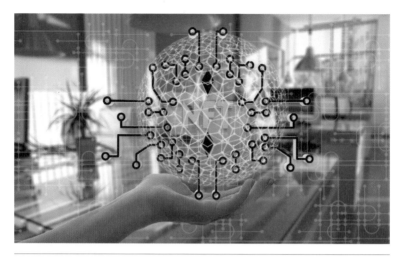

대체 불가능한 토큰 NFT

출처: 픽사베이

세계 최초로 위스키 NFT를 발행한 일본의 스타트업

지금까지 NFT는 디지털 미술품이나 희소한 게임 아이템 등 주로 무형의 자산과 연동하는 것이 일반적이었다. 그런데 최근 실물자산인 위스키를 NFT로 디지털자산화해 사고파는 것에 도전한 스타트업이 나타나 화제다. 바로 2021년 설립된 일본의 블록체인 스타트업 '유니카스크UniCask'다. 이 회사는 블록체인 기술을 활용해 위스키가 담긴 술통의 소유권 증명이나 이전 등기, 온라인 매매 이력 관리의 용이화를 목표로 프로젝트를 추진, 2021년 4월 세계 최초로 위스키 증류주 통을 NFT화한 베타 버전 앱 '유니카스크'를 출시했다.

유니카스크의 대표 크리스 다이Chris Dai가 위스키 NFT를 개발하게 된 건, 주류의 수입·도매를 다루는 (주)재팬임포트시스템Japan Import Sys-

^{tem}의 다나카 가쓰히코 사장과의 만남이 계기가 됐다. 유니카스크는 주류 수입 상사 재팬임포트시스템과 블록체인 기업 레시카^{Resika}의 조인트 벤처로, 레시카의 대표는 유니카스크의 크리스 다이가 역임하고 있다.

세계 최초로 위스키 증류주 통을 NFT화한 유니카스크   출처: 유니카스크

당시 디지털 콘텐츠 NFT가 주력 사업 분야였던 레시카는 활용 범위를 디지털자산에서 실물자산까지 어떻게 확대할 수 있을지 고민 중이었다. 실물자산과 가상화폐를 연결하는 데는 한 가지 커다란 과제가 있었기 때문이다. 물리적으로 존재하는 실물자산과 디지털 토큰을 연동하려면 IC 태그나 RFID 스티커 등의 디지털 식별자를 실물자산에 부착해야만 했다. 하지만 이 경우 태그를 복제하거나 분리해서 다른 작품에 장착하는 것과 같은 행위를 막을 방법이 없었다. 게다가 태그 자체가 하나의

전자회로기 때문에, 환경적인 요인으로 인해 오류를 범할 가능성이 있어 진품임을 증명할 수 없는 경우가 종종 발생했다.

그러던 어느 날, 크리스 다이 대표는 다나카 사장에게 우연히 위스키 업계의 독특한 상거래 방식에 대해 듣게 됐다. 위스키는 예로부터 통 단위로 거래되어왔는데, 위스키를 구입한 사람은 술통을 가져가지 않고 위스키 증류소에 오랫동안 맡겨두는 상거래 관행이 있다는 것이다.

유니카스크의 크리스 다이 대표   출처: 유니카스크

크리스 다이 대표는 이 이야기를 듣고 아이디어가 번뜩였다. 진품과 디지털 NFT를 연동하는 IC 태그는 진품 고유의 가치를 담보하는 중요한 보증 수단이다. 누군가 악의를 가지고 진품에 부착된 IC 태그를 물리적으로 분리하거나 조작한다면 NFT는 희소성 있는 자산으로서의 가치가 상실되고 만다. 그러나 위스키는 거래되는 과정에서 위스키의 술통이 구입자의 수중에 가지 않고 증류소에 장기간 보관되기 때문에 다른 실

물자산에 비해 사람의 손이 닿을 가능성이 현저히 낮다. 이러한 발상에서 크리스 다이 대표는 증류소 자체를 담보로, 위스키라는 실물자산을 NFT와 연결해 투자 상품화하는 아이디어를 생각해낸 것이다.

위스키와 NFT는 환상의 궁합이다?

증류소 보관으로 IC 태그 탈부착·손상 우려를 해소할 수 있다는 점 외에도 위스키와 NFT는 궁합이 잘 맞는 지점이 많다. 첫 번째는 위스키와 NFT 모두 제품이 완성되기 전부터 유통·판매가 가능하다는 점이다. 위스키는 유형자산이지만 최종적으로 숙성을 끝내고 시장에 유통되기 전까지는 '통 위스키에 대한 권리'라는 무형의 자산으로 존재한다. 위스키 등의 증류주는 증류한 원주를 통 속에서 오랜 기간 숙성해야 호박색 위스키가 되기 때문이다. 심지어 고급 위스키는 숙성하는 데 30년에서 50년 가까이 걸린다. 이처럼 위스키를 숙성해 시장에 유통하기까지 오랜 시간이 걸리므로, 생산자 측에 수익이 전달되려면 통상적으로 매우 긴 시간이 걸린다. 그러나 위스키를 NFT화하면 오랜 숙성 기간을 기다릴 필요 없이 술통의 권리를 미리 판매할 수 있다. 이 경우 위스키 생산자는 조기에 매출을 일으켜 자금 융통의 애로를 해소할 수 있고, 위스키 구매자는 상품이 유통되기 전 누구보다 빨리 상품에 대한 정보를 입수할 수 있다. 또 위스키 매입을 위해 증류소를 찾아가지 않아도 된다. 위스키 NFT는 온라인상으로 거래되기에 굳이 외국산 위스키를 구입하려고 해외 증류소를 찾아가지 않아도, 전 세계 어떤 위스키든 구입이 가능해진다.

두 번째는 위스키에 대한 소유권을 '분할'해서 거래할 수 있다는 점이다. 위스키 통에 대한 소유권을 NFT로 분할하면 소액 유통·판매가 가능해 더 많은 사람들이 위스키를 사고팔 수 있다. 실물 유통의 경우 생산자가 위스키 통을 통째로 팔고 싶다고 해도 통 하나를 다 살 수 있을 정도의 자금력을 가진 사람은 한정될 수밖에 없다. 게다가 거래 빈도가 낮으면 필연적으로 거래에서 발생하는 중개 수수료 비용도 늘어난다. 하지만 위스키 통에 대한 소유권을 NFT를 통해 소량으로 분할 판매하면 거래 가격이 낮아져 더욱 많은 사람들이 NFT를 구입할 수 있게 된다. 이에 따라 거래 빈도가 높아지면 규모의 경제 실현이 가능해 거래 수수료도 낮아진다. 그동안 위스키 매매가 부유층 등 일부 한정된 사람들의 특권이었다면, 유니카스크의 NFT는 이를 범용화함으로써 위스키를 '대중화'했다고 표현할 수 있다.

세 번째는 위스키 통을 NFT화함으로써 위스키 통 그대로 매매·소유할 수 있게 됐다는 점이다. 여기서 가장 중요한 포인트는 바로 '숙성'이다. 다른 음료나 주류와 달리 증류주는 시간이 지남에 따라 가치가 상승한다. 위스키에 대한 소유권 자체가 투자자산이 되는 것이다. 단 위스키는 일반적으로 유통되는 병에 든 상태에서는 숙성되지 않는다. 대형마트나 편의점에서 판매하는 10년산 위스키를 구입해 5년간 묵힌다고 해도 그 병 속의 위스키가 15년산 위스키 특유의 깊은 맛을 내진 못한다는 뜻이다. 그러나 이 위스키를 위스키 전용 통에 보관하면 이야기가 달라진다. 10년짜리 위스키를 통에서 5년간 숙성하면 15년짜리 위스키의 깊은 맛을 내며, 종류에 따라서는 도수가 크게 달라지기도 한다. 따라서 위스키가 투자자산으로서의 가치를 갖추기 위해선 통으로 보관하는 것이 최선이다. 다만 위스키 통 하나를 통째로 소유하기 위해서는 상상을 초월하는 비용이 들고, 이런 이유로 그동안 많은 경제적인 제약이 뒤따랐다. 그러나 NFT화를 통해 위스키 통에 대한 소유권 일부를 보유하는 것이 가능해지면서 그간 일부 부유층만 누리던 자산 가치의 상승을 일반인도 누릴 수 있게 됐다.

통 단위로 거래되는 위스키와 블록체인 플랫폼에서 판매되는 유니카스크 위스키 NFT　　　출처: 유니카스크

실물자산의 NFT화가 지니는 3가지 의의

유니카스크는 위스키라는 실물자산을 성공적으로 NFT화한 사례며, 다른 실물자산도 위스키와 마찬가지로 NFT화를 통해 새로운 가치를 창출할 수 있다. 이 같은 실물자산의 NFT화는 크게 3가지 관점에서 의의가 있다. 첫 번째는 글로벌 관점이다. 실물자산을 NFT화함으로써 소유권과 거래 기록을 전 세계에서 확인할 수 있어 해외 판로의 확대가 가능해졌다. NFT와 블록체인을 활용해 물류와 거래 장벽을 해소하고 거래

시장을 손쉽게 구축하게 된 것이다. 두 번째는 유동성 관점이다. 실물자산을 NFT화함으로써 실물 거래임에도 높은 유동성을 보유한 시장을 형성할 수 있게 됐다. 마지막 세 번째는 바로 새로운 에코시스템(생태계)의 구축이다. NFT화는 단순한 디지털 거래가 목적이 아니라 수많은 회사의 시스템이 서로 연계해 하나의 새로운 생태계를 구축하는 것이 궁극적인 목적이라고 할 수 있다. 예를 들어 위스키 통의 소유권 증명서인 NFT가 담보가 돼 자동화된 대출 프로그램으로부터 차입이 가능해지며, 개방적인 마켓 플레이스에서 거래된 주류 데이터를 기반으로 금융 기관이 증류소에 대한 정확한 가치 평가를 내릴 수 있게 된다.

한국에서도 유니카스크처럼 주류와 NFT를 결합하려는 시도가 점차 활발해지고 있다. 최근 투자 가치가 높은 희소성 있는 실물 와인 기반의 주류 NFT 거래소가 개설됐고, 문경의 유기농 오미자로 만든 전통 증류주도 NFT로 발행됐다. 앞으로도 실물자산과 NFT를 결합하려는 시도는 주류 업계뿐 아니라 다양한 분야에서 계속될 게 분명하다. 그런 관점에서 볼 때 블록체인을 기반으로 자산의 가치가 투명하고 공정하게 거래되는 생태계가 구축된다면, 궁극적으로 국가 경제 및 산업에도 큰 약진을 가져올 것이다.

하세가와 요시유키(도쿄무역관)

NFT

NFT를 통해
만나는
새로운 디지털 세계

두바이

두바이 자동차 회사에서 디자이너로 근무하는 칼리드는 코로나19 이후 메타버스 플랫폼을 자주 이용한다. 메타버스를 통한 마케팅이 점차 확대되면서 회사에서도 이를 적극 활용하고 있기 때문이다. 현재 칼리드의 회사에서는 자사 차량을 메타버스 플랫폼에 구현해 시승 이벤트를 진행 중인데, 실물 시장이 아닌 디지털 시장이라는 점을 활용해 시중에 판매되지 않은 독특한 디자인의 콘셉트 카Concept Car를 선보여 뜨거운 호응을 얻고 있다. 아바타를 통해 다양한 차량을 시승해보고, 그중 마음에 드는 모델은 NFT로 구매도 할 수 있다는 점에 소비자들이 열광하는 것이다. 특히 칼리드가 디자인한 미래 차량 컬렉션은 최단 기간 내 '완판'을 기록, 회사에서는 해당 컬렉션을 실제 모델로 출시하는 것도 고려하고 있다.

메타버스와 NFT의 결합이 가져온 시너지

비단 칼리드의 회사뿐 아니라, 교육·식품·패션 등 아랍에미리트 내 다양한 업계에서 메타버스 마케팅을 공격적으로 펼치고 있다. 이렇게 많은 기업들이 메타버스 마케팅에 매료된 이유는 무엇일까? 메타버스는 가상현실과 비슷하지만 이보다 한 단계 더 나아가 가상현실 속 아바타를 활용해 실제 현실과 같은 사회적·문화적 활동을 할 수 있다는 특징이 있다. 코로나19 팬데믹으로 대면 모임을 하기 어려워진 후 오프라인 활동의 결핍을 온라인 공간에서 유사하게 경험하고자 하는 수요가 늘어났고, 메타버스는 이를 충족시켜줄 수 있는 도구로 떠올랐다. 여기에 NFT를 결합하자, 자칫 온라인 게임처럼 아바타를 활용한 상호작용 정도에 머물렀을 메타버스 세계에서도 현실 속 세계와 같은 경제적 활동이 가능해진 것이다.

디지털자산에 고유한 인식값을 부여해 소유권을 명확히 해주는 '디지털 보증서' 개념의 NFT는, 사실 온라인 미술작품 거래로 대중에게 주목받기 시작했다. 미술작품 구입 시 작품 보증서를 발급해주는 오프라인 거래에 반해, 온라인상에서는 타인이 쉽게 그림 파일을 소유할 수 있는데다 복제도 가능해 원본의 진위 파악은 물론 희소성이라는 가치 부여가 어려웠다. 하지만 NFT가 작품 보증서 역할을 하게 된 이후 미술품 거래에 새로운 패러다임이 형성되었고, 현재는 소비재·부동산·음악 등 소유권 부여가 필요한 여러 업종으로 NFT의 활용 범위가 점차 확대되고 있다. 그렇다면 지금 아랍에미리트에서는 어떠한 분야에 NFT가 활용되고 있을까? 대표적인 3가지 사례를 소개한다.

아랍에미리트의 다양한 NFT 활용 사례는?

1) 디지털 아트 프로젝트 '사막에서 화성까지'

아랍에미리트 건국 50주년을 맞이한 2021년은 아랍에미리트에 있어 뜻
깊은 한 해였다. 2021년 2월 세계에서 다섯 번째로 화성 궤도 진입에 성
공했기 때문이다. 두바이 문화예술청에서는 12월 2일 국경일에 아랍에
미리트의 NFT 플랫폼인 UAENFT와 함께 이를 기념하는 디지털 아트
프로젝트 '사막에서 화성까지'를 발표했다.

UAENFT는 이 프로젝트를 통해 자국민 2명을 포함한 7명의 글로
벌 아티스트를 모집하고 한정판 NFT를 발행해 관심을 집중시켰다. 소
개된 작품들은 '사막', '화성' 2가지 키워드를 활용해 석유 산업부터 우주
산업까지 지난 50년에 걸친 아랍에미리트의 여정을 기록하는 것을 목표
로 했다. 아랍에미리트의 역사를 전 세계인과 공유하고 아랍에미리트의
NFT 산업을 홍보하기 위한 공익 목적의 프로젝트라, 발표된 작품은 구
매 수수료$^{Gas\,Fee}$만 내면 무료로 소유할 수 있어 더욱 화제를 모았다.

'사막에서 화성까지' 프로젝트에서 선보인 NFT 작품들 　　　　　　　　　　　출처: UAENFT

2) 메타버스 속 결혼반지와 예복·피로연

NFT로 구입한 결혼반지와 예복, 디센트럴랜드^{Decentraland®}에서 열린 피로연까지, 여태껏 들어본 적 없는 신종 결혼식도 등장했다. 두바이 웨딩컨설팅 회사인 '이지웨딩^{Easy Wedding}'의 공동 설립자 플로리안 우게토^{Florian Ughetto}와 리즈 누네즈^{Liz Nunez}는 2019년 조지아에서 결혼한 부부다. 이들은 당시 결혼식에 참석하지 못한 가족 및 친지를 위해 두바이에서도 결혼식을 올리기로 했으나, 코로나19로 하객 초청에 어려움을 겪으면서 메타버스 결혼식을 준비하게 됐다.

아랍에미리트 최초 메타버스 결혼식 모습   출처: 이지웨딩

두 사람은 세계 최대 NFT 거래소 중 하나인 오픈시에서 약 100달러 (약 13만 원)를 주고 구입한 턱시도와 웨딩드레스를 캐릭터에 입힌 후

* 블록체인으로 구동되는 메타버스 플랫폼.

결혼식을 진행했다. 오프라인과 디센트럴랜드에서 동시 진행된 이번 결혼식은, 메타버스 이용이 어려운 참석자를 위해 비디오 회의 플랫폼인 줌^{Zoom}으로도 생중계됐다. 이들 부부는 이러한 자신의 경험을 기반으로, 현재 운영 중인 이지웨딩에서도 메타버스 결혼식 서비스를 선보일 예정이다.

3) 부동산에서 주얼리·패션까지

메타버스 부동산은 말 그대로 메타버스 세계에서 이루어지는 부동산 거래를 의미한다. 특히 코로나19 팬데믹 기간 동안 큰 관심을 받았는데, 메타버스 데이터 제공사인 메타메트릭솔루션스$^{MetaMetric\ Solutions}$에 따르면, 더샌드박스$^{The\ Sandbox}$, 디센트럴랜드 등 세계 4대 메타버스 플랫폼에서 거래된 부동산 가치는 2021년 5억 100만 달러(약 6,630억 원)에 달했다. 2022년에는 여기서 2배가량 더 늘어날 전망이다. 이에 두바이 부동산 업계에서도 발 빠르게 메타버스 프로젝트를 발표하는 등 시장 선점에 나서고 있다. 그중에서도 아랍에미리트 대형 부동산 개발사인 다막그룹$^{Damac\ Group}$은, '다막 메타버스'를 구축하기 위해 2022년 4월 '디-랩스$^{D-Labs}$'라는 부서를 신설하고 약 1억 달러(약 1,300억 원)를 투자할 계획임을 밝혔다. 또 아직 구체적 계획을 발표하진 않았지만, 그룹 차원에서 인수한 스위스 보석 브랜드 '드그리소고노$^{de\ Grisogono}$'와 이탈리아 패션 브랜드 '로베르토카발리$^{Roberto\ Cavalli}$'의 제품을 토대로 주얼리 및 패션 NFT에도 진출할 예정이다.

다막그룹 NFT 예상도 출처: DAMAC Properties 유튜브

디지털 트윈시티를 꿈꾸는 두바이

이렇게 아랍에미리트에서 메타버스와 NFT의 결합이 가속화하는 건 정부의 전폭적인 지원의 영향이 크다. 두바이는 2022년 개최된 세계정부정상회의^{World Government Summit}에서 도시 전체를 디지털 트윈^{Digital Twin}화[•]하는 것을 목표로 하는 '원 휴먼 리얼리티^{One Human Reality}' 프로젝트를 발표했다. 이 프로젝트를 발표한 두바이 시청의 다우드 알 하지리^{Dawood Al Hajri} 국장은 "원 휴먼 리얼리티 프로젝트는 우리가 사는 세계와 메타버스, 이렇게 두 세계의 통합을 뜻하며 이를 실현하기 위해 IoT, 인공지능, 빅데이터 기술을 활용할 예정이다"라고 밝혔다. 그의 말처럼 두바이 정부가 디지털 트윈시티 구축에 성공한다면, 전 세계 사람들이 메타버스를 통해 두바이의 랜드마크를 투어하고, 각각 다른 나라에서 온 친구와 두바이 공원에서 산책하는 것도 가능해질지 모른다.

같은 해 7월, 두바이 왕세자 셰이크 함단^{Sheikh Hamdan}은 '두바이 메타버스 전략^{Dubai Metaverse Strategy}'을 발표하며 정부 차원의 산업 육성 의지를

[•] 가상공간에 실물과 똑같은 물체(쌍둥이)를 만들어 다양한 모의시험(시뮬레이션)을 통해 검증해보는 기술.

나타냈다. 발표된 내용에 따르면, 두바이 정부는 향후 5년 내 블록체인 및 메타버스 기업을 5배 규모로 확대하고, 4만 개의 가상 일자리^{Virtual jobs}를 마련하는 것을 목표로 한다. 이를 달성함으로써 두바이 경제에 약 40억 달러(약 5조 2,000억 원)의 기여 효과를 창출하고, 전 세계 상위 10위 수준의 메타버스 선진 도시로 탈바꿈할 계획이다. 현재까지 알려진 바로는 두바이 내 블록체인 및 메타버스 관련 기업이 1,000여 개 가까이 진출한 상태며, 이 기업들은 약 5억 달러(약 6,500억 원) 규모의 경제 효과를 창출하고 있다. 2022년 9월에는 두바이 메타버스 총회^{Dubai Metaverse Assem-bly}를 개최해 글로벌 메타버스 전문가 300명과 40개 기관을 초청, 메타버스의 잠재력과 인류에 미치는 영향, 향후 활용 방안 등을 논의하고 국가와 정부, 기업이 메타버스를 효율적으로 활용할 수 있는 방법을 주제로 심층적인 토론을 나누었다.

두바이 메타버스 총회 홍보 포스터   출처: Dubai Future Foundation

공무원 대상 AI 연수 세미나   출처: 아랍에미리트 인공지능, 디지털경제 및 원격 근무부

    디지털 산업에 대한 아랍에미리트 정부의 투자는 관련 분야 인재 양성으로도 이어진다. 정부는 2017년 세계 최초로 '인공지능부Ministry of Artificial Intelligence'를 신설했고, 이후 여러 번의 부처 개편을 통해 2022년 기준 '인공지능, 디지털경제 및 원격 근무부Ministry of state for Artificial Intelligence, Digital Economy & Remote Work Applications'라 부르고 있다. 이 부처에서는 디지털 인재 양성을 위해 공무원 대상 AI 연수 프로그램, 어린이 대상 AI 부트캠프, 10만 명의 코더Coder 양성을 위한 국가 코더 프로그램The National Program for Coders 등을 운영한다. 2021년 8월에는 코더 프로그램을 수강하는 대학생 중 50명을 선발해 페이스북 여름 코딩학교에 다닐 수 있도록 지원하기도 했다.

블루오션 대열에 합류한 NFT

아랍에미리트 민간 기업들도 새로운 세계로의 도약에 적극적인 행보를 보인다. 아랍에미리트 최대 언론사인 걸프뉴스Gulf News는 전 세계 테크 전문가, 크리에이터, 디자이너를 초대해 '웹3 디코드Web 3 Decode'라는 이 벤트를 개최했다. 메타버스와 NFT 관련 전문가들의 강연과 함께 NFT 체험 기회를 제공하고, 소규모 스타트업을 대상으로 아이디어 경진대회를 주관함으로써, 업체 간 네트워킹을 지원하는 동시에 새로운 아이디어를 발굴하는 자리를 마련한 것이다. 이외에도 아랍에미리트 대표 항공사인 에미레이트항공과 에티하드항공에서는 자사의 비행기를 모델로 한 NFT를 출시했고, 아랍에미리트 내 인기 애니메이션인 '샤비아트 알 카툰Shaabiat Al Cartoon'은 캐릭터를 기반으로 9,999점의 NFT를 선보였다.

아랍에미리트는 탈석유 시대를 대비해 10여 년 전부터 다양한 산업 육성에 열심이다. 특히 에너지 외에 활용할 수 있는 자원이 부족한 것을 감안해 인적 자원 개발에 사활을 건다. 그러나 절대적 인구가 부족한 탓에 정부에서는 젊은 외국인들의 유입을 장려하고 있다. 전형적인 아랍 국가라는 틀을 깨고 다양한 문화 수용, 걸프협력회의Gulf Cooperation Council, GCC 최초 영주권 제공 등의 정책을 펼치는 것도 이런 이유에서다. 이와 같은 노력 덕분에 현재 아랍에미리트는 자유로운 도시 분위기, 외국인 친화적 이민 정책, 20~40대의 비중이 높은 인구 구성 등 ICT 업계 거점 도시로서 최적의 조건을 갖추게 됐다.

글로벌 시장의 움직임도 아랍에미리트의 행보와 맥락을 같이한다. 투자은행 제프리스Jefferies는 2022년 NFT 시장 규모는 350억 달러(약 45조 5,000억 원)로 추산했으며, 2025년에는 800억 달러(약 104조 원)

에 달할 것으로 예측했다. 한국 역시 이 같은 움직임에 발맞춰 메타버스와 NFT의 결합을 가속화하고 있다. 넥슨, 엔씨소프트, 넷마블 등 메이저 게임 업체들의 메타버스 구축 및 NFT 활용이 급속도로 늘어나고, 금융권의 메타버스와 NFT 결합 및 서비스 확장도 두드러지는 추세다. 현재 한국의 가상자산 시장은 전 세계에서 가장 큰 규모를 자랑한다. 국내 언론에 따르면 인구의 30% 이상이 가상자산을 보유하고 있을 정도다. 2022년 하반기에 크립토닷컴, 바이낸스 등 글로벌 가상자산 거래소들이 속속 한국 시장 진출을 선언한 것도 그 잠재력을 눈여겨본 결과다. 바야흐로 전 세계 경제의 흐름이 메타버스와 NFT로 향하는 셈이다.

물론 아직 메타버스와 NFT 산업에 대한 대중의 관심 제고, 제도적 규제 및 관련 법안 마련 등 풀어야 할 과제가 남아 있는 것은 사실이다. 빠른 시일 내로 현실적인 방안이 마련되어 국경 없는 디지털 세계에서 우리 기업들의 선전을 기원해본다.

이형민(두바이무역관)

로보틱스-ROBOTICS

로봇이 가져온

일상 속 변화들

전 세계적 흐름이라 할 수 있는 저출산·고령화 시대로의 진입은 로봇과 함께하는 일상을 낯설지 않은 현실로 만들었다. 인공지능을 갖춘 로봇이 주문을 받고 음식을 만들고 서빙을 하고 택배를 배달하고 농산물을 수확하는 정교한 활동에 투입되는 것은 물론, 인간을 위로하고 감정을 치유하는 치료사의 역할까지 담당하는 추세다. 고물가와 인력난을 해소할 유일한 대안으로 떠오른 로봇의 전 방위적 적용은 관련 산업의 성장과 우리 삶의 혁신적 변화를 이끌었다. 현재 요식업계, 물류업계 등에서 맹활약 중인 로봇의 적용 사례와 로봇으로 인해 달라진 우리의 일상을 살펴본다.

조리 로봇이
따라 하는
셰프의 손맛

뉴욕

뉴욕 주의 작은 타운에서 식당을 운영하는 루시는 최근 홀 서빙용 로봇을 도입했다. 2020년 코로나19 팬데믹 직후 1년여간 테이블을 없애고 포장 전문 식당으로 전환했다가 손님들의 요구로 다시 테이블을 배치하고 기존 방식으로 식당을 운영하려 했지만 상황이 예전 같지 않아서다. 홀 서빙 직원은 코로나19 이전보다 시급을 2배 가까이 올려도 구하기가 쉽지 않았고, 그나마도 한두 달 일하다가 그만두거나 말도 없이 안 나오는 일이 허다해 식당 운영에 차질이 빚어지는 경우가 잦았다. 그러던 중 웨이터 역할을 하는 서버Server 로봇이 있다는 소식을 뉴스로 접하고 반신반의하는 마음으로 기업 측에 직접 문의해 자세한 사항을 알아보았다. 생각했던 것보다 가격이 합리적이고 사용도 어렵지 않은 데다, 지긋지긋한 구인 걱정까지 날려버릴 수 있을 것 같아 길게 고민하지 않고 로봇 도입을 결정했다. 루시는 "결근, 퇴사, 병가, 임금 인상, 추가 근무 시급, 식대 지급 등 인력 고용으로 발생하는 고충들이 해결돼 매우 만족스럽다. 손님들도 로봇의 음식 서빙에 흥미를 느끼는 것 같다"고 말했다.

사람과 로봇이 함께 일하는 코보틱스 시대가 왔다!

미국의 자동화발전협회Association for Advancing Automation에 따르면, 지난 2021년 북미 지역의 로봇 주문은 전년 대비 28% 증가했다. 요식 업계도 최근 수년간 로봇 도입을 통한 자동화가 빠르게 진행되고 있다. 과거에 비해 식당용 로봇을 도입하는 데 따른 비용 부담이 낮아진 데다, 팬데믹 이후 나타나는 비대면 선호와 고물가, 구인난 현상으로 이 같은 움직임은 더욱 가속화했다. 로봇 도입은 초기 패스트푸드 체인점이 중심이었지만, 최근에는 앞서 소개한 루시의 식당처럼 작은 규모의 레스토랑까지 자동화 트렌드에 가세하고 있다.

미소로보틱스Miso Robotics의 최고전략책임자CSO인 제이콥 브루어Jacob Brewer는 2022년 2월 온라인 결제 전문 매체인 페이먼츠닷컴Pymnts.com과의 인터뷰에서, 요식 업계에 사람과 로봇이 함께 업무를 수행하는 코보틱스Cobotics 시대가 도래한 것에 대한 흥분감을 드러냈다. 그는 가까운 미래에 레스토랑의 시스템 디지털화로 사람이 수행하는 업무가 크게 줄어들 것으로 내다보면서, 2023년까지 요식 업계의 디지털 통합 과정을 통한 진화에 속도가 붙을 것으로 전망했다.

튀김에서 피자까지, 조리 로봇의 역량 업그레이드

미소로보틱스는 미국 요식 업계 자동화 분야에서 가장 선전하는 기업으로 꼽힌다. 2016년 세계 최초의 상업용 주방 자동화 로보틱 기업으로 세상에 모습을 드러낸 미소로보틱스는 2018년 햄버거 패티 조리 로봇 '플리피Flippy'를 선보인 이후, 튀기기가 가능한 '플리피 업그레이드 버전'을 출시하며 업계의 관심을 모았다. 플리피는 2022년 기준, 기존 모델보다 30% 더 많은 양의 음식을 2배 빠르게 튀겨내고 공간 효율을 높인 '플리피2'와 치킨용 모델 '플리피2윙스Flippy2 Wings', 식재료 보관부터 튀김·양념·믹싱까지 가능한 '플리피라이트Flippy Lite'로 진화해 미국의 주요 퀵서비스 식당에서 음식을 조리하고 있다. 기업 측이 공개한 플리피2와 플리피2윙스의 월 사용료는 3,000달러(약 390만 원)부터다.

치킨 윙을 조리하는 플리피2

출처: 미소로보틱스

미 전역에 약 350개의 매장을 둔 패스트푸드 체인 '화이트캐슬White Castle'은 지난 2020년 대형 사업자로는 처음으로 식당에 플리피를 도입한 후, 2022년 2월 100개 매장에 플리피2를 추가 도입했다. 플리피2는 1시간에 60개의 튀김용 바스켓을 처리하고, 인공지능 기술이 내장된 오토빈AutoBin 시스템을 적용, 양파 튀김이나 치킨 텐더 등 다양한 식재료를 식별해 그에 맞는 조리법으로 요리를 완성하는 등 활용도와 생산성이 더욱 높아졌다.

멕시칸 패스트푸드 체인 '치폴레Chipotle'도 2022년 3월 플리피라이트를 도입해 토르티야 칩을 조리하는 로봇 '치피Chippy'를 테스트 중이라고 밝힌 바 있다. 치피는 인공지능 기술을 이용해 치폴레의 토르티야 칩 맛을 그대로 구현해낼 수 있는 일종의 수련 과정을 거쳤다.

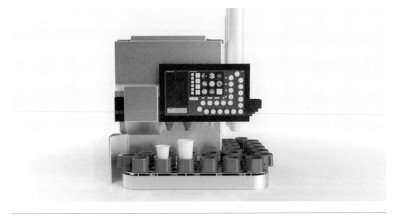

시피   출처: 미소로보틱스

미소로보틱스가 음료 디스펜서 제조 업체 '랜서월드와이드Lancer Worldwide'와 협업해 2022년 선보일 예정인 자동 음료 준비 기기 '시피Sip-py'는 출시 전부터 큰 관심을 모으고 있다. 패스트푸드 체인 '잭인더박스Jack in the Box'는 플리피2와 함께 시피를 샌디에이고 지역 식당에 도입해 시

범 운영할 것이라고 2022년 4월 밝혔다. 시피는 고객 주문 관리 시스템과 통합되어 주문이 접수되면, 주문에 따라 컵 사이즈를 고르고 정확한 양의 얼음과 음료를 담아 컵 입구를 밀봉해준다. 또 직원이 음료를 고객에게 빠르고 쉽게 전달할 수 있도록 그루핑하는 기능까지 갖췄다. 잭인더박스 측은 구인난이 매장의 운영과 비용에 영향을 주고 있다면서, 기업의 기술 로드맵 재구성과 새로운 시스템 도입이 필요한 것으로 판단했다고 로봇을 통한 자동화 취지를 밝혔다.

미국인의 컴포트푸드로 사랑받는 피자도 빠르게 자동화가 이루어지는 메뉴다. 피자 조리용 로봇 기업 '피크닉Picnic'의 '피자 스테이션Pizza Station'은 기계 사용자가 피자 도우를 스테이션에 넣으면 로봇이 그 위에 소스, 치즈, 토핑을 얹어 오븐에 구울 수 있도록 피자를 준비해준다. 피자 스테이션 조작 인원 1명이 시간당 최대 100판의 피자를 준비할 수 있으며, 모듈식 구성으로 사용자가 메뉴별 피자 조리도 가능하다.

최소한의 인원이 대량으로 피자를 준비할 수 있어 특정 시간대에 주문이 몰리는 다이닝센터나 행사장에서 먼저 반응을 보이고 있다. 현재 텍사스A&M대학교의 다이닝센터와 라스베이거스 컨벤션센터, 시애틀에 위치한 야구장 T-모바일 파크가 피자 스테이션을 도입해 운영 중이다. 피크닉 측은 인건비 절감은 물론, 로봇이 고객 주문 관리 시스템과 통합돼 주문을 받으면 피자를 준비하고 모든 식재료를 계량해 정량을 제공하기 때문에, 사람이 조리하는 것에 비해 불필요한 식재료 낭비를 줄일 수 있다고 설명했다. 또 설정해놓은 레시피대로 피자를 준비해, 일하는 직원이 바뀌어도 음식 맛을 그대로 유지할 수 있다는 것 역시 장점이다.

피크닉의 피자 스테이션

출처: 피크닉

유명 레스토랑 체인을 점령한 서빙 로봇

백신의 대량 배포와 위중증 환자의 감소, 그 외 사회적 거리두기 조치가 크게 완화되면서 2022년 미국 소비 수요도 재화에서 서비스 분야로 옮겨가는 모습이다. 집에서 포장 주문이나 배달을 이용했던 이들이 다시 식당 테이블에 앉아 가족·지인들과 미뤘던 만남을 갖고 함께 시간을 보내기를 원하고 있다. 많은 식당들이 테이블을 원상 복귀 했으나 손님들에게 음식을 서빙해주었던 직원들은 원상 복귀 하지 않았다. 그 빈자리는 이제 서빙 로봇들이 대신하고 있다.

미국 실리콘밸리에서 탄생한 서빙 로봇 전문 기업 '베어로보틱스Bear Robotics'의 서버 로봇 '서비Servi'도 코로나19 팬데믹과 구인난으로 크게 인기가 높아졌다. 서비는 카메라와 레이저 센서 기술을 활용한 100% 자율주행 기능과 한 공간에 여러 대의 로봇이 각자의 임무를 수행할 수 있도록 하는 멀티 로봇 모드, 음식이나 음료의 테이블 운반을 모두 마친 뒤 다시 원래의 자리로 돌아가는 기능을 갖췄다. 4시간 충전에 최대 12시간 운행이 가능하고, 24시간 모니터링과 분석 기능이 있어 기기의 대시보드를 통해 식당 운영을 최적화할 수 있는 데이터 확보도 가능하다. 서비는 현재 '칠리스Chili's', '데니스Denny's' 같은 레스토랑 체인 외에 루시의 식당처럼 자영업자의 사업장에서도 어렵지 않게 찾아볼 수 있다.

서비가 테이블에 음식을 서빙하고 있는 모습

출처: 베어로보틱스

인공지능과 자율주행 기능을 갖춘 배달 로봇

준비된 음식을 손님이 원하는 곳까지 배달해주는 배달 로봇 시대도 성큼 다가왔다. 배달 로봇 스타트업 기업과 패스트푸드 체인, 음식 배달 플랫폼 기업, 대학 간 협업이 크게 증가하면서 로봇으로부터 주문한 음식을 전달받는 소비자들도 늘어나는 추세다.

2022년 6월 배달 로봇 기업인 '카트켄Cartken'과 온라인 음식 주문·배달 플랫폼인 '그럽헙Grubhub'이 파트너십을 체결하고, 2022년 가을 학기부터 오하이오주립대학교Ohio State University 학생들을 대상으로 로봇 음식 배달 서비스를 제공할 것이라고 밝혔다. 학생들이 밀 플랜Meal Plan(한 학기 동안 학교 캠퍼스에서 식대로 사용할 만큼의 비용을 플랜으로 미리 구입해두고 음식 구매 시 금액만큼 플랜에서 차감되는 시스템)으로 이용 가능한 학교 캠퍼스와 그 주변 250여 개 식당을 파트너로 둔 그럽헙은, 카트켄을 통해 시범적으로 로봇 배달을 실시한 바 있다. 이에 대해 학교 측은 시범 운영 결과를 높게 평가하며, 파트너십으로 배달 비용과 시간이 절약되길 기대한다고 밝혔다.

카트켄의 배달 로봇은 인공지능과 카메라를 기본으로 한 내비게이션, 매핑Mapping 기술을 기반으로 최대 시속 3마일(약 4.8km)로 도로와 보도, 횡단보도를 이용해 이동한다. 지난 2021년에는 마이애미에 있는 고스트 키친Ghost Kitchen(매장 없는 배달 전문 식당) '리프테크놀로지Reef Technology'와의 협업을 통해 마이애미 도심을 누비며 음식을 배달하기도 했다.

리프랙션AI 배달 로봇에서 주문한 음식을 꺼내는 모습　　　　　　　출처: 리프랙션AI 페이스북

　　2022년 5월 패스트푸드 체인 '칙필레$^{Chick-fil-A}$'는 배달 로봇 기업 '리프랙션AI$^{Refraction\,AI}$'의 배달 로봇을 도입해 텍사스 주 오스틴에 있는 2개 매장에서 시범 운영하기로 결정했다. 리프랙션AI의 배달 로봇은 캠퍼스에서 사용되는 배달 로봇에 비해 사이즈가 더 크고, 보도가 아닌 자전거 도로나 차도 옆을 이용해 운행되는 것이 특징이다. 로봇의 너비는 30인치 정도로 식료품 가방 6개 정도가 들어가며, 시속 15마일(약 24.1km)로 주행한다. 칙필레는 배달 주문이 늘어나는 가운데 리프랙션AI의 배달 로봇이 새로운 고객 경험을 창출하고, 빠르고 효율적으로 배달을 처리할 것으로 내다본다.

인력난 해소를 위한 요식 업계 최적의 솔루션

로봇이 요리하고 서빙과 배달을 하는 장면은 이제 SF 영화가 아닌 집 앞 햄버거 가게에서 일어나는 일이 됐다. 로봇과 사람이 함께 일하는 코보틱스 시대는 이미 시작됐고, 주문 처리부터 조리, 배달까지 로봇이 수행하는 로봇 자동화는 요식 업계의 미래로 그려진다. 로봇 도입은 코로나 19 이후 전 세계적으로 나타나는 인플레이션과 이에 따른 인건비 상승, 나아가 먼 미래의 노동인력 감소 문제를 해결할 유일한 대안이기 때문이다. 식품 기업과 요식 업체들도 로봇 기업을 인수하며 새로운 시대를 빠르게 준비하고 있다. 코카콜라는 지난 2019년 커피를 만들어주는 바리스타봇 키오스크 '브리고Briggo'를 49억 달러(약 6조 3,700억 원)에 인수했고, 샐러드 체인 '스위트그린Sweet Green'도 2021년 5,070만 달러(약 659억 1,000만 원)에 로보틱 주방 스타트업인 '스파이스Spyce'를 사들였다.

요식 업계의 인력난은 한국 역시 풀어야 할 사회적 숙제가 됐고, 그만큼 자동화가 빠르게 진행되고 있다. 머신러닝 기술을 활용해 각종 위험 요소를 회피할 수 있도록 설계한 자율주행 배달 로봇을 2023년 도입할 예정인 피자 체인이나 로봇 바리스타가 핸드드립 커피를 만드는 카페 등이 대표적인 예다. 서비스 로봇의 시장 확대도 두드러진다. 산업통상자원부와 한국로봇산업진흥원, 한국로봇산업협회가 공동 발간한 '2020년 기준 로봇산업 실태조사 결과보고서'에 의하면, 2020년 한국의 서비스 로봇 시장 규모는 약 8,577억 원으로 제조업용 로봇 시장의 성장률보다 높은 수치를 기록했다. 이런 추세대로라면 미국의 사례처럼 기술 기업과 요식 업체, 배달 주문 플랫폼 간의 긴밀한 협업을 기반으로 한국 시장에 최적화된 코보틱스 시스템을 갖추게 될 날도 머지않을 것으로 기대한다.

김동그라미(뉴욕무역관)

일상 깊숙이 스며든
휴머노이드 로봇,
이브와 페퍼

시드니

혹시 '드로이드^{Droid}'란 말을 알고 있는가? 안드로이드^{Android}가 어원인 드로이드는 〈스타워즈^{Star Wars}〉에 등장하는 휴머노이드 로봇류를 통칭하는 고유명사다. 기계로 된 몸과 인공지능을 가진 이들은, 1977년 처음 영화계에 등장해 45년간 무려 10편 이상의 시리즈를 개봉한 〈스타워즈〉의 또 다른 주인공이라 할 만하다. 특히 600만 종에 달하는 언어를 이해할 수 있는 C-3PO와 그의 콤비인 R2-D2는, 주인공 스카이워커 가문의 충직한 친구로서 시리즈 전편에 등장해 많은 사랑을 받았다. 게다가 이들의 놀라운 활약은 '내게도 C-3PO와 R2-D2 같은 친구가 있으면 어떨까?'를 상상하게 만드는 계기가 됐다.

사실 〈스타워즈〉가 처음 개봉했던 1970년대 후반만 해도, C-3PO나

R2-D2 같은 로봇과 함께하는 일상은 그저 상상으로만 가능했던 일이었다. 하지만 그로부터 45년이 흐른 지금, 로봇과 함께하는 일상은 생각처럼 낯설거나 어색하지 않은 일이 됐다. 로봇이 카페에서 주문을 받고, 음식을 서빙하고, 물건을 나르고, 택배도 배달하는 일이 흔해졌기 때문이다. 전쟁 현장에서 폭탄을 해체하고, 인간이 접근하기 어려운 방사능 오염 지역이나 화재 현장에서의 임무를 겁 없이 수행하는 로봇들도 등장했다. 인공지능을 갖춘 정교한 로봇은 이제 영화 속에서만 만날 수 있는 특별한 존재가 아니다. 이미 우리 생활 깊숙이 스며들어 인간에게 다양한 도움을 주는 동료이자 친구의 모습으로 같이 살아가고 있다.

저출산·고령화가 가져온 글로벌 노동력의 부재

휴머노이드 로봇의 확산은 저출산·고령화라는 시대의 흐름과도 맞닿아 있다. 기술의 발달로 인간 수명이 늘어나면서 전 세계적으로 노령인구가 빠르게 증가하는 추세다. 2022년 세계보건기구World Health Organization, WHO 가 발표한 통계 자료에 따르면, 2030년 전 세계 60세 이상 인구는 2020년 10억 명에서 14억 명까지 늘어날 것으로 예상되며, 2050년에는 21억 명에 달할 것으로 전망된다.

반면 출산율은 감소 추세다. 경제협력개발기구Organization for Economic Cooperation and Development, OECD데이터에 따르면 한국은 2020년 기준 출산율 0.84명으로 OECD 국가 중 최저치를 기록했으며, 호주는 평균에 약간 못 미치는 1.58명으로 집계됐다. 지역, 문화, 종교에 따라 출산율이 조금씩 차이를 보이긴 하나, 전 세계 평균 출산율이 지속적으로 감소한다는 것은 부정할 수 없는 사실이다. 하지만 출산율 감소에도 기대수명이 꾸준히 증가하며 전 세계 인구는 오히려 늘고 있다. 이는 다르게 말하면 시간이 흐를수록 일할 능력을 갖춘 실질 노동인구 비율은 계속 낮아지고 있음을 의미한다. 전 세계가 현재 직면한, 혹은 미래에 직면하게 될 노동력의 부재 문제로 골머리를 앓는 것도 이런 이유에서다.

인력 부족과 환경 문제를 해결할 최선의 방책

특히 사람의 손이 많이 필요한 목축 농장, 과수원, 농가 등의 인적 자원 부재는 경제적으로 큰 손실이자 국가적 부담으로 다가왔다. 호주의 경우 코로나19가 발생하며 지방의 주요 노동력이었던 워킹홀리데이 비자 소지자와 외국인 단기 근로자의 유입이 불가능해졌고, 일부 농장에서는 과일을 따거나 채소를 재배할 인력이 없어 수확해야 할 농산물을 울며 겨자 먹기로 방치하는 일까지 발생했다. 이처럼 끝날 줄 모르는 전염병과 계속되는 자연재해로 인한 농가의 어려움은 결국 서민의 식탁에까지 영향을 미쳤다. 농산물 수급 불안정으로 채소, 과일 등 신선식품 가격이 천정부지로 오른 데다, 구하는 것마저 어려워진 것이다. 울워스^{Woolworths}나 콜스^{Coles} 같은 대형 마트에서도 늦은 오후나 저녁 시간이 되면 채소 코너가 텅 비는 일이 잦아졌을 정도다. 호주통계청에 따르면 2022년 3월 기준, 과일 및 채소 가격은 전년 대비 6.7%, 육류 및 해산물 가격은 6.2% 가량 상승했다. 2022년 5월에는 양상추 가격이 300% 이상 오르며 각종 언론을 떠들썩하게 만들기도 했다.

이런 와중에 탄생한 과수원 과일 수확 로봇 이브^{EVE}는 관련 업계에 희소식이 아닐 수 없었다. 엔지니어 출신 헌터 제이Hunter Jay와 법률, 컨설팅 비즈니스에 종사했던 레오폴드 루카스Leopold Lucas가 설립한 라이프로보틱스Ripe Robotics가 4명의 핵심 팀원과 함께 개발한 이 특별한 로봇은, 환경과 미래를 생각한 두 청년의 열정에서 비롯됐다. 과수원에서의 부족한 인력 문제를 해결하고, 세계적으로 대두되는 문제인 음식물 쓰레기를 감축하기 위해 추진된 프로젝트이기 때문이다.

라이프로보틱스 팀. 왼쪽부터 마이클 우즈, 레오폴드 루카스, 헌터 제이, 토빈 스밋   출처: 라이프로보틱스

라이프로보틱스에서 추구하는 주요 비전 중 하나는 쓰레기 감소다. 특히 음식물 쓰레기는 모두가 공감하는 중요한 환경 문제다. 호주 역시 음식물 쓰레기 처리 비용으로 연간 약 366억 호주달러(약 33조 6,720억 원)를 사용하며, 현지 발생 온실가스의 3%가량이 음식물 쓰레기 때문에 발생한다. 과수원이나 농장에서 배출하는 음식물 쓰레기의 양도 상당하다. 제 시기에 수확하지 못한 과일이나, 수확하는 과정에서 흠집이 나

상품성이 떨어진 과일은 주스로 만들어지지 않는 한 그냥 버려지는 일이 다반사기 때문이다.

하지만 이브는 정확한 판단력과 안정적인 기능으로 사람이 만들어내는 오류를 최소화해 수확 과정에서 일어날 수 있는 여러 가지 문제를 해결한다. 인공지능과 딥러닝Deep learning 기술을 적용해 자율주행이 가능한 데다, 카메라 및 센서 등을 활용해 나무와 과일 위치를 정확히 파악하고, 과일이 얼마나 잘 익었는지를 판단해 안정적으로 수확하기 때문이다. 또한 수확한 과일을 한데 모아 열 끝에 놓인 바구니에 담는 마무리 작업까지 수행해 과수원 인력의 다양한 역할을 혼자 담당할 수 있다.

실수 없고 인건비도 저렴한 똑똑한 로봇, 이브

더욱이 이브는 모든 로봇이 그러하듯 실수가 없다. 사람들은 종종 덜 익은 과일을 따거나 잘못해서 떨어뜨린다든지 상처를 내는 등의 실수를 한다. 숙련된 과수원 주인이나 직원이 아니라 경험이 부족한 단기 충원 인력의 경우 더욱 그런 실수가 잦다. 하지만 이브는 인공지능의 정확한 판단력으로 최고 품질의 과일만을 따기 때문에 실수가 없다. 뿐만 아니라 부드러운 흡입 기술과 속력으로 인력의 부족한 부분을 보완해 과수원의 손실을 줄이고 낙과 등으로 인한 음식물 쓰레기 양을 감축하는 게 가능하다.

또한 노동력 대비 가격도 저렴하다. 호주는 세계에서 인건비가 가장 높은 나라 중 하나다. 회계연도 2022~2023년 기준 시간당 최저임금이 21.38호주달러(약 1만 9,700원)에 달한다. 과수원이나 농장에서 농작물 수확 시기에 많은 인원을 한 번에 단기 고용하는 것도 이러한 이유와 연관이 깊다. 이브의 공동 개발자인 레오폴드 루카스는 이브가 실제 수확 현장에서 보다 효과적으로 사용되려면 농부들이 부담 없이 구매할 수 있는 가격을 책정하는 것이 중요하다고 강조했다.

사과를 수확하고 있는 이브   출처: 라이프로보틱스

게다가 이브는 높은 나무에서도 안정적이고 안전하게 과일을 수확할 수 있다. 즉 사람들에게는 조금 어렵고 위험할 만한 작업도 이브는 문제 없이 해결할 수 있다는 얘기다. 현재 이브는 2022년 하반기 중 상용화를 목표로 각종 시험 단계와 업그레이드 작업을 거치며 개발을 추진, 막바지 단계에 다다른 상태다.

응급실과 백신센터에서 활약하는 페퍼

코로나19로 주목받은 로봇이 비단 이브만은 아니다. 일본 소프트뱅크 로보틱스SoftBank Robotics에서 디자인한 휴머노이드 로봇 페퍼Pepper도 호주 내 다양한 산업 분야에서 활발하게 사용되며 화제를 모았다. 특히 코로나19 발생 이후 병원에서 휴머노이드 로봇 활용이 급증하며 페퍼에 대한 관심도 크게 늘었다. 응급실과 백신센터 역시 페퍼를 활용하는 곳이 많아졌다. 하루 수십, 수만 명의 코로나19 확진자가 발생하면서 일주일 내내 쉼 없이 가동되고 있는 데다, 격무에 시달리는 의료 부문 최전선 노동자의 인권 문제도 심각했기 때문이다. 더욱이 백신센터의 경우 정부 차원의 강력한 백신 접종 권장이 이어지면서 매일 주민들의 방문이 쇄도했고, 새로운 질병과 백신에 대한 정보, 유의사항 등을 방문자에게 일일이 전달해야 하는 업무가 주어졌던 게 한몫했다.

호주 빅토리아 주 윈덤기술학교Wyndham Tech School 게일 브레이Gail Bray 이사와 조 가라Joe Garra 지역 의원은 역내 백신 접종률 제고와 최전선 인력의 안정화를 위해 고민했고, 우연한 기회에 파일럿 단계의 휴머노이드 로봇인 페퍼의 개발을 고안해냈다.

정보 제공은 물론 심리적 불안감 해소에도 기여

사실 페퍼를 도입하기 전까지 윈덤Wyndham 지역 백신센터에는 굳은 얼굴의 사람들로 가득했다. 접해보지 못한 질병에 대한 두려움과 새롭게 개발된 백신에 대한 불신으로 다들 긴장한 표정이 역력했던 것이다. 게다가 전염병이라는 특성상 앞사람, 뒷사람과 대화는커녕 인사조차도 나눌 수 없었고, 그저 마스크에 가려진 이웃의 눈동자를 보며 고개를 끄덕이는 정도만이 가능했다. 백신센터 직원들 역시 미소로 모든 방문객을 맞이하기에는 고된 근무 환경에 지칠 대로 지쳐 있었다.

휴머노이드 로봇 페퍼　　　　　　　　　　　　　　　　　출처: 소프트뱅크로보틱스

　　이런 상황에서 도입된 페퍼는 방문객들의 호기심을 자극하기에 부족함이 없었다. 120cm의 아담한 키와 커다란 눈, 미소를 머금은 듯한 표정이 보는 이로 하여금 한 번쯤 말을 걸어보고 싶게 만들었기 때문이다. 페퍼에게 관심과 호기심, 궁금증을 가진 방문객들은 본인도 모르는 사이에 조금씩 긴장과 불안감이 완화되는 경우가 많았다.

　　페퍼는 코로나19라는 전대미문의 현실 속에서 단순 반복 업무를 지원하는 역할에만 그치지 않고 음성 기능과 가슴의 태블릿 디스플레이를 통해 사람들을 맞이하고, 질문하고, 백신에 대한 정보를 제공하며 방문객들의 날 선 긴장을 누그러뜨렸다. 더욱이 페퍼는 환자나 백신 접종자들의 심리적 불안감을 해소하고, 궁금증과 흥미를 자극하는 등 긍정적인 경험을 안겨주었다.

페퍼는 윈덤기술학교가 학생들과 함께 개발한 프로젝트성 로봇으로 주로 의료, 리테일, 병원 등 분야에서 사람들과 소통할 수 있게 만들어졌다. 개발 당시 페퍼의 주요 목적은 반복되는 간단한 업무를 대신 담당해 줌으로써 주요 인력들이 환자를 돌보거나 상담을 하는 등 비교적 중요한 업무를 볼 수 있도록 돕는 것이었다. 윈덤 백신센터에서는 대개 리셉션과 컨시어지 역할을 담당했다. 윈덤기술학교 게일 브레이 이사에 따르면, 현재 페퍼는 기본적인 의사소통에 중점을 두고 있지만 향후 사용처 또는 주요 업무에 따라 얼굴을 인식하거나 다른 언어를 구사하는 등 다양한 임무를 수행할 수 있도록 제작이 가능하다.

5개 국어로 의사소통이 가능한 휴머노이드 로봇

페퍼는 현재 다양한 프로그래밍을 통해 호주 내 많은 병원에서 활용된다. 시드니 남서부의 페어필드병원Fairfield Hospital에서는 지역 내 많이 사용되는 5개 언어(영어, 중국어, 아랍어, 베트남어, 이탈리아어)를 구사할 수 있는 버전의 페퍼를 도입했다. 다문화 사회로 인종 차별 이슈에 민감하게 반응하는 호주에서 페퍼는 외모나 언어적 장벽으로 인해 환자와 방문객이 차별에 대한 불안을 느끼거나, 코로나19처럼 전염력이 강한 질병을 옮길 가능성이 없어 활용도가 높다.

페어필드병원에서 사용되는 페퍼는 병원의 요구사항에 맞춰 시드니 공과대학교University of Technology Sydney 인공지능 매직랩센터Magic Lab Center of Artificial Intelligence에서 50만 라인의 코드로 프로그래밍됐으며, 신경망을 사용해 다국어 음성 분석이 가능하도록 설계됐다. 또한 페퍼는 일반 키오스크와 달리 얼굴과 몸을 가지고 있으며, 사회적 행동에 반응하고 환자와 함께 걷거나 백신 접종을 완료했는지 물어보는 등 간단한 의사소통이 가능하다. 더불어 대화 및 제스처뿐 아니라 가슴팍에 달고 있는 모니터에서 디지털 지도를 열거나 영상을 재생할 수도 있어 보다 쉽고 친근하게 정보를 제공할 수 있다.

로봇이 인간을 위로하고 감정을 치료해주는 시대

오늘날 디지털화에서 자동화 시대로의 이동은 트렌드를 넘어 이미 전 세계 많은 테크놀로지 기업들의 주요 과제로 자리 잡았다. 2022년 8월 중국의 샤오미가 인간의 45가지 감정 유형을 감지할 수 있는 휴머노이드 로봇 '사이버원CyberOne'을 선보인 데 이어, 미국의 테슬라 역시 2022년 9월 휴머노이드 로봇 '옵티머스Optimus'를 공개했다. 인공지능, 자율주행이라는 단어가 더 이상 어색하지 않을 만큼 이미 우리의 삶 속에 다양한 형태의 로봇들이 들어와 있는 셈이다.

2021년 호주 정부는 '지구 및 우주의 로봇공학 및 자동화 로드맵Robotics and Automation on Earth and in Space Roadmap 2021-2030'을 발표했다. 정부 차원에서 로봇 기술과 과학 시스템에 대한 전문성을 지원하고 우주 자산 및 기반 시설을 구축해 현지 관련 기업들의 글로벌 시장 진출을 지원하겠다는 것이다. 이처럼 로봇 시대는 일부 진보한 기관, 글로벌 기업에서만 가능한 먼 이야기가 아니다. 많은 나라에서 이미 국가적 주요 과제로 추진되며, 우리의 비즈니스와 일상 가까운 곳곳에서 함께하고 있다. 무엇보다 휴머노이드 로봇은 정교한 움직임과 인공지능을 통해 실질 노동인구 부족이라는 근본적 문제를 해결해줄 뿐만 아니라, 외로움과 우울증에 노출된 세대나 노인과의 소통 및 상호작용으로 사람들의 감정을 치료해주는 치료사 역할도 충분히 해낼 전망이다.

한국 기업들도 휴머노이드 로봇 개발·투자에 박차를 가하고 있다. 대표적인 사례가 로보틱스를 미래 핵심 성장동력 중 하나로 꼽은 현대자동차그룹이다. 미국의 로봇 전문 기업 '보스턴다이내믹스'를 인수한 데 이어, 미국 보스턴 케임브리지에 로봇 AI 연구소를 설립하기로 하고, 총 4억 달러(약 5,200억 원)가 넘는 투자를 감행했다. 더욱이 현대차그룹의 예측에 따르면, 2020년 444억 달러(약 57조 7,200억 원) 수준이었던 세계 로봇 시장은 2025년까지 연평균 성장률 32%를 기록하며, 1,772억 달러(약 230조 3,600억 원) 규모로 성장을 거듭할 전망이다. 글로벌 기업들이 개발한 다양한 형태와 기능의 로봇들이 전 세계 로봇 시장에서 각축전을 벌일 날도 머지않은 셈이다.

전희정(시드니무역관)

ROBOTICS

드론 배송,
물류 혁신의
핵심이 되다

실리콘밸리

미국 아칸소 주에 거주하는 30대 워킹맘 크리스틴은 월마트[Walmart]의 배송 서비스를 자주 이용하는 편이다. 주문 즉시 원하는 물품이 집 앞까지 단시간 내에 배송되는 터라, 굳이 시간을 내 오프라인 매장을 찾을 필요가 없기 때문이다. 가끔 혼잡한 도로 사정이나 변덕스러운 날씨 탓에 배송이 지연되는 경우가 있긴 해도, 아직까지 큰 불만은 없는 상황이다. 하지만 최근 월마트가 드론 배송 서비스 도입을 위해 파일럿 프로그램을 운영 중이란 얘길 듣고 귀가 솔깃해졌다. 드론 배송이 가능해질 경우, 도로가 아닌 하늘로 배송이 이루어질 테니 주문부터 배송까지 걸리는 시간이 지금보다 대폭 줄어들지 않을까 하는 기대에서다.

탄소 배출은 줄이고 비용 효율은 높이는 드론 배송

온라인으로 필요한 물건을 주문한 지 얼마 지나지 않아 드론이 내가 주문한 물건을 건네주는 모습, 아마도 상상해본 적이 있을 것이다. 미국에서 이런 모습은 이제 더 이상 먼 미래가 아니다. 글로벌 컨설팅 회사 맥킨지McKinsey & Co.의 예측에 따르면, 2030년까지 세계 100대 도시의 배송 차량 수는 약 720만 대에 이를 전망이다. 그리고 이 사실은 더 많은 탄소 배출과 더 많은 교통 혼잡이 발생할 수 있다는 걸 의미한다. 여러 테크 기업과 소매 업체들은 이를 개선하기 위해 도시 환경에서 지속적으로 배송 부담을 완화하는 대체 시나리오를 구상하고 있다. 바로 하늘에는 배송 드론, 거리와 인도에는 배송 로봇이 활보하는 시나리오다.

라스트 마일 배송Last Mile Delivery(물류 업체가 상품을 개인 소비자에게 직접 전달하기 위한 배송 마지막 구간)은 소비자와 직접 대면한다는 점에서 배송 서비스의 핵심 차별화 요소다. 단, 문제는 인건비가 높은 환경에선 효율이 떨어진다는 것이다. 하지만 드론은 주야간 상관없이 자율적으로 일할 수 있어 비용 면에서 효율적일 뿐 아니라, 소외된 지역을 비롯한 다양한 지역 소비자들로부터 긍정적 경험을 이끌어낼 수 있다. 또한 드론은 전기 에너지로 작동하기 때문에 기후위기의 주된 요인인 탄소 배출 문제에서도 자유롭다. 이러한 이유로 현재 미국의 대기업들은 경쟁적으로 드론 배송 상용화에 매달리고 있다.

빅테크 기업, 드론 배송 시장 선점을 위한 경쟁 가속화

구글의 모회사 알파벳Alphabet이 운영하는 드론 배송 서비스 윙Wing은

2022년 4월 7일 미국 달라스^{Dallas} 지역에서 첫 상용 서비스를 시작했다. 윙은 2019년 미국 버지니아 주에서 테스트 배송을 시작한 이래 미국, 핀란드, 호주를 포함한 3개국에서 현재까지 약 20만 건 이상의 드론 배송을 완료했다고 밝혔다. 윙과 드론 배송 계약을 체결한 회사로는 월그린스^{Walgreens}(일반 의약품, 가정 필수품 등), 블루벨크리머리스^{Blue Bell Creameries}(아이스크림), 이지벳^{Easyvet}(수의학 클리닉-애완동물 처방전), 텍사스헬스^{Texas Health}(응급 처치 키트) 등이 있다. 윙의 드론은 시속 65마일(약 105km)로 이동하고, 최대 3.3파운드(약 1.5kg)의 물품을 운반할 수 있으며, 목적지까지의 이동 시간은 일반적으로 10분 미만이다. 윙은 이번 상업용 드론 배송 서비스를 위해 미국연방항공국의 운영 허가를 받은 데 이어, 항공기 및 모든 구성 부품의 설계를 승인하는 형식 인증을 미국연방항공국에 신청한 것으로 알려졌다.

윙 드론 배송 서비스

출처: 윙

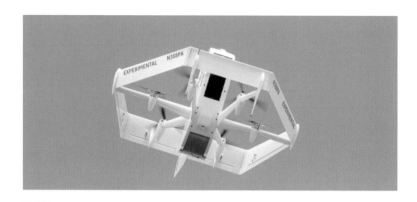

시험 운행 중인 아마존 드론   출처: 아마존

　세계 최대 전자상거래 기업인 아마존 역시 드론 배송 프로그램인 아마존 프라임 에어Amazon Prime Air 서비스 상용화를 눈앞에 뒀다. 아마존은 2013년 12월 드론 배송 서비스 프로그램을 출시한다는 계획을 발표한 이후, 2020년 8월 미국연방항공국으로부터 항공 운송사 인증14 CFR Part 135 Air Carrier Certificate을 받았으며, 현재까지도 상용화를 위한 테스트를 지속하고 있다. 2022년 2월 미국의 온라인 미디어 회사인 비즈니스인사이더Business Insider는 아마존이 캘리포니아 주와 텍사스 주에서 상업적 드론 배송 서비스를 테스트하기 위해 2022년 9월쯤 5파운드(약 2.3kg) 미만의 물품을 배송할 것이며, 궁극적으로 145개의 드론 발사대를 운영하고 연간 약 5억 개의 택배를 배송할 계획이라고 보도한 바 있다. 아마존의 드론 배송 서비스 출시가 임박한 것으로 알려진 가운데, 아마존은 2022년 7월 15일에 당해 연도 후반 즈음 캘리포니아 주 록포드Lockeford 지역과 텍사스 주 칼리지스테이션College Station 지역에서 프라임 에어 배송 서비스를 가장 먼저 경험하게 될 것이라고 발표했다.

유통 채널과 드론 배송 스타트업, 상호 업무 제휴로 시너지 창출

미국의 대형 유통 채널인 월마트는 2020년 가정용 코로나19 테스트 키트를 발송하는 것으로 첫 드론 배송 시범 비행에 성공한 이후, 2020년 9월부터 드론 배송 스타트업인 집라인Zipline, 드론업DroneUp, 플라이트렉스Flytrex와 업무 제휴를 맺고 상업적 드론 배송 서비스를 시작했다.

월마트 드론 배송 서비스의 첫 스타트는 집라인이 끊었다. 집라인은 2021년 11월 17일, 월마트와 함께 아칸소 주 피리지Pea Ridge 지역에서 알레르기 약, 붕대, 이부프로펜 등과 같은 건강·웰빙 관련 소모품에 대한 드론 배송 서비스를 실시했다. 집라인의 드론이 배송할 수 있는 최대 중량은 4파운드(약 1.8kg)로, 상업용 서비스로는 미국 최초다.

미국 교외 지역 음식 배달에 중점을 둔 스타트업 플라이트렉스도 월마트와의 제휴를 통해 드론 배송 서비스를 시작했다. 플라이트렉스는 2020년 봄, 노스캐롤라이나 주의 월마트 매장에서 시범 배송을 시작해 현재까지 1만 8,000개 이상의 품목을 배송했으며, 최대 1만 가구에 드론 배송 서비스를 제공할 수 있는 것으로 알려졌다. 플라이트렉스는 월마트 이외에도 잇츠저스트윙스It's Just Wings, 마지아노리틀이탈리아Maggiano's Little Italy 같은 체인 레스토랑을 보유한 브링커인터내셔널Brinker International 과도 협력해 텍사스 주에서 드론 배송 서비스를 시작했다.

한편 월마트는 2022년 5월 24일, 드론업 배송 네트워크를 2022년 말까지 34개 사이트로 확장해 애리조나, 아칸소, 플로리다, 텍사스, 유타, 버지니아 등 6개 주에 걸쳐 총 400만 가정에 100만 개 이상의 패키지를 배송할 계획임을 밝혔다. 현재 월마트는 드론업과 함께 아칸소 주 파밍턴Farmington 지역에서 수천 개의 배송 가능 품목을 배송하는 파일럿 프로그램을 실시하며 서비스 개선에 집중하고 있다. 드론업이 개발한 드론의 배송 반경은 현재 1.5마일(약 2.4km) 정도로, 2023년 말까지 이를 10마일(약 16km)로 확장할 계획이다.

자율비행 드론 시스템의 현황과 향후 개선 방향은?

하지만 드론을 이용한 배송을 상용화하려면 드론의 자율비행 기술에 요구되는 많은 문제점이 해결돼야 한다. 일반적으로 드론 배송은 사람의 접근성이 떨어지는 지역에서 활용도가 높기 때문에 상태 추정, 경로 계획, 환경 인지 등을 스스로 수행할 수 있는 인공지능 기술이 뒷받침돼야 한다. 또한 드론이 자율비행할 지역에서 수십만 번의 검증을 통해 안전한 경로를 구축하는 것도 필요하다.

드론 배송을 감독하는 무인 교통 관리 운영자
출처: 윙

현재 윙의 드론 배송 시스템은 기본적으로 자율비행 기술을 채택하지만, 아직까지는 캘리포니아 주와 텍사스 주에 있는 무인 교통 관리 운영자가 실제 운영 상황을 감독한다. 이런 이유로 윙은 개방형 무인 교통 관리 생태계를 활성화하기 위한 기술 구축은 물론, 서비스 환경 당국(미국, 호주, 프랑스, 영국, 스위스)과 협력해 성능 기반 규칙, 테스트 및 검증 프로세스 개발에 적극 나서고 있다.

한편 아마존 프라임 에어도 자율비행 기술 상용화를 위해 다양한 연구 및 테스트를 계속하고 있다. 〈월스트리트저널Wall Street Journal〉의 최근 보도에 따르면, 프라임 에어 측 대변인은 현재 장애물을 감지해 피해 갈 수 있도록 설계된 여러 가지 타입의 온보드 시스템이 내장된 드론을 테스트하고 있다고 밝혔다. 프라임 에어에서 드론 교통 관리 소프트웨어를 개발하는 엔지니어 하이디 슈버트Heidi Schubert는 드론 배송 서비스가 전개될 지역의 지도를 만들고 이를 활용해 드론이 목적지에 안전하게 도착하도록 자세한 경로를 계획하는 일에 집중하고 있다고 강조했다.

안전 규제와 높은 비용, 드론 배송 상용화의 여전한 걸림돌

이외에도 미국에서 드론 배송이 완전히 상용화되기 위해선 아직까지 넘어야 할 산이 많다. 주문·재고 처리, 사용자 인터페이스, 드론 자체의 안전한 관리·운영을 포함해 대규모 드론 물류 서비스 운영에 내재된 장애물을 합리적이고 수익성 높은 가격으로 극복해야 하고, 법적 규제도 수립해야 하기 때문이다.

특히 가장 큰 장벽은 미국연방항공국의 규제다. 드론 배송이 상업적으로 확장되려면 드론의 자율비행이 필수다. 하지만 현재 미국연방항공국은 안전 문제 때문에 인간의 시야에서 벗어나는 드론 비행은 허용하지 않는다. 즉 현재까지는 드론 배송 중 누군가가 현장에서 비행 상황을 의무적으로 모니터링해야 하므로, 드론 배송 비즈니스를 대규모로 상업화하기엔 어려운 구조라는 얘기다. 이 때문에 자율비행과 관련해 미국연방항공국의 완전한 인증을 받은 드론 배송 서비스 업체는 아직까지 단 한 곳도 없다. 이와 관련해 미국연방항공국은 2022년 2월, 높이 400피트(약 122m) 아래 머무는 무인 항공기를 위한 항공 교통 관제 시스템의 필드 테스트를 2022년 봄에 시작한다고 밝히며, 미국 전역에서 완전 자율 드론 배송을 안전하게 구현하기 위한 계획을 발표했다.

드론 배송 비용이 상당히 비싸다는 것 역시 빠른 상용화의 걸림돌이다. 비즈니스인사이더는 아마존 프라임 에어 서비스 비용이 2025년 1개 패키지당 63달러(약 8만 2,000원)에 이를 것으로 예상했다. 2022년 4월 기준으로 아마존 프라임 배송 비용은 타사 배송 파트너를 이용하는 경우 1패키지당 약 4.5~5.5달러(약 5,850~7,150원), 자체 물류 네트워크를 통하는 경우 1패키지당 약 3.47달러(약 4,510원) 수준이다. 드론 배송 서비스 업체들은 향후 배송 범위가 넓어지고 더 많은 고객을 확보하게 되면 대폭적인 비용 절감이 가능할 것으로 기대한다.

드론 배송 서비스가 이끄는 물류 혁신의 미래

전 세계 물류 산업은 점차 고도화되는 추세다. 발 빠른 유통 업체들은 플랫폼 방식의 물류 네트워크를 구축해놓고, 노동력 측면에서 비용 및 효율을 최적화하기 위해 로봇과 드론을 활용하는 방안을 모색하고 있다. 기술 발전과 경쟁 격화는 로봇과 드론의 인력 대체 현상을 가속화할 전망이다. 이러한 추세에 부합하듯 미국의 유통 업계와 테크 기업들은 배송 로봇과 드론을 활용한 글로벌 물류 혁신을 주도하고 있다. 통상 물류 단계에서 라스트 마일 배송이 전체 비용의 절반 이상을 차지하는 데다, 소비자 경험을 직접적으로 이끌어내는 경쟁력이 있기 때문이다. 드론은 주문 후 배송까지 걸리는 시간을 획기적으로 단축하고 인건비를 비롯한 비용을 절감할 수 있을 뿐 아니라 탄소 배출을 현저히 줄이기 때문에, 물류 산업의 지속가능성 목표에 완벽하게 부합한다. 특히 도서·산간 지역과 같이 접근성이 현저히 떨어지는 지역에서는 드론 배송 서비스가 혁신적 기회를 제공할 수 있다.

한국에서도 드론이나 로봇 배송을 통한 물류 혁신의 물결은 피할 수 없는 과제로 인식된다. 이에 정부와 기업 주도로 드론·로봇 배송 상용화를 위한 다양한 실증 작업이 이어지고 있다. 2022년 6월에는 정부 차원의 드론 시장 육성 방안도 나왔다. 2025년까지 드론 7대 강국 도약을 목표로 1조 원 드론 시장 육성에 나선 것이다. 이를 위해 드론·로봇 배송 활성화를 골자로 하는 규제 개선 방안도 내놨다. 2022년 7월에는 편의점 업계를 필두로 드론 배송이 현실화됐다. 한정적이긴 하지만 강원도 영월, 경기도 가평의 편의점에서 인근의 글램핑장, 혹은 캠핑장까지 캠핑용 먹거리를 드론으로 배송하는 형식이다. 시장 규모도 점차 확대되는 추세다. 국토교통부 자료에 따르면, 2020년 국내 드론 시장 규모는 4,945억 원 수준으로 2017년부터 해마다 약 1,000억 원씩 성장했다. 전국경제인연합회 역시 전 세계 드론 시장 규모가 2025년 239억 달러(약

31조 700억 원)까지 성장할 것이라 예측했다.

하지만 아직까진 갈 길이 먼 상황이다. 제도 마련, 인프라 구축 및 관련 인력 확보, 소비자의 인식 제고 등이 이어져야 하기 때문이다. 물류 혁신, 즉 물류 산업의 경쟁력 강화는 국가 경제 내 물자의 흐름을 효율화해 국가 전체의 효율성을 높이므로 장기적 관점에서 이러한 세계적 흐름을 주시할 필요가 있다.

이지현(실리콘밸리무역관)

PART

2

익숙한
것으로부터의
탈피

에너지-ENERGY

더 나은 내일을 위한

청정에너지원

기존 에너지원이라 할 수 있는 화석연료는 두 가지 문제점을 노출했다. 첫째는 자원고갈, 둘째는 환경오염이다. 이에 따라 유한한 자원인 화석연료를 대체하고 기후변화에 대응해 탄소중립을 실현할 수 있는 청정에너지원의 발굴이 절실해졌다. 탄소 발생을 최소화한 녹색 수소에너지나 폐기물 문제까지 해결 가능한 바이오에너지 개발에 전 세계가 동참한 이유다. 그중에서도 미생물, 폐기물, 눈 등을 활용한 친환경에너지 개발로 지속가능한 미래를 앞당기고 있는 각국의 사례를 조명한다.

녹색 수소 생산, 미생물에서 해답을 찾다

브뤼셀

키아누 리브스 주연의 1996년 작 〈체인 리액션Chain Reaction〉은 수소에너지를 둘러싼 음모와 대립을 다룬 영화로, 화석연료의 한계와 수소경제의 도래를 역설하며 관객들의 관심을 집중시켰다. 톰 크루즈 주연의 2013년 작 〈오블리비언Oblivion〉에는 지구를 침공한 외계인이 바닷물을 대량으로 가져가는 장면이 등장한다. 물을 이용해 수소연료 전지를 만들어 모든 동력의 에너지원으로 사용하기 위해서다. 이 두 영화의 사례를 보면 알 수 있듯, 이미 오래전부터 수소에너지는 화석연료를 대체할 미래 에너지로 인식돼왔다.

미래학자 제러미 리프킨Jeremy Rifkin 역시 2002년 출간한 책 〈수소혁명The Hydrogen Economy〉을 통해, 수소는 인류의 미래를 보장하는 '약속어음'이라고 언급한 바 있다. 그의 주장대로 수소는 물을 전기 분해해 쉽게 얻을 수 있고 그 과정에서 물 이외의 물질이 발생하지 않아 청정에너지원으로 주목받아왔다. 그러나 물을 전기 분해하는 데 필요한 대부분의 전력이 화석연료 및 핵연료를 통해 공급돼 수소 생산 과정에서 탄소가 발생한다는 딜레마가 여전히 존재한다.

인류의 미래를 보장할 청정에너지, 수소

현재 화학 산업 및 운송 분야 등에 사용되는 99%의 수소는 화석연료인 가스나 석탄, 핵연료로 생산된다. EU에서 사용되는 수소도 재생 가능한 에너지에서 생산되는 수소는 4%에 불과하다. 이를 해결하기 위해 EU 집행위원회는 지난 2020년, 투자 인센티브와 결합된 수소 전략을 내세워 2020년부터 2050년까지 유럽의 전해조(전기 분해 장치) 생산량을 단계적으로 올리겠다는 계획을 발표했다. 또한 2021년 EU 재생에너지 지침Renewable Energy Directive 개정안을 제안, 2030년까지 역내 전체 가용 에너지의 40% 이상을 재생에너지로 전환할 계획이다. 이러한 친환경 에너지 전환 정책은 2022년 2월 이후 에너지 수급에 문제가 발생하면서, 역외 화석연료에 대한 과도한 의존을 탈피하고 재생에너지를 통해 에너지 안보를 구축하려는 EU의 의지로 더욱 가속화하고 있다.

벨기에 역시 자체적인 수소 정책 전략을 세우고, 수소 밸류 체인에서 기술 개발의 선두로 나서겠다는 각오를 피력했다. 저탄소 수소 생산, 탄소 포집 및 저장 활용, 녹색 수소 생산, 수소 기차 개발의 잠재성 등에 대한 조사와 개발도 추진 중이다. 벨기에 기업들도 녹색 수소를 생산하기 위한 연구와 혁신을 활발하게 진행한다. 그중 미생물에서 녹색 수소 생산의 해답을 찾은 친환경 기술 스타트업 'H2WIN'을 소개한다.

남조류의 광합성 원리에서 착안한 'H2GREEN'

H2WIN은 100% 재생 가능하고, 보다 효율적이며, 적은 비용으로 수소 에너지를 생산할 수 있는 'H2GREEN'이라는 독자적인 물질을 개발해 냈다. 벨기에 남부의 니벨Nivelles에 본사를 둔 이 기업은 자연 상태에서 에너지가 발생하는 가장 오래된 방법인 광합성에서 영감을 받아 기술 개발을 시작했다. 이들이 개발한 H2GREEN은 엔자임Enzymes(광효소)으로, 광합성의 원리를 이용해서 물과 태양광만으로 물을 분해해 수소를 발생시키는 물질이다. 광합성 과정과 마찬가지로 탄소를 전혀 발생시키지 않고도 태양광 수소 및 친환경 전력을 생산할 수 있는 촉매 역할을 한다. 현재 화학 산업, 운송, 난방 등에 사용되는 수소에너지의 99%는 화석연료와 핵연료를 사용한 전기 분해를 통해 생산되지만, H2GREEN은 100% 재생에너지로만 생산되고 생산 과정은 기존 대비 저비용·고효율 방식이라 향후 수소 산업계의 게임체인저가 될 것으로 예상된다.

H2WIN은 1992년 필리프 로르지Philippe Lorge가 리우데자네이루에서 열린 '지구정상회의UN Earth Summit'에 참석한 것에서부터 시작한다. 자동차 생산 기업인 마쯔다Mazda가 공개한 수소연료 자동차 HR-X를 보며 수소가 미래 연료로서의 가능성이 매우 높고 새로운 산업혁명을 일으킬 만한 가치가 있다고 판단한 것이다. 물리화학 및 생화학 분야에서 박사학위를 받은 그는 광합성에 대한 자신의 전문지식을 활용해 기존과 다른

방식으로 수소를 생산해볼 수 있겠다는 생각을 했다.

식물은 광합성을 위해 엔자임이라는 특수단백질을 사용한다. 박사 과정에서부터 관심을 갖고 파고들었던 광합성과 엔자임에 대한 전문지식을 식품 산업에 활용하기 위해, 우선 첫 회사인 비앙카Bienca를 설립했다.

이후 수소경제 발전을 위한 공공 과학 기관인 H2LIFE를 2011년 설립해 여러 대학의 강의와 콘퍼런스에 참석하며 수소에너지의 장점을 강연해왔다. 이처럼 10여 년간 벨기에 수소 산업을 이끌어온 그는 수소에 대한 기업과 대중의 인식이 점차 변화함을 느끼고 있다. 10년 전만 해도 수소는 불안정하고 위험한 연료라는 우려가 많았지만 최근 몇 년 사이 기후위기 극복을 위한 청정에너지로 재평가받고 있기 때문이다.

H2WIN 창립자 겸 CEO 필리프 로르지   출처: H2WIN

또한 필리프 로르지는 벨기에 왈롱 정부 및 벨기에 주요 개인 투자자들의 자금 지원을 받아 2013년 H2WIN을 설립했다.

수소에너지 생산을 위한 청정 솔루션

H2WIN이 개발한 광촉매 효소 H2GREEN은 물을 수소에너지로 변환하고 그 에너지를 사용하는 과정에서 다시 물을 배출하는, 물에서 시작한 에너지가 다시 물로 돌아오는 환원 시스템이다.

H2GREEN은 발효 과정을 거쳐 생산된다. 우선 시아노박테리아^{Cy-}로 잘 알려진 청색 해조류^{Blue Algae}에서 얻은 유전자 서열로 필요한 엔자임의 코드를 만든다. 이후 플라스미드^{Plasmid} (자기 복제로 증식할 수 있는 유전인자)를 다시 디자인하고 합성한 뒤, 박테리아와 만나게 해 엔자임을 생산한다. 발효로 인한 박테리아 번식으로 숙주의 수가 증가하면 유전자 재조합으로 숙주가 엔자임을 생산하게 유도한다. 최종적으로 숙주에서 추출한 엔자임을 정화해 H2GREEN 시스템에 사용할 엔자임을 만든다.

H2GREEN은 물을 분해하는 역할을 하는 태양광에너지 양극과 수소를 발생하게 하는 엔자임 음극, 이 2개의 전극으로 구성된다. 모듈 시스템으로 제작했기 때문에 두 전극을 개별적으로 사용하는 것이 가능하다. 현재 시장에서 사용하는 기술과 병용할 수도 있다. H2WIN은 H2GREEN에 대한 벨기에 기술 특허를 보유하고 있으며 EU와 중국, 캐나다, 일본, 미국 등지에도 지적재산권을 신청한 상태다.

H2GREEN의 본격적 시장 출시는 2025년경으로 계획 중이다. 현재는 벨기에의 주요 제약 기업 및 리에주대학교, 브뤼셀자유대학교 등과 협업을 추진하며 상업화를 위한 제품 개량 및 실험을 계속하고 있다. 또한 H2WIN은 전기 분해로 수소를 생산하는 에너지 기업들을 대상으로 첫 상업화 단계를 진행할 예정이다. 특히 플래티넘 재질의 음극재를 사

용하는 대부분의 기업에 H2GREEN 엔자임 촉매제로 교체할 것을 제안하고 있다.

앞으로 H2GREEN의 주요 활동 영역은 화학 산업과 운송 분야가 될 것으로 예상된다. 하지만 잠재적으로 적용 가능한 분야는 재생에너지 저장 및 이산화탄소 제거 관련 산업 등 훨씬 더 다양할 것으로 보인다.

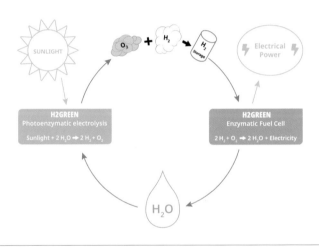

H2GREEN 솔루션 작용 원리   출처: H2WIN

탄소경제에서 수소경제로의 전환, 우리에게 주어진 기회는?

현재 수소는 제철과 일부 산업용 에너지에 한정적으로 사용된다. 그러나 포천비즈니스인사이트에 따르면, 전 세계적인 탄소중립 움직임과 에너지 업계의 친환경 전략으로 수소 업계는 2021년부터 2028년까지 연평균 성장률 5.6%를 기록하며 총액 약 2,200억 달러(약 286조 원) 규모로 성장할 것으로 예상된다. 녹색 수소 생산 및 상용화 기술이 개발될 것으로 예상되는 2040년부터는 수소에너지 사용이 크게 늘어날 전망이다. 독일 데이터 통계 전문 기업 스태티스타에 따르면, 2070년에는 글로벌 수소 수요가 현재의 7배에 달하는 5억 미터톤 이상으로 증가할 것으로 예측된다. 현대자동차를 비롯한 전 세계 주요 완성차, 에너지 기업 등 13개 업체가 2017년 설립한 '수소위원회' 역시, 수소가 2050년까지 전 세계 에너지 수요의 18%를 차지할 것으로 예상했다. 이는 또한 약 2조 5,000억 달러(약 3,250조 원) 규모의 관련 시장을 창출하고, 전 세계 3,000만 개의 일자리를 만들어내는 데 기여할 전망이다.

앞으로 수소 산업은 현재의 화석연료 기반 에너지 소비 구조에서 벗어나 미래 친환경 에너지로 전환하는 데 큰 역할을 할 것이다. 국제에너지기구International Energy Agency, IEA의 보고서 역시 전 세계의 수소에너지 사용은 지속적으로 증가할 것이며, 이는 에너지 사용과 관련된 여러 환경 문제 해결에 기여할 것이란 분석을 내놓았다.

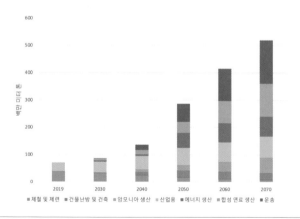

글로벌 수소 수요 전망   출처: 스태티스타

지금 전 세계는 산업의 기반이 되는 에너지의 전환으로 전 분야에서 대전환기를 맞이하고 있다. 이에 대응하기 위해 EU는 2022년 7월 수소 밸류 체인 프로젝트인 'Hy2Tech'에 54억 유로(약 7조 1,820억 원) 규모의 국가 보조금을 승인한 바 있다. 예상되는 민간 투자액 88억 유로(약 11조 7,040억 원)를 합치면 총 투자 규모는 142억 유로(약 18조 8,860억 원)에 이를 전망이다. 15개 회원국에서 35개 기업이 참여하는 이 프로젝트는 전해조, 연료 전지, 수소 저장 등에 걸친 41개 세부 프로젝트로 이뤄져 있다. 유럽 기업과의 협업을 희망하는 국내 기업이 있다면 동 프로젝트에 참여하는 기업에 대한 모니터링이나 관련 컨소시엄 참여 등을 통해 현지 진출 기회를 모색할 수 있을 것이다.

한편 우리 기업들도 글로벌 마켓에서 새로 발생하는 기회를 잡기 위해 녹색 수소 생산 및 배송 기술을 지속적으로 개발 중이다. 또한 녹색 수소와 관련된 원천 기술을 보유한 기업 뿐 아니라, 해외 기업에 대한 투자 및 합작 기업 설립 등을 통해서도 해외 시장 진출을 노려볼 수 있을 것이다. 글로벌 마켓에서의 장기적인 사업 기회를 모색하여 기술 개발, 협력, 투자 등 국내외에서의 다양한 노력을 이어간다면 우리에게 에너지 전환은 위기가 아닌 기회가 될 것이 분명하다.

윤웅희(브뤼셀무역관)

탄소중립을 실현하는 바이오에너지

멜버른

천혜의 자연을 가진 섬나라 호주와 '세계의 공장'이라 불리는 중국. 이 두 나라 중 1인당 화력 발전에서 발생하는 온실가스 배출이 더 많은 나라는 어디일까?

정답은 바로 호주다. 배출량 또한 무려 중국의 2배에 달한다. 영국의 기후·에너지 정책연구소 엠버Ember에서 발표한 자료에 따르면 G20 국가 중 호주는 2015~2020년까지 5.34톤의 1인당 연평균 탄소 배출량을 기록하며 세계 1위를 차지했다. 그다음이 한국(3.81톤), 남아프리카(3.19톤), 미국(3.08톤), 중국(2.71톤) 순이다.

에너지 생산과 폐기물 문제 해결을 동시에

세계적인 석탄 수출국인 호주는 전체 전력 생산의 60%를 화력을 통해 얻는다. 이런 이유로 여전히 석탄에 대한 의존도가 높은 상황이지만 기후변화 대응과 탄소중립 목표 달성을 위해 정부와 기업을 중심으로 재생에너지로의 전환이 빠르게 이루어지고 있다. 특히 풍부한 자원을 바탕으로 태양광, 풍력, 수력 발전에 대한 투자를 집중적으로 하고 있다. 반면, 바이오에너지가 차지하는 비율은 전체 전력 생산량의 1% 수준으로, 이는 OECD 평균인 2.4%보다 훨씬 낮은 수치다.

하지만 최근 글로벌 시장에서 바이오에너지의 중요성이 높아지면서, 호주 정부는 2021년 처음으로 '바이오에너지 로드맵Australia's Bioenergy Roadmap'을 발표했다. 바이오에너지는 바이오매스Biomass를 열, 전기, 바이오가스, 액체 연료로 전환하는 과정을 통해 얻을 수 있는 재생에너지의 한 형태다. 바이오매스는 농업(사탕수수, 오일 등), 식품, 가정용 및 산업용 쓰레기, 폐수, 폐목재, 축산업에서 나오는 잔여물 등을 포함하며 이를 이용해 에너지를 생산한다. 가정과 산업에서 발생하는 쓰레기를 변환해 연료를 확보하므로 폐기물 문제 해결이 가능하다는 이점이 있다. 또한 에너지 생산에 필요한 원료를 제조업, 농업 분야에서 얻을 수 있기 때문에 농촌 지역 경제 발전에도 도움이 될 것으로 기대된다.

겨자씨 오일, 탄소 배출량을 70% 가까이 줄이다

바이오에너지로 대체가 가능한 분야로 비행기 연료를 꼽을 수 있다. 국제 운송 산업은 전 세계 탄소 배출의 15%를 차지한다. 바이오연료Biofuel

의 경우 가솔린, 디젤, 항공 연료와 같은 액체 화석연료를 대체할 유일한 수단으로 글로벌 시장에서 주목받는다.

국제에너지기구에서 발표한 보고서에 따르면, 2010년부터 2019년까지 글로벌 바이오연료 소비는 연평균 5%씩 증가했으며 각 국가의 탄소중립 정책으로 시장은 계속해서 확대될 전망이다. 2020년에는 코로나19로 다소 주춤했으나, 2021년부터 2026년까지 5년간 글로벌 바이오연료의 수요가 28%까지 상승하여 2026년에는 1,860억 리터에 이를 것으로 예상했다. 심지어 2060년에는 연간 바이오연료 생산량이 폭발적으로 증가해 8,400억 리터에 달할 것이라고 한다. BP, 셰브론Chevron, 에니Eni, 엑손모빌ExxonMobil, 쉘Shell 등과 같은 글로벌 석유 회사들 역시 바이오연료 개발과 함께 친환경 에너지 기업으로의 전환을 위한 투자를 확대하고 있다.

세계 2위 석유 회사이자 세계에서 세 번째로 큰 다국적 기업 BP는

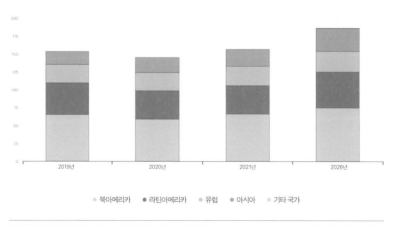

글로벌 바이오연료 수요 변화 그래프(단위: 10억 리터/연)　　　　　　　출처: 국제에너지기구

2022년 호주 멜버른에 본사를 둔 농업용 케미컬 기업 뉴팜^{Nufarm}의 자회사 뉴시드^{Nuseed}에서 생산한 카리나타유^{Carinata Oil}를 10년간 공급받는 계약을 체결했다. BP와 뉴시드의 파트너십은 농업 회사와 에너지 기업이 미래 대체에너지로 급부상 중인 바이오연료 수요를 충족하기 위해 어떻게 협력할 수 있는지 보여주는 사례로 평가된다. BP에서는 물류 운송 산업에서 탄소 배출 감축을 위해 바이오연료의 역할이 더욱 중요해질 것으로 전망하며, 이미 바이오연료 공급망에도 적극적으로 참여하고 있다. 현재 바이오매스 기반 원료로부터 재생 가능 디젤을 생산하는데 2022년 생산량이 연간 260만 배럴(약 41만 3,140km)에 달할 정도다. 이와 함께 BP는 글로벌 시장에서 바이오연료의 수요가 높아짐에 따라 2025년까지 바이오에너지 포트폴리오를 2019년 수준의 2배 이상 증가하는 목표를 세우고, 카리나타유를 대량으로 가공해 판매할 계획이다. 한편 뉴시드는 호주와 유럽에서 바이오연료 연구 및 시장 개발 프로그램을 추진 중이며, 아르헨티나와 미국에선 상업용 생산을 더욱 확대하고 있다.

BP의 카리나타 농장과 카리나타 겨자씨   출처: 뉴시드

카리나타는 겨자Mustard 식물과의 비식품Non-food 작물로 저탄소 바이오연료 제조에 사용되는 대표적 원료다. 카리나타는 간작Cover Crop용으로 재배할 수 있어 식품 생산을 대체하거나 농지 사용을 추가하지 않고도 수익 창출과 토양 개선이 가능한 작물이다. 2021년 미국 조지아대학교University of Georgia 푸니트 드위베디 교수 연구팀은 카리나타유에서 추출한 지속가능한 항공 연료Sustainable Aviation Fuel, SAF가 탄소 배출량을 최대 68%까지 줄일 수 있다는 연구 결과를 얻었다.

국제민간항공기구International Civil Aviation Organization, ICAO에서도 카리나타를 온실가스 배출 감축에 도움이 되는 재생연료 목록에 올렸다. 국제에너지기구에 따르면 항공 부문의 탄소 배출량은 지구 전체 이산화탄소 배출량의 2.5%를 차지하는데, 비행 중 등유 성분의 제트 연료가 연소되면서 많은 양의 이산화탄소를 배출하기 때문이다. 최근 해외 여행객이 다시 증가하면서 2040년까지 항공 산업 내 탄소 배출량은 2010년과 비교해 2.8~3.9배 늘어날 것으로 예측된다. 이에 대한 대응으로 국제항공운송협회International Air Transport Association, IATA 회원인 세계 주요 항공사들은 2050년까지 탄소중립을 달성하는 데 합의하는 등 글로벌 탄소 배출 감소에 큰 관심을 가지고 있다. 카리나타유 같은 지속가능한 항공 연료에 대한 수요도 2025년 79억 리터에서 2050년 4,490억 리터로 50배 이상 급증할 것으로 예상된다.

세계 최초 바이오연료 운항에 성공한 콴타스

호주의 국영항공사 콴타스Qantas는 2018년 세계 최초로 미국 로스앤젤레스와 호주 멜버른 15시간 직항 노선을 바이오연료로 운항하는 데 성공했다. 약 2만 4,000kg의 혼합 바이오연료를 사용했으며 1만 8,000kg의 탄소 배출 절감 효과를 보았다. 콴타스는 여기서 한발 더 나아갔다. 2021년 BP와 탄소중립 달성을 위한 전략적 파트너십을 체결한 데 이어 2022년에는 SAF를 정기 구매하기로 계약한 호주의 첫 항공사가 됐다. SAF는 콴타스가 연간 구매하는 연료의 최대 15%를 차지하며, 이를 통해 탄소 배출량을 10%까지 줄일 수 있을 것으로 기대된다. 코로나19 이전 콴타스그룹은 매일 약 1,400만 리터의 제트 연료를 사용해 1,500회 이상 비행했으며, 전체 탄소 배출량의 95%가 제트 연료에서 직접 배출됐다. 하지만 SAF는 기존 제트 연료에 비해 이산화탄소를 최대 80%까지 줄일 수 있을 전망이다.

콴타스에 바이오연료를 공급하는 BP   출처: 콴타스

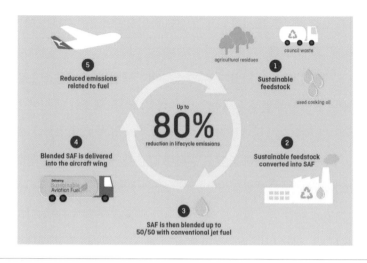

콴타스 탄소 배출 감축 프로세스　　　　　　　　　　　　　　　　　　출처: 콴타스

또한 콴타스와 에어버스^{Airbus}는 호주의 지속가능한 항공 연료 산업 발전을 위해 현지에서 개발해 생산한 SAF 및 공급 원료 이니셔티브에 2억 달러(약 2,600억 원)를 투자할 계획이다. 이를 통해 2030년까지 전체 연료의 10%를 SAF로 대체하고, 2050년에는 60%까지 전환할 예정이다.

우드칩 폐기물과 폐목재로 생산하는 카놀라유

이외에도 호주에서는 다양한 바이오에너지 전환 프로젝트가 진행된다. 그중에서도 기존의 가스 보일러를 바이오매스 보일러로 교체한 MSM 밀링^{MSM Milling}의 사례는 벤치마킹 케이스로 널리 활용된다. MSM밀링은 1991년 시드니에서 서쪽으로 약 300km 떨어진 마닐드라^{Manildra}에 설립된 기업으로 현지 농장으로부터 카놀라씨를 공급받아 카놀라유를 생산하는 가공 업체다. 해당 공장에서 생산된 카놀라유는 호주 KFC를 포함해 유명 비스킷, 시리얼, 스낵바 등을 만드는 데 사용된다. MSM밀링의 공장은 도시가스가 연결되지 않아 카놀라유 생산을 위해 LPG가스를 트럭으로 배달받았는데 최근 운송비 상승과 가스 가격 변동에 직면하면서 대체에너지원 발굴에 나섰다. 2018년 호주재생에너지청ARENA으로부터 200만 호주달러(약 18억 4,000만 원)를 지원받아 538만 호주달러(약 49억 5,000만 원) 규모의 바이오매스연료 전환 프로젝트를 추진한 것이다. 약 18개월에 걸친 공사 끝에 3개의 소형 가스 보일러는 5MW(메가와트)의 대형 바이오매스 보일러로 교체됐다.

바이오매스 보일러

출처: 호주재생에너지청

현재 호주의 많은 제조사와 농업 기업이 천연가스 또는 LPG 보일러에 의존하고 있다. MSM밀링의 맥 스미스Mac Smith 대표에 따르면, 바이오매스 보일러를 사용할 경우 열에너지 비용의 약 70%에 해당하는 절감 효과를 누릴 수 있다. 덕분에 바이오에너지에 관심 있는 기업들에서도 연락이 쇄도하는 상황이다. 그중에는 보일러 연료로 사용할 수 있는 폐기물을 공급하겠다는 업체도 있다.

바이오매스 보일러의 주요 연료는 주변 지역 임업에서 나온 우드칩, 폐목재 등이다. 보일러 교체 이후 공장 운영상의 변화는 거의 없지만, 이전까진 매주 한 트럭 분량의 가스가 공장에 왔다면, 이제는 4개 트럭 분량의 바이오매스를 공급받는다. 바이오매스는 100톤당 약 500~700kg의 재^{Ash}가 나오는데 이는 도로 기초 공사용 자재, 닭 사료와 섞어 비료로 쓰인다.

이번 프로젝트를 통해 연간 4,000톤 이상의 탄소 배출 감축 효과도 기대할 수 있을 전망이다. 이는 매년 1,500대의 가솔린 차량을 없애는 것과 같은 효과다. MSM밀링은 바이오에너지로 전환한 호주 최초의 식품 제조사로, 바이오매스를 잘 활용해 기업의 지속가능성을 증명하고 ESG 가치를 더하게 됐다.

성장 잠재력이 풍부한 바이오에너지의 미래

바이오에너지 프로젝트에 대한 투자 증가와 기술의 발전, 비용 감소는 향후 글로벌 바이오에너지 시장의 성장에 밑거름이 될 것으로 보인다. 폐기물을 자원으로 이용할 수 있다는 점에서 많은 나라가 바이오에너지를 주목하기 때문이다. 특히 항공 업계에서 바이오연료는 가장 현실적으로 탄소 배출을 줄일 대응책으로 보인다. 일례로 보잉^{Boeing}에서는 기후변화 대응을 위해 100% 바이오연료로 운행하는 상업용 항공기를 2030년까지 개발할 계획이라고 밝혔다.

EU 역시 운송 산업 내 재생에너지 목표 설정과 더불어 바이오연료 소비 확대를 위한 재생에너지 지침을 시행하고 있으며, 이러한 정책은 글로벌 시장 내 바이오연료 소비를 크게 상승시켰다. 2021년 EU 집행위가 친환경 항공 산업을 위한 '리퓨얼EU 에비에이션^{ReFuelEU Aviation}' 이니셔티브를 통해 목적지에 관계없이 EU발 모든 항공기에 SAF 혼합 사용을 의무화한다는 방침을 발표한 것이다. SAF 혼합 비율은 2025년 2%, 2030년 5%, 2035년 20%, 2040년 32%, 2050년 63%로 점차 확대해 나가기로 했다. 무엇보다 항공사가 아닌 항공유 급유 공항에 SAF 혼합 의무를 부여함으로써 모든 항공사가 SAF 혼합 항공 연료를 사용할 수 있는 환경이 마련될 것으로 보인다.

일본 국토교통성도 2030년까지 항공 연료 중 10% 이상을 SAF로 대체해 비행기에서 발생하는 이산화탄소 등 온실가스를 최소화하는 탄소 중립 정책을 발표했다. 이를 위해 SAF 상용화를 추진, 2025년까지 연간 3만 킬로리터를 생산하는 공장을 건설할 계획이다.

바이오연료는 크게 바이오디젤과 바이오에탄올로 구분되며, 바이오에너지 소비 확대에 큰 역할을 하고 있다. 바이오디젤은 유채·콩·팜유 등 유지작물이나 폐식용유에서 추출하며, 바이오에탄올은 사탕수수·옥수수·감자 등 녹말작물을 주원료로 생산한다. 한국의 경우 폐식용유로 바이오디젤을 만들어 해외로 수출한다. 인도네시아, 말레이시아에 이어 아시아태평양 지역에서 세 번째로 큰 수출국이다. 또한 한국 정부는 2021년 7월부터 경유에 의무적으로 혼합하는 바이오디젤의 함유량을 기존 3%에서 3.5%로 상향 조정한 데 이어, 2030년 5%까지 단계적으로 높여나갈 계획임을 발표했다. 현재 한국은 에너지 자원의 90% 이상을 수입에 의존하지만, 바이오매스 매장량이 풍부해 잠재력이 큰 것으로 평가받는다.

2022년 6월 열린 한국바이오연료포럼의 주제 발표 중 '국내 바이오매스 잠재량 평가를 통한 바이오연료 보급 활성화 방안'에 따르면, 2019년 기준 국내 사용 총 바이오에너지는 396만 8,000TOE로 수송, 발전, 산업의 3가지 영역에서 신재생에너지의 40%를 바이오에너지가 담당한다. 국내 기업들 역시 친환경 소재를 기반으로 한 바이오연료 개발에 발빠르게 뛰어드는 등 화석연료 의존도를 낮추고 탄소 배출량을 줄이는 화이트 바이오 사업에 적극 나서고 있다. 시장조사 업체 어드로이트마켓리서치Adroit Market Research는 글로벌 화이트 바이오 산업 시장 규모가 2019년 2,378억 달러(약 309조 1,400억 원)에서 2028년 5,609억 달러(약 729조 1,700억 원)로 연평균 10.1%가량 성장할 것으로 내다봤다. 유럽, 일본 등 많은 나라가 바이오매스 소재와 바이오연료 사용을 적극적으로 장려하고 있어 시장 규모는 더 커질 전망이다.

이제 탄소중립은 모든 국가, 기업, 개인의 과제로, 전 세계는 온실가스 배출을 줄일 새로운 솔루션 발굴에 목말라 있다. 한국도 혁신적 기술 개발로 국제적 기후변화 대응에 적극 기여해야 할 때다.

강지선(멜버른무역관)

화이트
다이아몬드가 된
홋카이도의 눈

도쿄

이와이 슌지^{Iwai Shunji} 감독의 1999년 작 〈러브레터^{Love Letter}〉는 일본 멜로 영화의 수작으로 손꼽힌다. 잊지 못할 첫사랑의 추억을 소환하는 이 영화는 겨울만 되면 다시 찾아보게 되는 많은 이들의 인생작 중 하나다. 하얀 눈밭에서 여주인공이 '오겡끼데스까(おげんきですか, 잘 지내나요)'를 외치는 모습은 많은 이들이 가장 인상적인 장면이라 말한다. 첫사랑에 대한 아련한 그리움을 담은 명장면은 홋카이도의 오타루에서 촬영된 것으로, 끝없이 내리는 눈과 설원(雪原)이 영화의 또 다른 주인공이라 할 만하다.

도시의 골칫거리였던 하얀 눈

영화 속 장면처럼, 2021년 일본의 겨울엔 유독 많은 눈이 내렸다. 수도인 도쿄의 경우 눈이 쌓일 정도의 적설량을 기록하는 일이 드물지만, 지난 2022년 1월에는 도쿄 도심에도 4년 만에 눈이 쌓였다. 유네스코 세계유산에도 등재된 일본 기후 현의 시라카와고 마을이나 '눈의 대협곡'으로 유명한 도야마 현 다테야마의 구로베 협곡 등이 겨울철에 폭설이 자주 내리는 지역으로 유명하다. 흰 눈이 대지를 뒤덮으면 절경을 이뤄 인기 관광지가 되기도 하지만, 일상생활에선 제설 작업을 위한 노동력 투입과 경제적 비용이 늘어나 지방자치단체(이하 '지자체')의 큰 재정적 부담으로 작용한다.

일본 도야마 현 다테야마의 구로베 협곡　　　　　　　　　출처: 도야마 현 수도권 본부

　　일례로 홋카이도 삿포로 시의 2021년 제설비 총액은 무려 303억 엔

(약 3,000억 원)에 달했다. 지난 2022년 2월 5일부터 6일까지 일본 홋카이도 삿포로 시에 1990년 이후 사상 최대의 폭설이 내려 도시 전체가 눈 속에 파묻혔을 당시, 삿포로 시뿐만 아니라 홋카이도 전역에도 대설 경보가 발령됐다. 이에 일본 재무성은 2022년 2월 특별교부세의 일종인 291억 2,500만 엔(약 2,870억 원)을 19개 광역지자체와 232개 기초지자체에 교부하기로 결정했다. 기록적인 폭설로 인한 제설 비용 폭증으로 일부 지자체의 재정 운영에 지장이 있을 것을 우려해서다. 저출산·고령화로 인구 감소가 빠르게 진행되는 지방의 경우, 제설 비용 부담이 지방 재정을 압박할 수준에 이른 것이다.

홋카이도 지역 주민의 제설 작업 풍경   출처: 일본여행(日本旅行)

골칫거리 눈을 에너지 자원으로 활용할 수 있다?

하지만 이렇게 골칫거리에 불과했던 눈을 전혀 새로운 방식으로 활용해 화제가 된 지역이 있다. 과거 일본의 에너지원 역할을 담당했던 홋카이도의 한 석탄 산지에서 쌓인 눈을 이용해 친환경 데이터센터를 구축한 것이다. 삿포로에서 북쪽으로 약 60km, 이시카리 평야의 중앙부 근처에 위치한 비바이 시는 현재 허니베리(댕댕이나무, 현지명 '하스카프')의 최고 산지로 알려진 농업 도시지만 과거에는 탄광 도시로 번성했던 곳이다.

비바이 시는 홋카이도 지역 내에서도 적설량이 많은 곳으로 유명한데, 매년 적설로 인한 가옥 붕괴 사고가 끊이지 않을 정도다. 제설 공공비용 부담은 연간 약 5억 엔(약 49억 원)으로, 2만 명 규모의 인구를 감안하면 1인당 약 2만 5,000엔(약 25만 원)에 달한다. 고령화에 따른 인구 감소가 지속되는 가운데 연이은 가옥 제설 작업이 큰 부담으로 작용하면서 비바이 시 주민들에게 눈은 골칫거리가 된 지 오래다. 때문에 비바이 시를 포함한 홋카이도 지역 주민들은 겨우내 쌓이면 좀처럼 녹지 않아 생활에 불편을 주는 눈을 유용하게 활용하기 위해 다양한 방법을 모색해왔다. 실제로 홋카이도에서는 '설실(雪室)'이라고 불리는 눈을 활용한 냉온저장고를 만들어 활용했으며, 이외에도 저온창고나 눈 냉방 맨션 등 눈을 에너지원으로 활용한 눈 냉방 시스템 도입 사례가 다수 존재한다.

비바이 시 역시 눈을 비롯한 자연에너지를 유용하게 활용하는 방안을 모색하고자 1997년 8월 산학관 협력 공동 연구 기관인 '비바이 시 자연에너지 연구회'를 발족했다. 적설 한랭 지역에 쌓인 눈을 에너지로 활용하는 기술 연구와 사업화 노력을 통해 1990년대 후반부터 2000년대 초반에 걸쳐 집합주택이나 요양시설 등에 눈 냉방 시스템을 도입하는 등 유의미한 성과를 거뒀다.

이외에도 쌓인 눈을 좀더 유용하게 활용하는 방안을 다각도로 모색하던 연구회는 2008년 눈을 에너지원으로 활용한 '화이트데이터센터White Data Center, WDC'를 구상해냈다. 데이터센터는 안전성 관점에서 통상적으로 내부 온도가 35℃ 이하로 유지되어야 하나, 여름철에는 최대 60℃ 이상까지 상승하는 경우도 있다. 24시간 365일 가동되는 데이터센터의 온도를 일정하게 유지하려면 서버를 냉각해야 하는데 여기에는 막대한 전기에너지가 필요하다. 이런 이유로 데이터센터를 적설 한랭 지역인 비바이 시에 유치해 눈 에너지를 데이터센터 서버 냉각에 활용하자는 아이디어를 낸 것이다.

소라치 공업단지에 있는 설산*   출처: 화이트데이터센터

---

* 비바이 시와 이웃 도시를 포함해 형성된 '소라치(空知) 공업단지'에 겨우내 시내에 내린 눈 약 3,000톤을 모아 5m 높이의 작은 설산(雪山)을 만들었다. 산의 표면에는 단열재 역할을 하는 우드칩을 약 30cm 두께로 뿌려 여름까지 눈이 녹지 않고 보존될 수 있도록 했다. 비바이 시는 이 쌓인 눈을 활용해 데이터센터 서버를 냉각하는 실증실험을 2010년 세계 최초로 실시했다.

눈 에너지를 활용해 전력사용효율을 극대화한
친환경 데이터센터

데이터센터가 소모하는 전력이 많다는 건 누구나 다 아는 사실이다. 전력 사용량은 데이터센터의 크기나 시설에 따라 달라지지만, 적게는 몇만 명에서 많으면 수십만 명이 사용할 수 있는 전기를 데이터센터 하나가 소비한다. 최근 전 세계 곳곳에서 발생하는 이상기후 현상으로 전력 수급 불균형이 심각해지면서 데이터센터의 전력 소비를 줄이는 것이 시급한 과제로 대두됐다. 데이터센터의 에너지 효율을 높이는 전력사용효율Power Usage Effectiveness, PUE* 향상이 최우선 과제로 떠오른 것이다. 이에 따라 눈 재생에너지를 최대치로 활용한 친환경 '화이트데이터센터'에 대한 관심도 높아지고 있다.

2008년 처음으로 도입된 화이트데이터센터 구상은 2014년 이후 5년 간에 걸쳐 국립 연구개발법인 신생에너지 산업기술 종합개발기구(이하 'NEDO')의 연구비 지원으로 실증 실험이 진행됐다. 실증 실험의 주목적은 눈으로 냉각한 부동액을 순환해 데이터센터 실내 온도를 28℃로 유지하는 것이다. 제설 작업을 통해 모인 눈에는 염분을 포함하는 융설제가 섞여 있으므로, 부동액이 지나가는 파이프를 부식되기 쉬운 금속관에서 수지 성분의 관으로 변경하는 등 세심한 대응이 요구됐다. 수많은 시

---

* 데이터센터의 전력사용효율을 나타내는 지표로, 산출공식은 'PUE=데이터센터 전체 전력 사용량/서버 전력 사용량'이다. 예를 들어 PUE가 1.0이라면 서버 가동 이외 목적으로는 전력을 사용하고 있지 않다는 의미이다. 즉 PUE 값이 1에 가까워질수록 에너지 효율이 높음을 의미한다. 일반적인 데이터센터의 경우에는 냉각 목적의 전력이 서버 가동 목적의 전력과 비슷한 수준으로 요구되기 때문에 PUE가 1.5~2.0 정도다. 최근 기후변화, 에너지자원 고갈, 환경오염 및 경기 불황 등 글로벌 위기가 심화하면서 PUE 지수는 강화된 그린 데이터센터 관리 기준으로 활용된다.

행착오를 겪으며 실증 실험을 거듭한 끝에 NEDO로부터 실용화 가능성을 인정받았고, 2021년 홋카이도 비바이 시에 눈 에너지를 활용해 '이산화탄소 배출 제로'를 목표로 하는 주식회사 화이트데이터센터를 설립하며 본격적인 사업화에 착수했다.

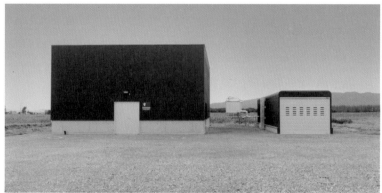

홋카이도 비바이 시에 설립된 화이트데이터센터와 데이터센터 내에 위치한 식량 생산 비닐하우스
출처: 화이트데이터센터

화이트데이터센터 관계자에 따르면, 눈 에너지를 활용해 데이터센

터 서버를 냉각할 경우, 도쿄에서 운용할 때와 비교해 냉방 비용을 55% 절감할 수 있으며 데이터센터 전체 전력 사용량은 30%에서 50% 절감할 수 있을 것으로 추정된다(2,300개 랙^{Rack} 규모의 서버 기준). 실제로 화이트데이터센터의 전력사용효율은 여름철에도 세계 최고 수준인 1.04 정도로 유지된다.

농산물 재배에서 해산물 양식까지 가능한 데이터센터

집에서 컴퓨터를 오랫동안 사용하면 뜨거운 열기를 느낄 수 있듯이 데이터센터 내에서 운영되는 수천, 수만 대의 서버에서도 열이 발생한다. 화이트데이터센터는 눈으로 데이터센터에서 발생하는 열을 냉각하는 데서 그치지 않고, 이 열(폐열)을 활용해 농산물 재배와 해산물 양식에까지 도전했다. 시설 내에 비닐하우스를 설치해 흰목이버섯, 토마토, 양상추, 소송채(小松菜) 등의 농산물을 재배한다.

화이트데이터센터 내 비닐하우스에서 재배하는 소송채   출처: 화이트데이터센터

아직 실증 실험 단계지만 2023년부터는 일반 소비자를 대상으로 본격적인 판매를 개시할 예정이다. 100% 친환경 방식으로 재배해 안심하고 먹을 수 있는 홋카이도산 농산품이라는 점을 내세워 시중의 농산품과 차별화를 두는 고급화 전략으로 소비자 공략에 나설 계획이다.

농산물 재배뿐만 아니라 해산물 양식에도 도전한다. 현재 전복 육상 양식 실증 실험을 진행 중이며, 최근 양식장 온도를 따뜻하게 조성해 주로 난류에 서식하는 장어 양식 실험을 하고 있다. 실제로 2021년 말 6,000마리의 장어 사육이 가능한 설비를 정비하고, 2022년 2월 1,700마리의 어린 장어를 수조에 투입해 양식 실험을 시작했다. 약 7개월에 걸쳐 출하가 가능한 사이즈(1마리당 250g 이상)로 키워 2023년까지 연간 30만 마리를 출하하는 것이 목표다. 농산물 재배와 해산물 양식을 통해 얻은 수익은 화이트데이터센터의 운용 비용을 뒷받침하는 수입원으로 활용할 계획이다.

전복 육상 양식 실증 실험 현장   출처: 화이트데이터센터

이처럼 화이트데이터센터는 '겨울에는 데이터센터에서 버려지는 열을 이용해 비닐하우스와 양식장의 온도를 높이고, 여름에는 겨우내 쌓인 눈을 이용해 데이터센터 서버의 온도를 낮춘다'는 에너지 순환 모델의 성공 사례로 세간의 이목을 집중시킨다.

디지털 전환 가속화로 급증하는 데이터센터 수요

5G, AI, 빅데이터 활용 확대, 자율주행, 원격 의료, 공장 IoT화 등 전 세계적으로 디지털화 수요가 급증하면서 데이터 처리량은 하루가 다르게 증가하고 있다. 게다가 최근 코로나19 사태로 자택에서의 PC 이용 시간이 크게 늘면서 데이터 소비량과 처리량이 기하급수적으로 늘어났다. 일본 경제산업성의 조사에 따르면, 향후 10년 내에 데이터 소비량은 지금의 30배 이상으로 급증할 것으로 전망된다. 예를 들어 향후 자율주행이 본격적으로 보급되면 차량 1대당 하루에 영화 1,000편 분량(1,000GB)의 데이터가 수집되고, 그 데이터 처리에 수십만 대의 PC가 필요하게 될 것이라고 경제산업성은 지적한다. 오늘날 데이터는 '21세기의 석유'라 불릴 정도로 중요한 자원으로 인식되는 만큼, 데이터센터의 중요성에 사람들의 이목이 집중되는 것은 당연한 일이다.

현재 데이터센터 운영에서 압도적인 존재감을 과시하는 나라는 단연 중국이다. 데이터센터의 면적 기준으로 비교했을 때 중국이 172만 9,000㎡로 압도적 1위를 차지하고 있으며, 2위 일본(42만 3,000㎡), 3위 싱가포르(41만 7,000㎡)와의 격차는 갈수록 확대되는 양상이다. 그러나 최근 데이터센터나 서버가 해외에 있는 경우에 현지의 법적 규제를 받거나 치안

정세에 따라 안전성에 영향을 받는 등 국가 리스크에 대한 경각심이 높아지면서 데이터센터 소재지를 자국 내로 이전하려는 움직임이 늘었다.

재해 리스크를 고려한 데이터센터의 지방 분산화

현재 일본에서는 데이터센터 신설 붐이 불고 있으며 도쿄와 오사카 지역을 중심으로 데이터센터 건설이 대거 진행 중이다. 2대 거점에 데이터센터 건설 수요가 몰리는 가장 큰 이유는 데이터를 실제로 사용하는 기업과의 물리적 거리가 가깝기 때문이다. 또한 통신 환경이 잘 정비되어 있어 접속이 용이하고, 문제 발생 시 담당자가 직접 방문하기 편리하다는 이점도 무시할 수 없다. 실제로 일본정책투자은행 조사 결과에 따르면, 2018년 기준 일본 내 데이터센터의 60%는 도쿄를 중심으로 한 관동 지역에 위치하며 20%는 오사카를 중심으로 한 관서 지역에 집중되어 있다.

한 가지 우려되는 점은 데이터센터가 집중된 일본 수도권 지역과 관서 지역에 지진 등의 재해 리스크가 존재한다는 점이다. 일본 정부에 따르면 수도권에서 진도 7 규모의 직하지진이 향후 30년 이내에 약 70% 확률로 발생할 것으로 예측되며, 관서 지역에서는 진도 8 규모의 거대지진이 향후 40년 이내에 약 90% 확률로 발생할 것으로 예상된다. 최근 들어 일본 각 지역에서 지진과 쓰나미가 빈번하게 발생함에 따라 기업의 사업연속성계획Business Continuity Plan, BCP 관점에서 재해 발생으로 인한 본사 기능 상실 시 백업 플랜으로 원격지에 서버를 두는 기업이 늘어났다. 민간 기업뿐 아니라 일본 정부 차원에서도 향후 데이터센터의 지방 분산을 지원하겠다고 밝힌 바 있다. 구체적으로는 경제산업성이 지방에 대규모

데이터센터를 건설할 사업자를 공모하고 토지를 조성해 전력·통신 인프라 정비에 요구되는 비용의 일부를 지원할 계획이다. 총무성은 데이터센터 건설기금을 설치해 수도권 1도 3현 이외 지역에 입지하는 것 등을 조건으로 데이터센터 건설 비용 일부를 보조할 예정이다.

안정적인 전력 확보도 시급한 과제다. 디지털 수요 증가에 따라 데이터 유통량이 폭증하면서 데이터센터의 전력 소비도 급증했기 때문이다. 데이터센터가 집중된 아일랜드는 2030년 자국 전력 소비의 25%를 데이터센터가 차지하게 될 것이라는 예측을 토대로 데이터센터 사업자에 대한 규제를 마련했을 정도다. 일본의 과학기술진흥기구 저탄소사회 전략센터의 추정에 따르면, 기기 성능이 현재 수준이라는 전제하에 데이터센터의 전력 소비는 향후 10년 내에 15배로 늘어날 전망이다.

일본 환경성의 재생에너지 정보 제공 시스템에 따르면 홋카이도는 풍력 발전, 태양광 발전, 소수력 발전 분야에서 도입 잠재력* 전국 1위를 차지하며, 지열 발전 분야에서도 3위에 랭크됐다. 이처럼 전력 수급 측면에서도 유리한 조건을 지닌 홋카이도에 대한 데이터센터 유치 열기는 갈수록 뜨거워지고 있다.

화이트데이터센터 구상을 처음 내놓았던 주식회사 화이트데이터센터의 혼마 히로타츠(本間弘達) 대표는 "홋카이도에는 비바이 시를 비롯해 과거에 탄광 도시로 번성했던 곳이 많다. 당시에 귀중한 에너지원이었던 석탄을 '검은 다이아몬드'라고 불렀다면, 이제는 눈을 '하얀 다이아몬드'라고 부른다. 하늘에서 쏟아지는 '골칫덩이'가 아니라 보물인 셈이

---

* 각종 자연조건·사회조건을 고려한 에너지의 크기(kW) 또는 양(kWh 등). 부존량 중 에너지의 채취·이용에 관한 여러 제약 요인(토지의 경사, 법 규제, 토지 이용, 거주지로부터의 거리 등)에 의해 이용할 수 없는 것을 제외한 추계 시점의 에너지 크기(kW) 또는 양(kWh 등).

다. 발상을 조금만 전환하면 쓸모없어 보이는 것도 유용한 에너지자원으로 활용할 수 있다"고 전했다.

데이터센터 수요 증가와 재생에너지 활용

한국데이터센터연합회에 따르면 국내 상업용 데이터센터는 2020년 기준 5조 원 규모로, 2025년까지 연평균 15.9% 이상 성장해 시장 규모가 2배 이상 커질 전망이다. 해외 데이터 시장 규모 역시 2018년 1,830억 달러(약 237조 9,000억 원)에서 2023년 4,370억 달러(약 568조 1,000억 원)로 성장할 것으로 예측된다. 이렇게 데이터센터 수요가 급증하는 만큼 친환경 데이터센터 구축을 위한 기업의 움직임도 빨라지고 있다. 네이버나 카카오 같은 대형 IT 기업의 경우 각각 세종과 안산에 친환경 데이터센터 건립에 돌입했고, 하수처리장에 친환경 데이터센터를 건립하는 프로젝트도 본격 추진 중이다.

또한 한국은 적설량이 많은 환경조건을 갖춘 만큼, 일본 비바이 시의 사례를 참고해 적설량을 활용한 재생에너지 이용, 데이터센터를 매개로 한 코제너레이션(발전 과정에서 발생하는 열을 이용해 에너지 절감 효과를 높이는 시스템)의 도입 여지도 상당할 것으로 보인다. 제설 작업 부담, 교통 장애 요소 등으로 인해 '골칫덩이'로 여겨져왔던 눈이 앞으로는 국력에 보탬이 되는 에너지원이 될지도 모를 일이다.

하세가와 요시유키(도쿄무역관)

푸드-FOOD

지구의 안녕을 위한

미래형 대체식품

2022년 초 전쟁이 야기한 글로벌 공급망 위기는 식량 안보의 중요성을 다시 한 번 각인시켰다. 기후변화 역시 세포배양식품, 대체식품 같은 미래식량에 대한 연구를 앞당겼다. 지구온난화의 주범 중 하나인 농축산업의 대안을 찾는 과정에서 해조류, 곤충, 식물 등이 대체식량으로 떠오른 것이다. 더불어 동물복지와 환경보호를 우선시하는 채식주의자들의 숫자도 늘어나고 있다. 지구를 생각하는 가치소비의 급부상이 가져온 식문화의 변화와 지속가능한 미래식량을 만드는 푸드 테크의 현주소를 살펴본다.

실험실에서 탄생한
미래 식량이
식탁을 바꾼다

홍콩

2021년 넷플릭스Netflix에서 방영된 다큐멘터리 〈씨스피라시Seaspiracy〉는 위기에 처한 해양 환경에 대한 논의를 수면 위로 끌어올렸다. 해양 생태계 파괴의 주범인 과도한 상업적 어업 활동이 해양 생물을 몰살하며 바다를 오염시키고 있음을 널리 알린 것이다.

수산물에 대한 소비자 수요가 늘면서 상업적 어업 활동의 규모는 계속 확대되고 있다. 동물 복지를 위해 세계적으로 육류 섭취를 지양하자는 소비자가 많아지는 것처럼, 바다를 살리기 위해 해산물 섭취를 줄이자는 목소리도 점차 커진다. 그러나 우리가 즐겨 먹던 해산물을 포기하는 것은 결코 쉬운 일이 아니다. 문제는 우리의 욕구를 충족하면서도 해양 생태계에 대한 영향력을 최소화할 선택지가 과연 있느냐다. 이런 지속가능한 소비, 이른바 '착한 소비'의 답으로 거론되는 것이 최근 홍콩에서 '미래 식량 Futuristic Food'으로 급성장한 세포배양 수산물이다.

어류를 도살하지 않으면서 맛과 영양은 그대로

〈포브스 Forbes〉 등에 보도되면서 유명세를 탄 홍콩 푸드테크 Food Tech 기업 어반트미트 Avant Meats는 2018년부터 세포 기술 연구에 집중해왔다. 창업자인 캐리 찬 Carrie Chan은 어렸을 때부터 해양 환경 보호에 관심을 가졌으며, 해양 생물이 몰살되는 장면을 보면 충격을 받곤 했다. 과도한 어업 활동으로 해양 생태계가 악화될 경우 우리가 먹는 해산물이 중금속, 미세플라스틱, 기생충 등에 영향을 받을 수 있기 때문에, 스스로를 위해서라도 해양 생태계 개선을 위해 노력해야 할 의무가 있다고 생각했다. 이런 생각을 바탕으로 캐리는 2019년 생명공학 전문가인 마리오 찬 Mario Chin 박사와 함께 수산물을 대체할 수 있는 세포배양 수산물을 개발해 수산식품 업계에 큰 변화를 일으켰다.

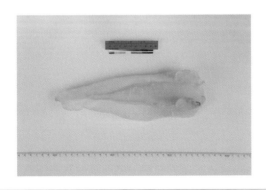

중국, 홍콩, 동남아 등지의 귀한 식재료 생선 부레   출처: 홍콩케이터링서비스관리협회

어반트미트는 홍콩에 첫 실험실을 설립하고 세계 최초의 세포배양 생선 부레Fish Maw 프로토타입을 탄생시켰다. 생선 부레는 전복, 해삼, 상어 지느러미Shark's fin와 같이 중국 요리의 '4대 보물(鮑參翅肚)'이라 불리는 귀한 식재료로 홍콩, 중국 본토, 동남아 등지에서 수프 재료로 주로 활용한다. 세포배양 부레의 제조 방법은 어류를 도살하는 대신 이들의 몸에서 줄기세포를 채취해 세포만 분리한 뒤, 영양분이 공급되는 배양기에서 이를 배양하는 것이다. 기존의 부레와 비슷한 맛을 내면서 실제 어류에서 채취한 풍부한 단백질, 칼슘Calcium, 인Phosphorus*과 같은 영양소를 제공할 수 있다는 점에서 식물 기반Plant-based 어류 대체식품보다 우수하다.

세포배양 부레를 활용한 부레 수프

출처: 어반트미트

---

* 인체에서 칼슘 다음으로 많은 무기질로 골격 구성, 체액의 pH 평형 유지, 신체 구성, 비타민 및 효소의 활성화 등 중요한 역할을 한다.

게다가 뼈와 비늘을 손질할 필요가 없어 조리 과정도 편리하다. 홍콩 고급 호텔 가운데 하나인 이스트홍콩EAST Hong Kong에서 총괄셰프를 맡았던 에디 렁Eddy Leung 셰프는 기존 부레 수프 레시피에 세포배양 부레를 활용해본 후 "조리되기 전 질감이 끈적끈적하고 젤라틴이 들어간 느낌이 들어 실제 생선 부레와 비슷하다. 익힌 후에는 끈적함이 줄었지만, 스펀지처럼 부풀어 오른다"고 평가했다.

세포배양식품의 성장, 소비자 수용도와 가격이 관건

몇 년 전까지만 해도 실험실에서 만들어진 생선과 고기를 먹는 것은 상상조차 할 수 없었지만, 최근 친환경 소비와 같은 메가트렌드Megatrend의 영향으로 인공적으로 만든 미래형 음식에 대한 소비자들의 수용도가 꾸준히 상승하고 있다. 2020년 싱가포르 식품청Singapore Food Agency, SFA은 세계 최초로 배양 닭고기의 안전성을 확인하고 판매를 승인했다. 그 이후로 배양육을 도입하는 식당들이 많아지면서 미래형 식품을 활용한 메뉴 또한 다양해졌다. 홍콩의 경우 현재 배양 생선이나 배양 육류와 관련된 규정이 아직 없기 때문에, 세포배양식품이 우리 식탁에 올라오는 일반식품으로 보급화되기까지 세포배양식품 판매에 대한 입법 논의, 안전성 평가 기준 마련 등의 절차가 선행돼야 할 것이다.

세포배양식품 판매에 대한 논의 시, 법적인 문제 외에 상품 가격도 중요한 문제다. 대부분의 신기술과 마찬가지로 세포배양 기술의 개발 비용 부담은 상당히 높은 것으로 알려져 있다. 어반트미트에서 생산한 생선은 개발 초기 1파운드를 생산하는 데 900달러(약 117만 원)가량의 막대한 비용이 들었다. 홍콩의 미슐랭Michelin 3스타 레스토랑에서 먹을 수 있는 생선 부레 구이에 비해 2배 가까이 비싼 셈이다. 그럼에도 불구하고, 배양육에 대한 수요가 증가하면서 어반트미트는 생산 규모를 확대해 배양 생선 1파운드의 생산 비용을 70달러(약 9만 1,000원)로 줄였다. 향후 싱가포르로 생산기지를 넓히면 14~18달러(약 1만 8,000~2만 3,000원)까지 가격을 낮출 수 있을 것으로 예상한다.

싱가포르에서 최초로 승인한 세포배양 닭고기 제품(좌)　　　　　　　출처: 굿미트(Good Meat)
대규모 생산을 통해 상품화될 예정인 세포배양 생선 필레(우)　　　　　　　　출처: 어반트미트

　이처럼 가격은 소비자와 식당들이 배양 수산물에 대한 수용 속도를 촉진할 수 있는 핵심적 요소가 될 것으로 분석된다. 글로벌 컨설팅 기업 에이티커니AT Kearney는 2040년 식탁에 오르는 고기 중 35%가 실제 고기가 아닌, 세포로 만든 배양육으로 바뀔 것이라는 획기적 전망을 내놓았다. 세포배양 생선이 다른 미래 식량과 함께 우리 식탁의 풍경을 바꾸는 식재료로 자리할 날도 머지않은 셈이다.

해양 생물 세포에서 채취한 단백질이 피부에 좋다?

최근 몇 년간 줄기세포 등 세포 관련 기술이 화장품 산업에도 활발히 응용되고 있다. 이에 세포 기술 화장품의 성공 가능성을 확신한 어반트미트는 2021년 세계 최초로 해양 생물 세포배양 콜라겐 제품인 '젤루린Zellu-lin'을 출시하며 수산식품 산업을 넘어 기능성 화장품 산업에 출사표를 던졌다. 젤루린은 무취의 해양 폴리펩타이드Polypeptide* 분말로 보습 스킨케어에 원재료로 첨가할 수 있으며, 기존의 콜라겐보다 더 강력한 피부 재생과 항산화 효과를 내는 것이 장점이다. 외부 오염으로부터 피부를 보호할 수 있어 안티에이징 화장품계의 새로운 강자로 떠오른다.

해양 생물 세포배양으로 만든 젤루린   출처: 젤루린

• 천연 아미노산(Amino acid) 사이에 존재하는 펩타이드 결합으로 연결된 짧은 사슬로, 단백질과 비슷하지만 분자량이 단백질보다 작은 게 특징이다. 수용성 물질로 호르몬·효소 억제, 항산화, 항바이러스 등의 기능이 있다.

무엇보다 세포배양 기술을 활용하기 때문에 살아 있는 동물을 도살하거나 복잡한 생산 과정을 거칠 필요가 없다. 어반트미트의 캐리 찬 사장은 앞으로도 다양한 기능성 화장품 기업과 협업해 동물에게 피해를 주지 않는 윤리적이면서 친환경적인 화장품을 개발하겠다는 의지를 보였다.

1인당 수산물 소비량 1위인 한국, 해양 세포배양 기술 사업을 발전할 기회 잡아

OECD가 발간한 '수산업 보고서 2020'에 따르면, 2018년 기준 한국의 1인당 연간 수산물 소비량은 약 68kg으로 전 세계 1위에 해당한다. 20.5kg에 불과한 전 세계 1인당 평균 소비량과 비교하면 한국은 명실상부 수산물 소비 강국이다. 하지만 바꿔 생각하면 막대한 수산물 소비 수요만큼이나 이에 따른 해양 생태계 파괴가 매우 심각하다는 의미일 수도 있다.

세포배양 수산물은 기존 수산물의 윤리적, 친환경적 대체재로서 한국에서의 성장 잠재력 또한 매우 큰 편이다. 홍콩의 어반트미트뿐만 아니라 미국의 핀리스푸드FinlessFoods, 블루날루BlueNalu 등 국제적인 푸드테크 기업에서도 세포배양 수산물, 수산식품에 대한 연구가 활발히 이루어지는 만큼, 한국의 푸드테크 기업들도 지속가능한 미래 식량 발굴에 기여할 수 있을 것으로 전망된다.

이와 관련한 움직임도 빨라지고 있다. 세포배양 미래 식량을 연구 개발하는 푸드테크 스타트업의 숫자가 늘어나고, 해양수산부에선 '수산 식품산업 육성 기본계획'을 수립, 2023년까지 세포배양 수산물을 개발하고 대체 생산물에 집중하겠다는 계획을 발표했다. 2022년 7월에는 식품

의약품안전처 주관으로 '식품 분야 규제혁신 국민 대토론회'를 개최해 세포배양 등 신기술을 적용한 신소재를 식품 원료로 인정하는 방안을 논의했다. 이외에도 한 푸드테크 스타트업이 세포배앙으로 탄생한 '독도 새우' 시제품 시식회를 열어 세간의 관심을 집중시키기도 했다.

해양 세포 기술 기반 화장품 역시 향후 성장이 더욱 기대되는 분야다. 해조류, 해양 심층수, 건강한 어류 등에서 채취한 세포를 배양해 이를 활용한 주름 개선, 미백 기능의 안티에이징 제품을 개발할 수 있기 때문이다. 세포배양과 같은 생명과학 기술을 접목한 식품 및 화장품이 점점 활발히 개발될 것으로 예상되는 가운데, 이러한 트렌드가 해양 생태계에 어떠한 변화를 가져오게 될지 더욱 기대된다.

아이비 시토(홍콩무역관)

FOOD

식물 유제품

곡물 생선?

지속가능한 식품

암스테르담

크리스토퍼 놀란$^{Christopher\ Nolan}$ 감독의 영화 〈인터스텔라^{Interstellar}〉는 미래 식량위기에서 시작한다. 기후변화와 병충해 등으로 식물 재배가 어려워 지면서 인류가 식량 부족에 시달리게 된 것이다. 주인공 가족은 황무지 처럼 변한 지구에서 살아남기 위해 옥수수를 키워 자급자족한다. 리들리 스콧$^{Ridley\ Scott}$ 감독의 영화 〈마션$^{The\ Martian}$〉에도 화성에 불시착한 주인공 이 살아남기 위해 기지 내에서 감자를 키우는 장면이 등장한다. 미래를 상상하고 앞서 예견하는 SF 영화의 단골 주제 중 하나가 바로 식량위기 인 셈이다. 그리고 SF 영화에서 보던 일이 더 이상 먼 미래의 일이 아닌 현실이 되고 있다.

세계를 먹여 살릴 건강하고 맛있는 선택, 대체식품

'세상에 영원한 것은 없다'는 문구는 식량위기 문제에도 통용된다. 한때 우리나라 바다에서 흔히 잡히던 명태는 대부분 러시아산으로 대체된 지 오래고, 2070년이 되면 우리나라에서 사과와 배를 재배할 수 있는 지역은 강원도 산간 지역이 유일해질 것이라고 한다. 이미 식량위기가 심각한 지역은 최근 곡물 가격 불안정, 공급망 교란, 기후변화로 상황이 더욱 악화되고 있다. 그동안 대체육을 비롯한 대체식품 관련 수요를 채식을 선호하거나 동물 복지를 중요하게 여기는 일부 사람들만의 선택으로 생각했다면, 이제는 지속가능한 식생활을 위한 우리 모두의 고민거리로 생각하고 준비해가야 한다.

이런 고민에 다소간의 실마리를 제공해줄 나라가 바로 네덜란드다. 네덜란드는 대한민국 면적의 절반도 안 되는 작은 나라지만, 미국에 이어 세계 제2위의 농산물 수출대국이자 세계에서 손꼽히는 규모의 민간 연구 개발 자금이 투입되는 식품 산업 선도국이다. 최근에는 식품 가공 과정을 첨단화하고 영양과 맛을 책임지는 원료를 다각화하는 등 대체식품 개발이 식품 산업의 트렌드로 자리 잡았다. 이 같은 변화는 우리나라의 경우도 마찬가지다. 어차피 식단을 바꿔나가야 할 상황이라면 미래의 우리에게 어떤 선택지가 있을지 네덜란드 기업의 사례를 통해 확인해보는 것도 좋을 듯하다.

해초로 구현한 육즙 가득한 소고기의 감칠맛

우마미트Umameats는 세계 최고의 네덜란드 농식품 연구 대학인 바헤닝언대학교연구소^{Wageningen University & Research}에서 출발한 스핀오프 기업으로 소고기와 해초를 독특하게 조합한 재료로 햄버거와 소시지의 맛을 구현한다. 짭짤한 해초를 활용해 독특한 풍미를 더하되 지방과 소금은 덜 들어간 게 장점이다. 이 같은 특징 때문에 우마미트는 2018년 올해의 스타트업, 2019년 네덜란드 대표 일간지〈FD^{Het Financieele Dagblad}〉가 선정한 올해의 젊은 기업^{Young Talents}, 2020년 호텔·케이터링 박람회 인터노르가^{Internorga}가 선정한 혁신 기업으로 꼽히며 시장에서 좋은 평가를 받고 있다.

우마미트 소시지와 버거 제품   출처: 우마미트

우마미트를 설립한 멘델트 틸레마^{Mendelt Tillema}는 식재료로서 해조류의 잠재력이 크다고 봤다. 특히 그는 해조류가 혈압, 콜레스테롤, 당뇨, 비만 등을 개선하는 데 도움이 되며, 바다에서 자라는 원료라 따로 경작할 땅이 필요하지 않다는 것을 장점으로 꼽았다. 현재 우마미트는 해조류의 독특한 감칠맛을 끌어내기 위해 포프 위르스마^{Foppe Wiersma} 셰프와 함께 식품 개발에 착수하고 주요 제품으로 우마버거^{UmaBurger}와 우마소시지^{UmaWorst}를 선보였다. 이 과정에서 우마미트는 미역을 사용해 소고기의 감칠맛과 육즙을 최대한 살리려 노력했고, 덕분에 지방이 적고 조

리가 까다로운 데다 감칠맛도 떨어져 요리에 잘 사용되지 않던 젖소의 살코기마저 버리지 않고 식재료로 활용할 수 있었다. 우마미트의 제품을 사용해본 셰프들 역시 오랜 시간이 지난 후에도 고기에 육즙이 남아 있어 더욱 오래 맛을 유지할 수 있고, 소비자들의 까다로운 입맛을 사로잡기에도 충분하다고 평했다.

제과·제빵부터 스포츠 영양식까지, 곤충에서 얻는 양질의 단백질

이제는 곤충도 인간의 먹이사슬에 망설임 없이 포함해야 하는 때가 됐다. 일각에서는 전 세계 사람들의 음식 섭취 수요를 충족하기 위해 식량 생산량을 2050년까지 지금보다 70%가량 늘려야 한다고 보고 있다. 이런 상황에서 곤충은 생각보다 효과적인 단백질 공급원이 될 수 있다. 연구에 의하면 같은 양의 곡물 사료를 먹은 곤충을 통해서 얻는 단백질 양은 소를 통해서 얻는 양의 5배가량에 달한다고 한다. 더불어 전통적인 축산업을 영위하기 위해 필요한 토지와 자원에 대한 우려가 큰 가운데 대체식량 공급원을 찾음으로써 기후변화와 생물 다양성 악화를 방지하는 데도 도움이 된다.

실제로 암스테르담에서 1시간 거리에 위치한 프로티팜Protifarm은 수직농법을 통해 매년 1,000톤의 식용 거저리를 키운다. 딱정벌레목의 곤충인 거저리는 식용으로 많이 활용된다. 프로티팜은 거저리 유충을 키워내 분말로 만든 후 영양바나 스포츠음료 제조에 사용하기도 하고, 고기처럼 요리할 수 있게 두부 같은 질감의 단백질 덩어리로도 만든다. 또한 곤충을 통해 얻는 기름은 어류 양식 먹이에 첨가하기도 한다.

2021년 프랑스 곤충 양식 회사 인섹트^{Ynsect}에 인수된 프로티팜은 시설을 확장해 곤충 생산량을 2만 톤까지 늘리는 것을 목표로 하고 있다. 인수는 2021년 1월 유럽식품안전청^{European Food Safety Authority, EFSA}이 거저리를 식용으로 승인한 이후 이뤄졌는데, B2B 시장의 수요 증가에 대응해 대체단백질 시장 진출의 발판을 다지고 있다. 또한 바헤닝언대학교를 비롯한 여러 연구진들과 함께 파스타, 제과·제빵, 대체육, 반려동물 식품 등에서부터 보다 전문적인 스포츠 영양식까지 다양한 분야에서 기능할 수 있는 음식을 개발 중이다.

곤충 단백질로 만든 디저트　　　　　　　　　　　　　　　　출처: 인섹트

식물 종자의 지방을 활용해 크리미한 질감을 재현한 유제품

2020년 설립된 타임트래블링밀크맨^{Time Travelling Milkman, TTM}도 우마미트처

럼 바헤닝언대학교에서 시작된 기업이다. TTM은 지속가능한 동시에 소비자들의 식욕도 돋워주는 유제품용 식물성 지방 성분을 B2B 중심으로 생산·판매한다. 특히 TTM은 최근 식물성 유제품을 종자의 지방을 통해 얻는 새로운 시도로 관심을 집중시켰다.

일반적으로 식물성 유제품은 팜유나 코코넛오일을 화학물질과 섞어 크리미한 질감을 표현한다. 하지만 최근 팜유 재배 과정에서 열대우림이 파괴되고 긴 유통 과정으로 탄소 배출을 가속화하며 우려의 목소리가 커지고 있다. 이에 TTM은 종자를 압착해 얻은 기름으로 유제품용 기름을 개발해 보다 지속가능한 대안을 찾아내는 데 성공했다.

견과류 유제품   출처: 타임트래블링밀크맨

소비자들이 '대체식품은 일반식품보다 맛이 없다'고 느끼는 이유는 크림처럼 풍성한 맛을 내주는 지방이 부족하기 때문이다. 문제는 식품 업계에서 대체지방을 찾는 건 대체단백질원을 찾는 것보다 더 어려운 과제라는 데 있다. 이에 TTM은 식물성 지방을 얻을 수 있는 올레오솜^{Oleo-}

some에서 해결의 실마리를 찾아냈다. 올레오솜은 종자의 세포 내 존재하는 기관으로 지방을 저장하는 역할을 한다. 이런 올레오솜이 만들어내는 지방의 수많은 작은 막은 유지방 방울의 막과 구조가 유사해 크림 같은 질감을 만들어내는 게 가능하다. TTM이 올레오솜을 찾아낸 것처럼 식물성 지방이 유지방을 대체할 방안을 계속해서 찾아나간다면, 축산업으로 인한 탄소 배출량을 줄이고 동물 복지를 개선하는 데 큰 기여를 할 것으로 기대된다.

해조류와 곡물을 활용해 특유의 맛과 향을 살린 생선

바다의 오염과 수온 증가로 우리 주변에서 흔히 볼 수 있는 생선의 어획량과 종류도 달라지고 있다. 하지만 아직까지 대체육 시장은 붉은 육류 대체품을 중심으로 확대될 뿐, 생선육을 대신할 식품을 찾는 건 어려운 현실이다. 이런 상황에서 2019년 설립된 노비시Novish는 유럽 최초로 식물을 활용한 생선 대체품을 선보여 세간의 주목을 받고 있다.

노비시는 네덜란드어로 생선을 뜻하는 '비시Vis'와 아니라는 뜻의 '노No'를 결합한 명칭으로, 해조류를 활용해 생선의 맛과 향을 구현한다. 또한 대다수의 대체육 기업들이 콩에 기반한 대체육을 생산하는 데 반해, 노비시는 쌀, 밀가루, 귀리 등의 곡물을 활용한 대체육 개발에 초점을 맞춘다. 현재 노비시는 스틱, 너깃, 버거용 패티 같은 제품을 공급하는데, 앞으로는 가리비, 회 등 보다 다양한 제품의 개발에도 힘을 쏟을 계획이다. 더불어 노비시는 "소비자들이 전적으로 대체식품만 찾는 걸 기대하진 않지만, 일반식품을 섭취하면서 가끔씩 여러 선택지의 하나로 대체식품을 섭취한다면 바다 생태계 회복과 균형 잡힌 식단 운영에 큰 도움이 될 것이다"라는 점도 강조했다.

노비시의 생선 대체품
출처: 노비시

더 맛있고 건강해서 먼저 찾게 되는 대체식품의 시대

네덜란드의 식당이나 슈퍼마켓에서 두유나 대체육을 사용한 음식을 찾는 건 이제 더 이상 낯설거나 어려운 일이 아니다. 한때 새로운 개념의 음식으로 각광받던 대체식품이 우리의 일상 곳곳에 자연스럽게 자리를 잡아가고 있는 것이다. 더욱이 환경과 건강은 앞으로도 소비자에게 최우선 고려사항이자 선택 기준으로 자리할 것이 분명하다. 대체식품 역시 이러한 수요에 부합하는 선택지로 인기를 더해갈 것으로 보인다.

한국의 경우 이 흐름이 좀 더 유리하게 작용할 가능성이 높다. 곡물, 버섯, 해조류 등 대체원료로 자주 쓰이는 식재료에 상대적으로 더 익숙하기 때문이다. 게다가 대체원료의 활용과 함께 3D 프린팅, 나노테크, 세포공학, 스마트 파밍 기술 등 좋은 품질의 식품을 짧은 시간 내 대량 생산할 수 있도록 돕는 푸드테크에 대한 기대도 커지고 있다.

한국경제신문 2022년 8월 17일자에 게재된 정황근 농림축산식품부 장관의 기고문에 따르면, 푸드테크는 전 세계 식품 산업의 미래 성장동력으로 주목받는다. 이에 따른 근거로 전 세계 식물성 대체식품 시장 규모가 2030년 1,620억 달러(약 210조 6,000억 원)에 이를 것이라는 업계 전문가들의 예견, 대체식품 기술로 조 단위 기업 가치를 인정받은 미국 기업의 사례, CES 2022가 올해 주목해야 할 5대 기술 트렌드 중 하나로 푸드테크를 선정한 것 등을 꼽았다. 더불어 국내 푸드테크 산업의 경우, 2021년 드디어 기업 가치 1조 원 이상의 유니콘 기업˚이 등장한 데 이어, 2022년 7월에는 정부, 기업, 학계, 연구 기관이 함께하는 '한국푸드테크

˚ 기업 가치가 10억 달러 이상이고 창업한 지 10년 이하인 비상장 스타트업 기업을 뜻한다.

협의회'가 출범했다는 점을 강조했다.

국내 기업들의 대체식품 개발 및 제품군 다양화도 가속화하는 추세다. 식품 업계를 대표하는 기업들이 속속 대체육을 비롯한 채식 전문 브랜드를 선보이고 제품군을 확대하며 호평을 받고, 푸드테크를 전문으로 하는 별도 법인을 설립하거나 오프라인 외식 사업 진출을 선언하는 등 발빠른 움직임을 계속해나가고 있다. 국내 식물성 대체육 시장 규모도 매년 확대된다. 한국농수산식품유통공사에 따르면 2020년 1,740만 달러(약 226억 2,000만 원)였던 시장 규모가 2025년에는 2,260만 달러(약 293억 8,000만 원)로 성장할 전망이다. 더불어 2030년이 되기 전 대체육 시장이 전 세계 육류 시장의 30%를 차지할 것이란 분석도 내놓았다.

이런 추세대로라면 머지않은 미래에는 대체식품의 개념이 원래 즐겨 먹던 음식이 없어 어쩔 수 없이 먹어야 하는 음식이 아니라, 더 맛있고 건강해서 오히려 먼저 찾고 선택하는 음식으로 바뀔지도 모를 일이다.

베툴 부룻, 이혜수(암스테르담무역관)

집 근처 마트에 실내 농장이 있다?

함부르크

독일 괴팅겐Göttingen에 사는 크리스틴Christin은 채식주의자다. 육류를 즐겨 먹던 그녀는 기후변화와 환경보호를 생각하며 5년 전부터 채식을 시작했다. 주로 양배추, 바질 페스토, 치커리, 당근 등의 샐러드 믹스로 끼니를 해결하는데, 이들 채소를 구매하러 집 앞에 있는 도보 200m 거리의 마트에 자주 간다. 특이한 건 마트에 있는 '실내 농장'을 이용한다는 점이다. 일반적인 마트의 경우 채소 코너 근처에 가면 시원한 인공 바람이 쌩쌩 나온다. 시골에서 재배한 농작물을 신선한 상태로 보관하기 위해 도시 내 매장에서도 쾌적한 온도를 유지하는 것이다. 그럼에도 대부분의 소비자는 본인이 구입할 채소가 싱싱한지, 썩은 부분은 없는지 등을 하나하나 꼼꼼히 확인하고 구입한다. 하지만 크리스틴은 전혀 그럴 필요가 없다. 마트 안에 인팜Infarm에서 제공하는 실내 스마트 농장이 있기 때문이다. 덕분에 언제든 다양한 종류의 신선한 채소를 걱정 없이 구매할 수 있게 됐다.

채식주의자들의 사랑을 받는 나라, 독일

크리스틴 같은 채식주의자들의 열렬한 지지를 받는 실내 스마트 농장처럼, 함부르크 중심가에 위치한 맛집 '러빙후트베간벨트Loving Hut VeganWelt'는 채식주의자 전용 식당으로 유명하다. 약 20명 정도가 먹을 수 있는 실내 공간에서 아시아 음식을 주로 판매하는데, 그리 큰 공간이 아닌 만큼 점심 시간만 되면 입구에 줄이 길게 늘어선다. 근처 직장인들이 점심 시간에 맞춰 삼삼오오 식사를 하러 오기 때문이다.

채식주의자 전용 식당이라고 하면 샐러드 등을 포함해 육류가 아닌 음식들만 있을 것 같지만, 대표 메뉴로는 쌀국수, 분짜 등 일반적인 베트남 음식과 함께 바비큐 그릴 꼬치가 꼽힌다. 평소 채식주의에 대해 잘 모르는 이들은 다소 의아해하며 고개를 갸우뚱할 수 있는 대목이다. 하지만 실제 쌀국수에 나오는 고기나 바비큐 그릴은 우리가 흔히 알고 있는 돼지고기, 소고기가 아니라 일종의 대체육이다. 대체육은 콩과 같은 식물성 재료를 활용해 고기의 모양과 식감을 본떠 만든 식물 기반의 단백질 식품이다. 슈바인스학세Schweinshaxe와 소시지의 나라로 유명한 독일에서도 이처럼 채식주의자용 음식이 다변화하고 있는 셈이다. 실제로 2020년 독일의 대체육 생산량은 8만 3,700톤으로 2019년에 비해 39%나 증가했다. 시장 규모도 2019년 2억 7,280만 유로(약 3,628억 원)에서 2020년에는 이보다 37%나 증가한 3억 7,490만 유로(약 4,986억 원)를 기록했다.

대체육 시장이 커지는 이유는 간단하다. 환경에 대한 인식이 높아졌기 때문이다. 육류와 유제품 소비를 줄이면 많은 양의 온실가스를 배출하는 공장식 축산업이 줄어든다. 공장식 축산은 전 세계 온실가스 배출량의 14.5%를 차지하며 전방위적으로 환경에 부정적인 영향을 끼친다. 이에 개인적인 차원에서라도 탄소 배출량을 줄일 수 있도록 채식을 택하는 것이다. 이처럼 독일은 ESG 시대에 맞게 전 세계 어떤 나라보다도 환경에 대한 관심이 높을 뿐 아니라, 채식주의를 포함한 음식 분야에서도 선구적인 역할을 하고 있다.

Most Popular Cities for Vegans

		Country	Popularity Score
1		Portland	100
2		Edinburgh	94
3		Hamburg	90
4		Berlin	88
5		Amsterdam	87
5		Leipzig	87
7		Vancouver	86
7		Manchester	86
7		London	86
10		Seattle	81
11		Cologne	74
12		Stuttgart	74
13		Liverpool	73
14		Vienna	73
15		Los Angeles	72

채식주의자에게 인기 있는 도시 순위   출처: 셰프의 연필

글로벌 요식 전문 업체 '셰프의 연필Chef's Pencil'은 지난 2017년, 베를린을 '채식주의자들의 수도Vegan capital of the world'라 칭했다. 약 50개 이상의 채식주의 전용 식당과 300개가 넘는 메뉴를 제공하기 때문이다. 뿐만 아니라 함부르크 내 식당들도 채소 기반의 다양한 채식주의 음식을 개발하고 있어 전 세계 채식주의자들의 호평을 받는다.

실제로도 2020년 발표된 '채식주의자에게 가장 인기 있는 도시 순위'에서 독일 함부르크와 베를린이 각각 3위와 4위를 차지했다. 더불어 라이프치히, 쾰른, 슈투트가르트도 상위 15위 안에 드는 등 독일 도시가 5곳이나 포함됐다. 그렇다면 독일은 어떻게 채식주의자들의 사랑을 받는 국가로 자리매김할 수 있었을까?

환경친화적 자급자족의 도시를 꿈꾸다

실내 스마트 파밍 스타트업 인팜의 사명은 인도어 팜Indoor Farm에서 유래했다. 실내 농작을 하며 자급자족하는 삶을 꿈꾸던 오스낫 미샤엘리Osnat Michaeli 와 에레즈 갈론스카Erez Galonska가 2013년 독일 베를린에서 공동으로 창업했다. 두 창업자는 "도시가 자급자족할 수 있는 미래를 만들고 싶다"는 포부를 밝혔는데, 여기에 바로 인팜의 설립 철학이 담겨 있다. 맛과 영양을 모두 잡는 동시에 살충제를 사용하지 않고 식재료를 장거리로 운송하지 않음으로써 환경에도 도움이 되도록 하자는 것이다. 즉 도시 생활을 하면서 누구나 쉽게 농산물을 재배할 수 있는 방법을 개발하고자 한다. 그리고 궁극적으로 도시 안에 작은 농장들을 만들고 이러한 농장 간 연결을 통해 도심 속에서도 신선한 농산물을 쉽게 구할 수 있도록 자급자족의 도시를 구축하는 것을 목표로 한다.

인팜 공동 창업자 미샤엘리(좌)와 갈론스카(우)　　　　　　　　　　　　　출처: 인팜

　　이러한 철학을 바탕으로 설립된 인팜은 일종의 스마트 채소 재배 서비스를 제공한다. 대규모 농장 부지를 확보해서 채소를 재배하는 것이 아니라, 수직농법을 활용해 클라우드 기반으로 실내에서 알맞은 온도와 비옥한 인공 흙으로 농작물을 재배한다. ICT로 구축된 재배 시스템에는 씨앗과 모종의 구입, 재배 및 판매까지 원 프로세스One Process로 관리할 수 있는 소프트웨어가 내장됐다. 원격으로 작물의 생태 환경을 관리해 채소를 최적의 상태에서 최종 소비자에게 판매하는 것이다.

　　인팜의 가장 큰 장점은 고품질의 농작물을 도시 내 슈퍼와 식당에서도 살충제 없이 직접 재배해 신속하고 신선하게 제공할 수 있다는 점이다. 과거 농법과 비교할 때 넓은 부지가 필요 없고, 95%의 물과 90%의 운송비를 절감할 수 있다.

덕분에 인팜은 아마존 프레시^{Amazon Fresh}, 에데카^{Edeka}, 카우프란트 ^{Kaufland} 등 전 세계 11개국 20개 이상의 주요 소매업자와 파트너십을 맺고 1,400개 이상의 식당과 마트에 실내 농장을 구축했다. 인팜 창업자 갈론스카는 "현재 전 세계에서 인팜이 재배하는 채소는 25만 주 이상"이라며 "이들 각각의 데이터를 모아 전체 채소의 성장 패턴을 분석하면 보다 효율적인 농법을 개발할 수 있다"고 설명했다.

실내 농장에서 채소를 재배하고 있는 직원들   출처: 인팜

실내 재배로 고속 성장 중인 스타트업, 인팜

인팜은 2020년 베를린 내 농업 분야 기업으로는 가장 많은 펀딩을 받았으며, 2021년 12월에는 2억 달러(약 2,600억 원) 펀딩에 성공해 기업가치 10억 달러(약 1조 3,000억 원)가 넘는 유니콘 기업으로 거듭났다. 최근 인팜이 발표한 중장기 계획에 따르면, 2030년까지 20개국에 100개 이상의 재배센터를 설립하고, 이미 진출해 있는 북미, 유럽, 일본 외에도 중동 지역으로 시장을 확대할 계획이다. 전 세계 30개 이상의 소매업자와 협업해 1,850개 이상의 식당과 매장에 입점하겠다는 구상도 밝혔다. 또한 딸기, 후추, 토마토 등 품종을 다양화해 약 75종 이상의 채소를 실내 재배로 제공할 예정이다.

실내 농장에서 재배된 바질, 토마토   출처: 인팜

현재 인팜은 유럽에서 가장 큰 규모의 수직농법 재배센터를 영국 베

드퍼드^{Bedford}에 설립하고 있다. 조 처칠^{Jo Churchill} 영국 환경식품농촌부 국무차관은 "센터가 완공되면 전체 영국 인구의 90%가량을 주 소비자층으로 삼아 신선한 채소를 공급할 수 있을 것"이라며 기대감을 표명했다. 이어 처칠 차관은 "이번 센터 준공으로 혁신 기술을 통해 지속가능한 식품을 생산하는 것이 미래 산업을 좌지우지함을 알게 될 것"이라고 강조했다. 인팜은 탄소중립에 앞장서겠다는 의지도 내비쳤다. 2030년까지 스마트 파밍 시스템을 지속할 경우, 과거 농법을 이용할 때보다 약 1억 3,000만 리터의 물과 18만㎡의 부지를 절약할 수 있으며, 이를 통한 친환경 서비스를 대중화해 탄소중립에도 기여하겠다는 것이다.

영화 〈마션〉에서 확인한 실내 농업의 미래

인팜의 농장 재배센터는 마치 2015년 개봉한 맷 데이먼 주연의 영화 〈마션〉을 연상시킨다. 모래 폭풍을 만나 화성에 고립된 우주비행사 마크 와트니(맷 데이먼)는 구조선이 도착할 때까지 500일 넘게 홀로 버텨야 하는 상황에 처한다. 그는 살아남기 위해 화성에 온실 재배 공간을 만들어 감자를 재배하다가 극적으로 지구에 돌아온다.

실내 농업은 이제 먼 미래의 일이 아니다. 현재 독일 등 친환경 인식이 높은 국가에서 발 빠르게 성장하는 산업이다. 하지만 한국의 경우 아직까지 실내 농업이나 채식주의에 대한 관심이 현저히 부족하다. 한국농수산식품유통공사에서 2021년 조사한 자료에 따르면, 한국 싱인 중 완전 채식주의자는 0.2%에 불과하다. 반면 독일은 2020년 이미 전체 인구의 3.2%에 달하는 수치를 보였다. 유럽 전체 국가에서 가장 높은 수치다.

다행스러운 건 최근 한국에서도 인팜과 같은 스마트 팜 기업이 늘고 있다는 것이다. 기후변화와 식량위기로 스마트 팜에 대한 관심이 높아진 결과다. 이에 따라 지하철 내에 조성된 메트로 팜, 도심 속 수직농장 등이 확대되는 것은 물론, 소형 가전인 식물 재배기를 집 안에 들이는 가정도 늘어났다.

글로벌 리서치 회사 마켓스앤드마켓스$^{Markets\ and\ Markets}$의 2020년 스마트 농업 국내외 시장 현황 보고서에 따르면, 세계 스마트 농업 시장은 2020년 138억 달러(약 17조 9,400억 원)에서 2025년 220억 달러(약 28조 6,000억 원)로 연평균 9.8%의 성장률을 보일 전망이다. 국내 시장 역시 2020년 2억 4,000만 달러(약 3,120억 원)에서 2025년 4억 9,000만 달러(약 6,370억 원)로 연평균 15.5%의 성장이 예측됐다.

성장 잠재력이 풍부한 스마트 농업에 대한 정부와 국내 대기업의 투자 및 지원도 이어진다. 정부가 2022년 농업 분야 디지털화에 대한 투자를 본격화할 계획이라고 예고한 것이 대표적인 예다.

이제 채식주의 등 탄소중립을 위한 ESG 실천은 한국뿐만 아니라 전 세계의 시대적 사명이 됐다. IT 기술을 활용해 도심에서도 자급자족할 수 있는 실내농법의 도입은, 농업 활성화는 물론 더 많은 사람들이 자연스럽게 채식에 관심을 갖는 계기가 될 것이다. 이를 통해 한국에서도 도심 내 실내 농장이 더 많아지고 관련 산업 또한 더욱 성장하는 결과로 이어지길 기대한다.

윤태현(함부르크무역관)

유해성분은 빼고
건강은 꽉 채운
프리프롬 식품

밀라노

밀라노에 사는 30대 직장인 조반니는 퇴근길에 마트에 들르는 게 일상이다. 먼저 냉장 햄 코너에 도착하니 새로 출시된 '무방부제' 프로슈토(햄)가 눈에 띄었다. 어제 친구들과 식전주를 마시며 질산염을 제거한 프로슈토 이야기를 했던 것을 떠올리며 카트에 하나 담았다. 다음은 아이들이 아침부터 신신당부했던 초코잼을 살 차례. 잼 코너를 보니 조반니가 어릴 적 먹었던 이탈리아 '국민 초코잼' 누텔라^{Nutella} 외에도 팜유 프리^{Palm Oil Free} 초코잼, 저설탕 초코잼 등 다양한 제품이 눈에 띈다. 어떤 것을 고를지 잠시 고민하다가 최근 두오모 대성당 광장에서 진행됐던 팜유 줄이기 캠페인이 떠올라 팜유 프리 초코잼을 손에 들었다. 장바구니에 담는 식품으로나마 후대에 선한 영향력을 미치고 싶은 마음에서다. 식음료 코너를 지나자 여성에게 좋은 비타민과 콜라겐이 함유된 신제품 음료 시식 코너가 있었다. 한 모금 마셔보니 피부 미용에 관심 있는 아내가 좋아할 것 같아서 음료 한 팩을 카트에 담아 계산대로 향했다.

건강에 대한 관심이 바꿔놓은 식품 구매 기준

코로나19 팬데믹이 2년 넘게 지속되면서 이탈리아에는 일시적으로 휴업에 들어간 식당과 주점이 많아졌다. 이로 인해 시장 상황이 어려워질 것으로 예상했던 식품 업계의 우려와는 달리, 폴렌조식품과학대학교 University of Gastronomic Sciences of Pollenzo 부속 식품시장연구소는 이탈리아 식품시장이 2022년 전년 대비 약 6% 성장할 것으로 전망했다.

식품 시장의 성장과 맞물려 소비자들의 식품 구매 기준도 달라지고 있다. 코로나19 이후 건강에 대한 인식이 높아지면서 프리프롬Free From 제품에 대한 관심이 증가한 것이다. 프리프롬 식품은 글루텐을 제거한 빵이나 과자류, 무지방 우유, 설탕 함유량을 낮추거나 설탕 이외의 친환경 감미료로 만든 제로콜라 등의 음료를 포함한 개념이다. 무엇보다 인체에 유해한 성분From을 제거Free했다는 점에서 소비자들의 이목을 집중시킨다. 프리프롬이 효과적인 마케팅 수단으로 활용되는 것이다.

아페리티보 문화에 최적화한 천연 방부제 사용 프로슈토

이탈리아인들은 식사 전에 입맛을 돋우기 위해 식전주를 마시는 아페리티보Aperitivo 문화를 즐긴다. 이 식전주 식탁에서 빠질 수 없는 게 바로 프로슈토다. 하지만 요즘 질산염, 아질산염 등이 함유된 이런 경화육이 위암을 유발한다는 WHO의 발표가 있은 후 첨가제에 대한 부정적인 인식이 생기기 시작했다. 이에 발맞춰서 로바나티^{Rovagnati}, 피오루치^{Fiorucci}, 골페라^{Golfera} 등 이탈리아의 대표적인 가공 육류·햄 제조사들은 자사 제품에 인공 방부제 대신 로즈마리, 시금치, 샐러리 등에서 추출한 식물성 천연 방부제를 사용, 프로슈토와 같은 이탈리아 전통 햄과 소시지 제품을 개발해 시장에 공급하고 있다. 그 결과 무방부제 식품^{Preservative Free}이 프리프롬 제품 중 가장 큰 비중을 차지하게 됐다.

로바나티의 무방부제 햄 모르타델라와 살라미(좌)
로바나티의 무방부제 큐빅 프로슈토 코토 제품(우)

출처: 로바나티
출처: digit-eyes.com

음료부터 과자까지, 전 영역으로 확산 중인 설탕 프리프롬 식품

'달콤한 인생^{La Dolce Vita}'은 멋지게 일하고 열정적으로 삶을 즐기는 이탈리아인을 은유적으로 표현한 말로, 전 세계 곳곳에서 빈번하게 사용된다. 하지만 정작 달콤한 인생을 즐기는 현대 이탈리아인들은 언젠가부터 달콤한 맛을 내는 설탕을 건강 관리에 방해가 되는 첨가물로 인식, 설탕이 다량으로 첨가된 식품을 식탁에서 걸어내기 시작했다. 식품 업계 또한 이러한 소비자들의 수요를 반영해 저설탕, 무가당 신제품을 속속 출시했다. 그 결과 저설탕^{Low Sugar} 제품이 매년 7% 수준의 매출 증가율을 보이고, 무가당^{No Added Sugar} 제품 역시 매년 7.6%의 매출 증가율을 보이며 소비자들의 관심을 이어가고 있다.

산베네데토 무가당 스파클링 음료   출처: www.foodserviceweb.it

이탈리아 현지의 식품 모니터링 매거진 〈오세르바토리오 이마지노^{Osservatorio Immagino}〉가 2020년 6월부터 2021년 6월까지 이탈리아 시장에 출시된 1만 3,153개의 프리프롬 제품 개수를 조사한 결과, 설탕 프리프롬 식품에서는 과일주스, 콜라, 그릭요거트, 카모마일 차류 제품이 가장 많이 판매됐고, 무설탕 사탕과 무설탕 껌류 제품은 가장 판매가 적었다.

이러한 변화는 2020년 이탈리아에 도입 예정이던 설탕세*가 원인인 것으로 파악된다. 설탕세가 설탕 프리프롬 제품의 개발과 출시를 더욱 촉진한 것이다. 설탕세는 코로나19 이후 경기 회복을 이유로 시행을 연기했지만, 최근 코로나19 상황이 안정 국면에 들어섬에 따라 2023년부터 도입될 것으로 전망된다.

미주라 무설탕 비스킷과 물리노 비앙코 저설탕 비스킷   출처: 미주라, 물리노 비앙코

건강과 환경에 대한 높은 인식이 팜유 프리 식품의 인기 비결

팜유 프리 식품도 비스킷, 스낵류 등에서 이미 대세로 자리를 잡았다. 이탈리아인들이 팜유 프리 제품을 선택하는 이유는 팜유가 혈관 건강에 악영향을 미칠 뿐 아니라, 열대 지역의 삼림 파괴와도 연관이 깊다는 인식

---

* 완제품의 경우, 1헥토리터당 10유로(약 1만 3,300원)의 세금이 부과된다. 1헥토리터는 미터법에 쓰이는 부피 단위로 100리터에 해당한다.

때문이다. 건강과 환경에 대한 높은 인식이 팜유 프리 식품 선택의 배경인 셈이다. 특히 통밀 비스킷, 팬케이크, 타르트 등의 스낵류, 발라 먹는 스프레드 식품 등에서 팜유 프리 제품에 대한 소비자 선호도가 이어진다. 덕분에 2022년 팜유 프리 식품은 견고한 성장세를 유지하고 있으며, 식품 업계는 앞으로도 이러한 추세가 계속될 것으로 전망한다.

자국 음식 문화에 자부심이 강한 이탈리아인들 사이에서 최근 한국 식품 및 식재료에 대한 관심도 높아지고 있다. 아시안 음식은 건강한 식단이라는 인식 덕분이다. 멸치젓과 새우젓을 구매해 김치를 직접 담그는 이탈리아인도 찾아볼 수 있게 됐고, 밀라노 나빌리 지역의 한 바^{Bar}에서는 유자청으로 만든 퓨전 칵테일을 제공하기도 한다. 이탈리아의 대표적 젤라토(아이스크림) 프랜차이즈인 치오코라티탈리아니^{Cioccolatitaliani}에서는 생강이 함유된 '레몬생강' 맛 아이스크림을 출시하기도 했다.

밀라노 나빌리 지역 바 '본드'의 유자 칵테일(좌)
로마 레스토랑 '미라벨레'의 유자 소스 가자미 요리(우)

출처: Top Mixology Club Milano
출처: www.chefericette.com

밀라노의 한국 식품 바이어 G사의 대표가 언급한 바에 따르면, 프리프롬 식품 중에서 특히 글루텐 불내증을 가진 이탈리아인들이 한국 식품 점에서 글루텐 프리 국수를 많이 찾는다고 한다. 다만 한국의 소면은 글루텐 프리 식품임이 널리 알려져 해당 소비층이 형성된 것에 빈해, 당면과 조선간장은 글루텐 프리 제품임에도 별도 표시가 돼 있지 않아 일본 간장을 대신 찾는 경우가 많다. 때문에 향후 이탈리아 수출용 당면과 조선간장에 글루텐 프리 표기를 추가한다면 이탈리아 고객들의 구매가 늘어날 것이라는 게 G사 대표의 얘기다.

한국의 찹쌀떡 역시 이탈리아인들이 선호하는 한국 식품 중 하나다. 한국의 찹쌀떡은 일본의 모찌에 비해 찹쌀 부분이 두꺼워서 선호도가 높다. 다만 일본의 모찌는 겉면에 글루텐 프리인 찹쌀가루를 뿌리는 데 반해, 한국 찹쌀떡은 밀가루를 뿌려 글루텐 프리 제품을 찾는 이탈리아인들에게 접근이 어려운 부분이 있다. 때문에 향후 겉면에 도포하는 가루를 밀가루가 아닌 글루텐 프리 가루로 보완한다면 프리프롬 제품을 선호하는 이탈리아인들에게 더욱 친근한 제품으로 다가갈 수 있을 것이란 얘기를 덧붙였다.

한국 시장에서도 좋은 반응을 얻고 있는 프리프롬 식품

한국에도 이탈리아인들처럼 프리프롬 식품에 열광하는 이들이 늘어나는 추세다. 건강과 환경을 생각해 제품의 성분과 안전성을 꼼꼼히 확인하는 소비자의 프리프롬 식품에 대한 관심이 커져간다. 이에 따라 국내 식품 기업들 또한 원료와 기능을 차별화한 프리프롬 식품을 속속 선보이고 있다. 설탕 대신 천연 대체당을 사용한 슈가 프리, 우유 속 유당을 제거하거나 식물성 우유로 대체한 락토오스 프리, 밀가루 속 글루텐 성분을 제거한 글루텐 프리 제품들이 시장을 선도한다. 그뿐만이 아니다. 식품·유통 기업과 손잡고 글루텐, 설탕 같은 인공 첨가물을 넣지 않은 프리프롬 제과의 판로를 넓혀가는 동네 베이커리들도 많아졌다. 동네 맛집에서 전국구 맛집으로 거듭나고 있는 것이다.

군이 프리프롬 식품까지 가지 않더라도 기본적으로 쌀을 주식으로 하고 채소 반찬을 즐겨 먹는 한국인의 식단은 전 세계인이 주목하는 건강한 식생활에 근접하다. 새롭고 건강한 음식에 대한 관심으로 한국 식품점의 문을 두드리는 이탈리아 소비자들에게 보다 친절한 프리프롬 식품 안내와 질 좋은 식재료 선택으로 맛 좋은 우리 식품을 널리 알리게 되길 기대한다.

신영아(밀라노무역관)

FOOD

지구를 살리는
해초와 곤충
사료의 변신

멜버른

지구의 온도를 상승하게 만드는 주요 원인인 온실가스 배출량이 가장 많은 산업은? 1위는 바로 화력발전소 등이 포함된 에너지 산업(34%), 2위는 제조업(24%)이다. 그렇다면 그다음으로 배출량이 높은 산업은 무엇일까? 바로 농축산업(22%)이다.

식량 안보와 탄소중립, 두 마리 토끼를 잡는 법

UN 소속 기후변화에 관한 정부 간 협의체[IPCC]에서 발표한 보고서에 따르면, 2019년 기준 운송 산업(15%)보다 농축산업에서 더 많은 양의 온실가스가 발생했다. 이유는 소나 양처럼 먹이를 되새김질하는 반추동물이 먹이를 소화하는 과정에서 막대한 양의 메탄가스가 발생하기 때문이다. 소 한 마리당 연간 100kg의 메탄가스를 내뿜는데, 메탄은 이산화탄소보다 최대 86배 더 강력한 지구온난화의 요인으로 작용한다는 점에서 심각한 문제가 아닐 수 없다. 탄소중립 달성을 위해 에너지 산업은 태양광, 풍력, 수력 등의 재생에너지로 전환되고 있지만, 식량 안보와도 연관된 농축산업에서 탄소 배출을 줄이는 일은 생각보다 어려운 과제다. 이런 이유로 과학자들은 육류 소비량이 현재와 같은 수준으로 유지될 경우, 파리기후협약(지구의 평균 기온 상승을 산업화 이전 대비 2℃보다 낮은 수준으로 유지)을 지키는 건 불가능하다는 경고를 내놓는다.

더욱이 전 세계 인구는 빠르게 증가하는 추세다. 2050년에는 2019년보다 20억 명이 증가해 97억 명가량이 될 전망이다. 유엔식량농업기구는 국제적 식량 확보를 위해 현재보다 약 60% 이상 생산량을 증가해야 하며, 이를 위해서는 5억 9,300만 헥타르(약 593만km²)의 토지가 추가적으로 필요하다고 발표했다. 이는 인도 전체 면적의 거의 2배에 해당하는 크기다. 결국 가까운 미래에 다가올 식량 빈곤 문제를 해결하고 지속가능한 경제 성장을 이루려면 농축산물의 생산성을 높이는 게 그 어느 때보다 중요한 문제가 됐다. 이젠 이런 질문을 던져야 할 때다. 축산업에서 발생하는 온실가스를 줄이고 생산성은 높여 보다 수월하게 식량을 확보할 방법은 없을까?

바다에서 찾은 메탄가스 발생을 줄이는 특효약

호주 정부는 그 답을 해초에서 찾았다. 청정우로 유명한 호주의 경우 호주 전체 인구수와 비슷한 2,720만 마리의 소를 키워 연간 300만 톤의 육류를 생산한다. 문제는 앞서 언급했듯 농축산업에서 발생하는 탄소 배출이 국가 전체 탄소 배출의 13%에 이르며, 이 중 42%가 메탄가스라는 점이다. 이에 호주 정부는 축산업에서 발생하는 탄소 배출을 줄이고자 대체사료 기술 프로젝트를 다각도로 지원한다. 2022년 2월, 4건의 해초 사료 프로젝트를 포함해 총 6개의 메탄가스 감축 프로젝트가 호주 정부의 승인을 받아 총 400만 호주달러(약 36억 8,000만 원)를 수령했다.

호주연방과학산업연구기구CSIRO는 호주축산공사Meat and Livestock Australia, MLA, 제임스쿡대학교James Cook University와 파트너십을 체결해 축산 업계에서 발생하는 메탄가스를 줄일 수 있는 해초 사료를 연구해왔다. 2020년 CSIRO는 AGP, 그레인코프GrainCorp, 하비스트로드Harvest Road, 울워스그룹 등으로부터 1,300만 호주달러(약 119억 6,000만 원)의 투자를 유치해 스핀오프 기업인 퓨처피드FutureFeed를 설립했다.

퓨처피드는 호주 퀸즐랜드 주에 위치한 케펠 베이Keppel Bay에서 채취한 해초로 메탄가스 감소에 대한 연구를 21주 동안 진행했다. 테스트 초기에는 소 내장에 있는 미생물이 해초를 잘 소화할지에 대한 우려가 있었지만 시간이 지날수록 효율성이 더 증가하는 것을 확인했다. 약 20여 가지의 해초를 채취해 연구한 결과, 분홍색 해초인 바다고리풀Asparagopsis에 브로모폼Bromoform이라는 유기화합물이 포함돼 반추동물의 소화 과정에서 발생하는 메탄가스를 감소시킨다는 사실을 발견했다. CSIRO에 따르면, 바다고리풀을 건조시켜 만든 사료첨가제를 소에게 먹일 경우 메탄가스 생성을 80% 이상 감소할 수 있다. 전 세계 축산 농장의 10%가 매일 섭취하는 사료의 1%에 해당하는 해초 사료첨가제를 추가해 먹인다면 연간 120톤의 온실가스를 감축할 수 있으며, 이는 도로에서 가솔린 연료 자동차 1억 대를 없애는 것과 같은 효과를 낸다.

해초 사료로 키운 소

출처: 호주연방과학산업연구기구

해초 사료첨가제로 축산업 탄소 배출량 대폭 감축

퓨처피드는 바다고리풀 해초를 이용한 메탄가스 배출 감축 방법에 대한 특허권을 소유하고 있으며 바다고리풀의 글로벌 시장 공급을 위한 라이선스를 재배 기업에 제공한다. 현재 호주(시포레스트^{Sea Forest}, CH4 글로벌^{CH4 Global}, 시스톡^{SeaStock}), 뉴질랜드, 미국, 캐나다, 유럽 등지의 바다고리풀 재배 업체에 IP 라이선스를 공급하는 계약을 체결했으며, 인증 프로그램과 트레이드 마크도 제작하는 중이다.

그중 시포레스트는 호주 환경운동가인 샘 엘섬^{Sam Elsom}이 호주의 제주도라고 할 수 있는 태즈메이니아 주에 설립한 바다고리풀 생산 스타트업이다. 샘은 환경운동가이자 과학자인 팀 플래너리[Tim Flannery] 교수와 호주기후협회[Climate Council]가 개최한 웨비나를 듣고 큰 영감을 얻었다. 그는 해초가 광합성을 통해 기후변화를 억제할 수 있는 잠재력을 가진 데다 CSIRO의 연구 결과로 메탄가스 감축 효과까지 입증되자 본격적으로 해초 바다고리풀 재배를 시작했다.

호주 해안에서 자라는 바다고리풀 해초(좌)　　　　　　　출처: 호주연방과학산업연구기구
시포레스트의 바다고리풀 양식장(우)　　　　　　　　　　　출처: 시포레스트

　　시포레스트는 기존의 홍합 양식장을 해초 재배지로 용도 변경해 바다고리풀 해초를 대량 생산, 사료로 공급할 계획이다. 얼마 전엔 많은 투자자들의 지지를 받아 4,500만 호주달러(약 414억 원)의 펀딩을 추가로 유치하기도 했다. 해당 투자금은 태즈메이니아 주 수도 호바트[Hobart] 북부에 위치한 트리아부나[Triabunna] 해안에 1,800헥타르(약 18만km²) 규모

의 시설을 신축해 특허 개발 및 R&D 연구에 사용할 계획이다. 시포레스트는 확충된 시설에서 매년 7,000톤의 해초를 생산, 축산 업계에서 발생하는 40만 톤의 이산화탄소 배출을 줄일 수 있을 것으로 기대한다.

이처럼 시포레스트는 천연자원을 이용해 기후변화 대응 솔루션을 제공한 노력을 인정받아, 2022년 호주 최대 통신 기업 텔스트라^{Telstra}가 선정한 혁신 적용 및 지속가능성 촉진 부문 1위 기업의 영예를 안기도 했다.

폰테라 농장에 방문한 시포레스트 대표 샘 엘섬   출처: 폰테라

또한 태즈메이니아대학교$^{University\ of\ Tasmania}$, 제임스쿡대학교, 뉴질랜드 와이카토대학교$^{University\ of\ Waikato}$ 등과 연구 협력 계약을 맺고 바다고리풀의 효과를 상업적으로 증명하기 위한 연구를 지속하고 있다. 2020년 뉴질랜드계 글로벌 유제품 제조사 폰테라^{Fonterra}와 태즈메이니아 농장에서 키우는 900마리의 젖소에게 먹일 바다고리풀 트라이얼 계약을 체결하고 해초 사료첨가제를 공급해온 것도 같은 맥락에서다. 트라이얼 결과

해초를 먹이지 않은 젖소가 생산한 우유와 품질 면에서 차이가 없음을 확인한 폰테라는, 다음 단계로 2022년 4월 더 많은 농장에 시포레스트의 해초 사료첨가제를 적용할 계획임을 밝혔다.

해초 사료 상업화로 남호주 지역 해초 산업 발전에 기여

2019년에 설립된 CH4글로벌은 본사가 미국에 있는 기업이다. 호주와 뉴질랜드에도 사무실을 운영하는데, 바다고리풀 사료 특허권을 소유한 퓨처피드와 라이선스 구매 계약을 체결하고 호주 판매 권한을 획득했다. 퓨처피드는 이를 통해 축산업용으로 생산되는 바다고리풀 사료첨가제 1kg당 약 1호주달러(약 920원)의 로열티를 받는 것으로 알려졌다.

CH4글로벌은 남호주 주에 위치한 요크반도Yorke Peninsula에 상업용 해조류 양식장을 설립할 수 있는 허가도 획득했다. 사료의 주 원료인 바다고리풀 재배는 나룽가원주민코퍼레이션Narungga Nation Aboriginal Corporation에서 맡아 진행하며, 씨앗이 수확과 가공이 가능할 정도로 자라는 데는 45~60일이 소요된다고 한다. 2022년 6월에는 호주 단백질 제조사이자 육류 가공 업체인 서프로CirPro와 공급 계약을 맺었다. 이에 따라 해안과 양식장에서 수확한 바다고리풀을 사료로 만들어 판매하기 시작하면서 상업화에 날개를 달았다. 또한 남호주 주 농업 허브인 포트 피리Port Pirie 지역에서 키우는 소 1만 마리에게 먹일 수 있는 해초 사료첨가제 공급 계약도 체결했다. 남호주 수 정부는 해초 산업Seaweed Industry 상업화를 위해 150만 호주달러(약 13억 8,000만 원) 규모의 지원을 발표했으며, 향후 남호주에서 연간 1억 4,000만 호주달러(약 1,290억 원) 가치의 해초를 생산할 수 있을 것으로 기대한다.

해초 산업에 지속적 지원과 투자를 아끼지 않는 호주

이처럼 호주 축산업에서는 2030년까지 탄소중립 목표를 이루기 위한 솔
루션으로 메탄가스를 줄이는 데 큰 효과가 있는 바다고리풀 해초 사료에
많은 투자를 하고, 관련 기업들의 관심 또한 뜨거운 상황이다. 2021년 8
월에 개최된 내셔널 사이언스 위크National Science Week에서는 호주 유명 세
프인 맷 모란Matt Moran과 함께 해초 사료를 먹인 소고기로 요리한 스테이
크Seaweed-fed Steak를 선보여 현지 업계의 많은 주목을 받았다. 그리고 이
는 해초 사료가 육류의 맛과 품질에 전혀 영향을 주지 않는다는 사실을
대내외에 널리 알리는 기회가 됐다.

　호주해초연구소Australian Seaweed Institute에서는 2020년 '호주 해초 산업
청사진Australian Seaweed Industry Blueprint'이라는 보고서를 발표, 향후 호주 해
초 산업이 지속 성장해 2025년까지 1억 호주달러(약 920억 원), 2040년
에는 15억 호주달러(약 1조 3,800억 원) 규모가 될 것으로 전망했다. 해
당 보고서는 세계적인 해초 생산국으로 한국, 인도네시아, 필리핀을 언
급하며, 호주의 최대 해조류 수입국 중 하나인 한국의 발달된 김 재배 양
식장을 소개했다. 호주 정부와 관련 업계는 그동안 해조류 생산에 큰 관
심이 없었으나, 해조류의 다양한 효능과 온실가스 감축 효과가 널리 알
려지면서 관련 산업을 육성하기 위한 적극적 지원을 아끼지 않고 있다.
한국의 경우 이미 김, 다시마, 미역, 톳 등 다양한 해초 재배 및 가공업이
세계적인 수준으로 발달했고, 해초 사료 연구도 활발히 진행 중이다. 앞

으로는 이와 함께 온실가스를 줄여주는 해초에 대한 연구와 기술 개발도 필요할 것으로 보인다.

해초 사료를 먹인 소고기를 들고 있는 맷 모란 셰프   출처: MLA

반려동물용 사료에도 건강한 대체단백질이 필요

호주에서는 축산업에서 발생하는 온실가스를 줄이기 위한 노력과 함께 육류를 대체할 대체단백질 개발도 꾸준히 이루어진다. 전 세계 식품의 약 75%가 5개 동물과 12개 식물에서 생산돼 질병, 해충, 기후변화와 같은 위협에 취약한 상황이기 때문이다.

게다가 반려동물을 가족처럼 여기는 트렌드가 확산되면서 사람이 먹는 것과 똑같은 등급의 휴먼 그레이드^{Human Grade} 펫사료가 인기를 얻고 있다. 이에 따라 고품질 육류를 반려동물의 사료로 사용하면서 육류 부족 현상이 생기기 시작했고, 원료 공급이 원활하게 이루어지지 못해 펫사료 매장이 텅텅 비는 상황도 발생했다. 하지만 육류 부족 문제를 해결하려고 기존 방식대로 축산업을 통해 단백질을 생산하면, 비용도 많이 들고 탄소 배출, 삼림 훼손, 생물 다양성 파괴 등 환경에 미치는 영향이 크다. 글로벌 수산물과 육류 생산량의 12~20%가 사료의 원료로 사용되는 상황에서 펫푸드 시장에도 대체 가능한 단백질이 필요해진 것이다.

전 세계에는 약 9억 마리의 반려견과 6억 마리의 반려묘가 있는 것으로 추산되며, 반려동물의 수는 지속적으로 증가하는 추세다. 호주에도 약 2,900만 마리의 반려동물이 있다. 이는 전체 가구의 60%에 해당하는 수치로, 호주는 세계에서 펫오너십 비율이 높은 국가 중 하나다. 호주동물보호단체 RSPCA에서 수의사로 근무한 스테파니 스터브^{Stephanie Stubbe}는 어릴 적 소를 키우는 농장에서 자랐다. 스테파니는 수의사로 일하면서 환경 파괴로 동물들이 고통받는 모습을 지켜봐야 했고 이를 바꾸기 위해 환경과 동물, 모두에게 도움이 되는 펫사료와 제품을 개발·판매하는 애니팔^{AniPal}을 설립했다. 이후 스테파니는 반려동물의 건강에 이롭고 단백질도 보충할 수 있는 성분을 찾다가 검은병정파리 유충^{Black soldier fly larvae}으로 펫사료를 만드는 데 성공한다. 다른 육류와 마찬가지로 양식이 가능하고, 적색육보다 98% 적은 에너지와 96% 적은 물을 사용하며, 폐기물도 극히 적은 친환경 펫사료다. 현재 파리 유충은 반려견 알레르기 발생의 주요 원인으로 꼽히는 육류를 대체할 지속가능하고 건강한 단백질로 꼽힌다.

반려동물용 프리미엄 사료로 재탄생한 파리 유충

유엔식량농업기구에 따르면, 곤충의 영양가는 닭고기, 소고기, 돼지고기, 생선 등 다른 육류 공급원과 크게 다르지 않다. 호주 퀸즐랜드대학교University of Queensland 소속의 과학자이자 교수인 루 호프만Louw Hoffman은 2020년 발표한 연구자료에서 검은병정파리 유충에는 고기보다 아연과 철분이 더 많이 함유돼 있고, 칼슘 함량이 우유보다 높아 사람과 동물에게 우수한 대체단백질이 될 수 있다고 언급했다. 특히 0.5헥타르(약 5,000㎡) 미만에서 자란 검은병정파리 유충은 약 1,200헥타르(약 52만 ㎡)에서 키운 소, 52헥타르(약 12km²) 규모에서 수확한 콩보다 더 많은 단백질을 생산할 수 있어 환경을 생각한다면 소나 콩보다 곤충을 섭취해야 한다고 강조했다.

파리 유충으로 만든 반려견 사료

출처: 애니팔

애니팔의 펫사료용 파리 유충은 빅토리아 주와 서호주 주에 있는 실험실에서 반려견용 사료와 비스킷 등의 생산에 활용된다. 유충의 수명은 26일로 13일째에 건조시켜 사료로 제조하는데, 스테파니는 곤충과 함께 해초가 중요한 펫사료 옵션이 될 것이라고 믿는다. 그녀는 반려동물 전문 영양사와 함께 건강하고 맛도 좋은 친환경 사료를 만들기 위해 약 2년의 시간을 보냈다. 모든 재료는 자연에서 얻되 가능하면 현지 원료로 강아지와 성견에게 가장 많이 발생하는 질병인 알레르기, 불안, 비만, 관절통, 관절염을 예방할 수 있는 제조법을 적용했다. 제품의 이름은 어스 바이트^Earth Bites로 130g 한 봉지 가격이 18.48호주달러(약 1만 7,000원)다. 호주에서 판매하는 펫푸드가 1kg에 8호주달러(약 7,360원)인 것을 감안하면 프리미엄 사료에 속한다.

애니팔에서는 해초를 성분으로 한 펫사료도 생산한다. 뉴사우스웨일스주 남부 해안에서 자란 유기농 해초를 넣고 있다. 해초류에는 반려견의 성장과 건강 유지, 면역력 강화, 호르몬 생성에 중요한 필수 아미노산이 다량 함유돼 있고, 비타민, 섬유질, 식물성 오메가 3 등 영양소가 풍부하다. 1kg의 해초당 1.5kg의 이산화탄소를 포획하는 효과가 있으며, 일부 연안에서는 숲보다 최대 50배 더 많은 탄소를 흡수할 수 있어 환경에도 도움을 주는 사료다.

우수한 대체단백질, 식용 곤충 시장 전망

이처럼 글로벌 시장에선 대체단백질로 우수한 식용 곤충에 대한 관심이 점점 커지는 추세다. 글로벌 식용 곤충 시장은 2019년 1억 1,200만 달러(약 1,456억 원) 규모에서 2024년에는 7억 1,000만 달러(약 9,230억 원)에 이를 전망이다. 사실 식용 곤충은 전혀 새로운 대체식품은 아니다. 이미 약 130개 국에서 20억 명의 인구가 2,100여 가지 종류의 곤충을 섭취하고 있다. 곤충은 성장이 빠르고 번식력이 좋아 사육하는 과정에서 발생하는 이산화탄소 배출량이 소와 같은 육류에 비해 약 3분의 1 수준이다. 더욱이 단백질 함량이 높고 영양소가 풍부한 데다 생산 비용이 비교적 저렴하다.

세계적인 농식품 수출 국가인 호주에서는 식용 곤충 산업을 발전시키기 위해 2021년 식용 곤충 산업 로드맵을 발표했다. 로드맵에 따르면, 식용 곤충은 사람이 먹는 음식뿐 아니라 가축, 수산물 양식장, 반려동물의 사료로서 잠재력이 크다. 호주에는 총 14개의 식용 곤충 기업이 있으며 이 가운데 10개는 동물 사료용 식용 곤충을 생산한다. 귀뚜라미, 밀웜, 검은병정파리 유충이 반려견용 사료로 판매되고, 그중에서도 특히 검은병정파리는 가축 사료용으로 다양한 연구가 진행되는 등 잠재력이 크다.

한국에서도 식용 곤충 제조 기술을 가진 해외 기업과의 협업이 활발하게 이루어진다. 2022년 롯데제과에서 캐나다의 식용 곤충 제조사 아스파이어푸드그룹Aspire Food Group에 100억 원을 투자해 기술 제휴 및 상품 개발을 진행 중인 게 대표적인 예다. 아스파이어푸드그룹은 귀뚜라미를 이용해 단백질 분말 제품을 만드는 업체다. 식용 곤충 관련 연구도 급격히 늘어나고 있다. 갈색거저리 애벌레 분말을 실탕과 함께 조리해 고기 향을 지닌 점액질 액상 조미료 소재로 만들어 학회에 발표한 사례나 아메리카왕거저리와 풀무치의 영양성 및 안전성 입증 연구를 수행해 식품 원료로 등록한 사례가 대표적이다. 정부 역시 2022년 8월 경북 예천을 포함한 3개 지역에 곤충산업거점단지를 조성, 안정적 식량 확보에 힘쓰겠다는 계획을 밝혔다.

사실 식용 곤충은 환경과 미래 식량 안보를 위해 꼭 필요한 산업이나, 징그러운 생김새와 벌레라는 인식이 넘어야 할 장애물로 남아 있다. 하지만 펫 휴머니제이션^{Pet Humanization} 트렌드가 가장 확실하게 나타나는 펫 푸드 산업에 유망한 원재료임에는 틀림없다. 식용 곤충은 국제 식량 확보, 지속가능한 식품, 적은 탄소 및 폐기물 배출, 기후변화 대응 측면에서 사람과 동물을 위한 훌륭한 대체식품이라고 할 수 있다. 건강하고 영양가 높은 K-푸드가 전 세계적으로 사랑받는 지금, K-곤충으로 만든 맛있는 식품과 사료의 탄생도 기대해본다.

강지선(멜버른무역관)

기술-TECHNOLOGY

혁신적 미래 기술의

현주소

기술의 진보는 우리의 일상을 보다 나은 방향으로 이끌었다. 지속적 신기술 개발로 우리 사회에 혁신적 변화를 가져온 것이다. 그 과정에서 3D 프린팅 주택이 등장했고, 스마트 타투가 급부상했으며, 전기차 관련 인프라가 확대됐다. 이러한 새로운 기술은 또한 기존의 노동집약적 주택 건축 방식을 바꿨고, 스마트폰을 대체할 새로운 인터페이스의 등장을 예고했으며, 자동차산업 트렌드를 내연기관차에서 전기차 중심으로 전환했다. 이처럼 전 세계의 변화를 주도하고 있는 다양한 신기술 사례를 통해 다가올 미래사회를 조망해본다.

건물도
인쇄하는 시대,
건설 3D 프린팅 기술

시카고

프랑스 낭트에 있는 면적 95㎡의 공공주택 이누바^{Yhnova}에는 2018년 6월부터 5명의 가족이 살고 있다. 겉으로 보기엔 그다지 특이할 게 없는 듯하지만 알고 보면 깜짝 놀랄 만한 집이다. 3D 프린팅 기술로 지은 세계 최초의 집이기 때문이다. 벽면은 3D 프린팅으로 이틀 만에 쌓아 올렸고 창호와 지붕만 사람이 마무리한 덕분에 건축 비용을 20%나 절감했다. 2022년 한국의 경기도 김포에도 실제 거주가 가능한 전용 27㎡ 규모의 일체형 원룸이 시범적으로 건립됐다. 12일 동안 3D 프린터로 벽체를 쌓고 지붕 및 마감, 인테리어는 물론 보안 시스템까지 완비한 국내 최초 3D 프린팅 주택이다.

3D 프린팅 주택, 상용화 시대에 접어들다

이제 프린터로 문서만 인쇄하는 시대는 갔다. 3D 프린터로 기하학적 모형의 입체 물질을 인쇄하는 시대가 온 것이다. 심지어 3D 프린터로 인쇄한 가정집까지 미국 주택 시장에 등장했다. 미국 한 업체에서 건립한 이 3D 프린팅 주택은 4개의 가정집으로 이루어진 주택 커뮤니티로 83~185㎡ 크기의 주택을 45만 달러(약 5억 8,500만 원)에서 74만 5,000달러(약 9억 6,850만 원)에 판매할 예정이다.

인류의 기술이 발전함에 따라 건축 방식을 개선하기 위한 노력도 끊임없이 이어져왔다. 그중 3D 프린터의 등장은 지금까지 이어온 건축 기술 메커니즘의 근간을 흔들고 있다. 치약처럼 시멘트를 짜서 외벽을 만드는 3D 프린팅 기술을 이용하면 기존의 건축 방식보다 훨씬 적은 수의 인력으로 더욱 빠르고 정교하게 집을 지을 수 있기 때문이다. 게다가 최근에는 민간에 판매할 수 있는 3D 프린팅 주택까지 등장하면서 사람이 거주 가능한지에 대한 우려를 잠재우고 주택으로서 상업적 가치를 입증했다.

ICON, 미국 3D 프린팅 주택 건설의 선두주자

이처럼 미국 주택 시장을 넘어 전 세계를 깜짝 놀라게 한 주인공은 바로 3D 프린팅 건설 기술 회사 ICON이다. 2017년 제이슨 밸러드^{Jason Ballard}와 알렉스 르룩스^{Alex Le Roux}가 미국의 주택 공급난과 주택 가격 상승 위기를 해결하기 위해 설립한 텍사스 오스틴 기반의 신생 기업이다. ICON은 첨단 로봇공학과 CAD 소프트웨어로 구동되는 대형 3D 프린터를 이용해 견고하고 미래 지향적인 3D 프린팅 주택을 건설한다. 쉽게 말하자면 프린터로 집을 인쇄하는 것이다.

ICON은 2018년 3D 프린팅 주택에 대한 건축 허가를 최초로 획득한 후 지금까지 미국과 멕시코 지역에 24개 이상의 3D 프린팅 주택을 건설했다. 최근 들어서는 여러 벤처 투자 기업으로부터 4억 5,100만 달러(약 5,863억 원)에 달하는 큰 규모의 투자 지원금을 유치하면서 매년 수천 채의 3D 프린팅 주택을 시장에 공급하는 것을 목표로 내세웠다. 그뿐만 아니라 미국 주택 건설 분야 선도 기업 레나Lennar 및 덴마크 건축 회사 BIGBjarke Ingels Group과 협력해 3D 프린팅 주택으로만 구성된 세계 최대 3D 프린팅 주택 커뮤니티를 구축할 계획이다.

인류의 주택 건축 방식은 돌을 쌓아 거주지를 만들기 시작한 원시 시대 이후로 기본적인 방식에는 큰 변화가 없었다. 현대에도 벽돌이나 콘크리트 블록을 쌓고 못을 이용한 나무 프레임으로 건축물을 만들고 있다. 문제는 이 방법이 개인의 기술 및 육체 노동에 크게 의존하고, 각종 폐기물과 소음 공해가 발생한다는 것이다. 게다가 시간도 오래 걸려 생산성마저 떨어진다.

ICON이 보유한 거대한 3D 프린터의 이름은 벌컨Vulcan이다. 목재와 건식 벽체 대신 튜브에서 치약을 짜내는 것처럼 라바크리트Lavacrete라는 시멘트 혼합물을 층층이 짜내며 집의 골격을 구축하는 방식의 특별한 시공법을 사용한다. 일반적인 신축 건물보다 20~30% 저렴한 비용으로 단 며칠 만에 278㎡ 규모의 집을 건축할 수 있다.

ICON이 최초로 허가받아 건립한 3D 프린팅 주택 　　　　　　　　　　　　출처: ICON

　　이 기술은 미국의 NASA와 국방부도 인정해 현재 ICON과 다양한 프로젝트를 진행하고 있다. NASA는 가까운 미래에 과학자들이 화성에 착륙해 거주할 경우를 대비해서 ICON이 3D 프린터를 활용해 화성 표면에 집을 건설할 수 있도록 관련 기술 개발을 지원한다. 또 달 탐사를 위한 우주 기반 건축 시스템 개발의 일환으로 '프로젝트 올림퍼스Project Olympus'도 진행 중이다. 미 국방부 역시 ICON과 3D 프린팅 군대 막사 건설 계약을 체결했다.

ICON과 NASA가 함께 추진 중인 화성 3D 프린팅 건물(상),
ICON과 NASA의 공동 프로젝트 올림퍼스(하)   출처: ICON

주거난, 미래 주택 공급난 해소를 위한 최적의 솔루션

3D 프린팅의 기술력을 활용하면 기존 건축 방식보다 적은 인력과 저렴
한 원가 투입으로 수일 내에 주거 공간을 완성할 수 있다는 게 입증되
면서 3D 프린팅 주택은 저소득층의 주거난을 해소할 최적의 방안으로

떠올랐다. 해비타트^{Habitat for Humanity} 역시 3D 프린팅 주택에 주목했다. 1976년 설립된 이후, 저소득층 및 무주택 영세민에게 저렴한 집을 제공함으로써 저소득층의 주거 공간 문제 해결에 앞장서온 비영리 민간단체 해비타트는 지금까지 수십만 채의 저렴한 주택을 건설해왔다.

해비타트 3D 프린팅 주택   출처: 해비타트

그런 관점에서 지난 2021년 1월, 해비타트가 불과 28시간 만에 성공적으로 시공한 침실 3개, 욕실 2개가 있는 110㎡ 크기의 3D 프린팅 주택 건설 프로젝트는 상당한 의미가 있다. 이 프로젝트를 통해 기존 건축 방식을 탈피했을 뿐 아니라, 저소득층 주거 공간 건설 도구로서 3D 프린팅의 가능성과 활용도를 대내외에 입증했기 때문이다. 게다가 팬데믹 기간 동안 일부 건축 자재 가격이 공급망 문제로 2~3배나 상승함에 따라 주택 건설 비용도 함께 증가했는데, 기존 대비 제곱피트당 약 15%의 원가 절감도 이뤘다. 앞으로 해비타트는 이 경험을 살려 저렴한 3D 프린팅 주

택 건설에 집중할 것으로 전망된다.

미국의 평균 주택 가격은 지난 2년 동안 30% 이상 치솟았으며, 약 600만 개의 주택이 부족한 상황이다. 코로나19 이후 재택근무 문화가 보편화되면서 실거주용 주택에 대한 수요가 계속 상승한 게 주택 공급 부족 현상을 더욱 심화시킨 셈이다. 특히 물가가 비싼 오스틴, 샌프란시스코, 보스턴 등의 지역은 상승하는 주택 가격과 부족한 주택 수로 집을 구하기가 쉽지 않다.

물론 지금 당장 해비타트를 비롯한 여러 기업에서 진행 중인 3D 프린팅 주택 프로젝트만으로 현재의 주택 부족 문제를 단번에 해결할 순 없다. 하지만 3D 프린팅이 미래 주택 공급난을 해결할 주요 기술로 주목받는 것만큼은 확실하다. 더욱이 지속가능한 방식이면서도 비용을 효율적으로 절감할 수 있다는 장점 때문에 앞으로의 성장세가 더욱 기대된다.

3D 프린팅 주택과 관련한 보편적 규정 수립이 필요

그러나 이를 위해선 반드시 해결해야 할 문제가 있다. 기술 도입이 빠르게 진행되다 보니 아직 3D 프린팅 주택 기술에 대한 보편적 규정이나 표준이 없는 상황이다. 3D 프린팅 기술은 디지털 전환 시대의 혁신을 상징하는 반면, 상대적으로 건설 산업은 보수적인 산업이기 때문이다. 지난 몇 년간 3D 프린팅 기술이 연구실을 거쳐 건설 현장으로 이동하기까지 여러 장벽에 부딪힐 수밖에 없었던 것도 기존 건축법이 명확하지 않아서다.

예를 들어 현재 알려진 일부 3D 프린터를 이용한 주택 건설 방식은

2in(약 5cm) 두께의 평행한 한 쌍의 지지벽을 사이에 두고 그 공간 속에 콘크리트를 짜내며 외벽을 만드는데, 미국 주 정부로부터 지붕 건축 시 사용할 지지벽에 대한 사용 허가를 받지 못해 지붕만큼은 기존 건축 방식을 이용할 수밖에 없다. 이 밖에 배관·배선 작업 역시 3D 프린팅을 이용한 작업에 제한이 있다.

현재 미국에는 정부 차원의 통일된 건축 규정이 존재하지 않는다. 대신 각 주와 도시별로 자체적인 건축 규정을 가지고 있고, 기본적으로는 국제 건축 규정을 따르는 것을 원칙으로 한다. 일반적으로 ICC^International Code Council, IRC^International Residential Code, IECC^International Energy Conservation Code, 이렇게 총 3가지 표준 코드를 따른다. 건축 시공이 끝나면 세 규정 중 하나를 통과해야 주택 사용이 승인된다. 하지만 안정성에 부합한다면 정부 관계자들과의 커뮤니케이션을 통해 부분 수정이 가능할 정도의 융통성 또한 갖추고 있다. 3D 프린팅 주택 건축 방식의 경우 아직은 기술 도입 초기 단계이다 보니, 해비타트의 3D 프린팅 주택도 정부 관계자들과의 끊임없는 커뮤니케이션과 의견 조율 끝에 만들어졌다.

미국 정부 차원에서는 규제 관련 문제점으로 발생할 수 있는 리스크를 최소화하기 위해 3D 프린팅 기술 규정 수립 노력을 활발하게 진행 중이다. 바이든 정부는 3D 프린팅의 많은 이점을 감안해 3D 프린팅 활용 방안을 다각도로 강구하고 있다. 미 국방부가 3D 프린팅 제조 프로세스에 대한 국가 표준을 설정하기 위해 미국 최초로 2021년 1월과 6월 두 차례에 걸쳐 적층 제조 전략을 발표한 게 대표적인 예다. 2021년 1월에는 '5가지의 적층 제조 전략 Department of Defense Additive Manufacturing Strategy'을, 6월에는 '3D 프린팅 정책과 관련한 국방부의 역할과 책임 Use Of Additive Manufacturing In The DoD'에 관한 보고서를 발표했다. 현재 미국은 어떠한 형태의 모형이든 만들어낼 수 있는 3D 프린팅을 국가적으로 보호하고 발전시키려는 노력을 계속해나가고 있다.

한국에서도 3D 프린팅 주택의 상용화가 가능할까?

지금의 건설 3D 프린터는 저렴한 주택을 필요로 하는 시장의 특성과 새로운 기술을 통해 삶의 질을 향상하고자 하는 열망이 합쳐져 탄생했다. 3D 프린팅 콘크리트가 일반 건설 콘크리트보다 비싼 것을 감안하더라도 3D 프린팅 건설로 발생하는 총 재료 비용은 기존에 비해 훨씬 적다. 인력 투입도 2~3명 정도면 충분하고, 하루 이틀이면 집이 완공된다. 방 3개짜리 평균 크기의 집을 전통적인 건축 방식으로 짓는 데 드는 비용은 보통 25만 달러(약 3억 2,500만 원)에서 32만 달러(약 4억 1,600만 원) 사이다. 하지만 3D 프린팅 기술로 같은 크기의 집을 지을 경우, 현재 기술력만으로도 20%에서 40%까지 비용을 절감할 수 있다. 시장 전망도 밝다. 시장조사 기관 그랜드뷰리서치에 따르면 글로벌 3D 프린팅 건축 시장 규모는 2019년 기준 460만 달러(약 59억 8,000만 원)로, 2020년부터 2027년까지 연평균 115% 성장할 것으로 예상했다. 또 다른 글로벌 시장조사 기관 얼라이드마켓리서치Allied Market Research 역시 2027년 세계 3D 프린팅 건설 시장 규모를 약 42조 원으로 내다봤다.

3D 프린팅 건축 기술은 설계, 재료, 장비 기술의 확보가 필수적이다. 각 기술의 유기적 연계도 중요하며 건축 디자인, 상품화, 안전성 검증 등 많은 부분에서 다양한 실증 연구가 필요하다. 한국도 세계적 흐름에

발맞춰 전문 연구 기관, 건설사, 대학들이 3D 프린팅 주택 연구 개발에 열심이다. 한국건설기술연구원이 이미 오래전부터 3D 프린팅 건축 사업에 착수해 콘크리트 건축물 완공을 목표로 실무 작업을 진행한 바 있다. 시범 건축이나 안전성 테스트도 활발하게 진행 중이다. 앞서 소개한 2022년 경기도 김포에 건립한 국내 최초 3D 프린팅 주택을 대상으로 5월 한 스타트업에서 차량 테스트를 진행했다. 3D 프린팅 주택의 안정성을 실험했는데 그 결과 차량 앞 범퍼가 움푹 들어갈 정도로 충격이 상당했음에도 3D 프린팅 주택은 균열이나 금 간 곳 하나 없이 멀쩡했다.

그러나 아직 현행 건축법상 사람이 들어갈 수 있는 건축물을 3D 프린팅으로 만드는 것은 허용되지 않은 상황이다. 상용화 가능성이 작다면 기술 개발 속도에 영향을 줄 수밖에 없다. 기술적인 부분에 대한 선행 연구가 이루어지고 있는 시점에서 3D 프린팅 주택 건설과 관련해 적법한 규제 완화가 시행된다면 우리나라에서도 가까운 미래에 3D 프린팅 주택을 볼 수 있는 날이 오지 않을까 기대한다.

배성봉(시카고무역관)

스마트 타투가
내 건강과 생활을
책임진다!

애틀랜타

지금 우리는 스마트폰이 없는 생활을 상상할 수 없을 정도로, 생활 대부분이 스마트폰과 연동돼 있다. 화상통화나 카메라, 텔레비전 기능 등은 이미 보편화된 지 오래고, 스마트폰으로 자동차에 시동을 걸고, 집 안의 가전 기기를 제어하며, 운동량 체크를 비롯한 건강 정보도 관리한다. 그런데 만약 우리가 스마트폰 없이도 이 모든 걸 할 수 있게 된다면 어떨까? 과연 스마트폰을 대체할 신기술은 무엇이고, 언제 상용화될까?

스마트폰을 대체할 혁신 기술, 스마트 타투

마이크로소프트 창업자인 빌 게이츠는 2022년 3월, 조만간 스마트폰을 대체하는 신기술이 등장할 것이며 그것은 바로 스마트 타투$^{Smart Tattoo}$가 될 것이라고 발표했다. 스마트 타투, 디지털 타투, 전자 타투 등 여러 가지 이름으로 불리는 이 기술은, 우리가 흔히 알고 있는 타투에 IT 기술을 접목해 내 피부를 하나의 인터페이스로 사용하는 것이다.

타투는 인류가 기원전부터 사용해왔을 만큼 매우 오래된 문화로, 설문조사 기관인 라스무센$^{Rasmussen Reports}$의 2022년 설문조사에 의하면 미국인의 30% 이상이 적어도 하나의 타투가 있을 정도로 보편적이다. 이러한 타투를 활용해 손쉽게 고혈압, 당뇨병, 심장병 등을 체크하고, 전화를 걸거나 메시지도 보내고, 전자 결제도 할 수 있는 기술을 많은 연구자들은 오랫동안 꿈꿔왔다.

스마트 타투 개발 회사인 카오틱문스튜디오$^{Chaotic Moon Studios}$ 역시 이러한 꿈을 실현할 수 있다고 믿고 있다. 카오틱문스튜디오는 2015년 경영컨설팅 다국적기업인 액센츄어^{Accenture}에 인수된 기술개발 회사로, 2022년 스마트 타투 기술을 선보여 빌 게이츠의 관심을 한 몸에 받았을 뿐 아니라 최근 막대한 투자까지 유치, 연구에 더욱 박차를 가하고 있다. 그들이 개발하는 스마트 타투는 일반 타투에 사용하는 잉크 대신 '나노트래커^{Nanotrackers}'라고 불리는 특수 잉크를 사용한다. 이 잉크로 신체의 발열 및 특정 감염, 혹은 신체 내부의 기타 이상 변화를 감지해 즉각적으로 알려준다. 또한 이렇게 수집된 정보는 자동으로 스마트폰과 연동해 저장할 수 있고 전송도 가능하다. 생명공학 연구자들이 그동안 신체 내부의 건강 정보를 수집하기 위해 칩이나 어떤 물질을 몸속에 이식하는 연구에 집중해왔다면, 스마트 타투는 현존하는 타투 기술을 활용하기 때문에 복잡한 이식 기술 없이 특수 잉크를 이용해 신체 내부 정보를 얻을 수 있다.

현재 스마트 타투와 여러 가지 다른 기술 분야를 접목한 연구들이 진행 중이긴 하지만, 우선은 의료 및 건강 정보와 관련된 연구에 집중할 것으로 예상된다. 수집한 정보로 질병을 예방하고, 활력 징후를 통해 신체 기능 및 스포츠 선수들의 능력을 향상하는 등 의료 분야에서 다양한 활용이 가능할 전망이다. 그 전까지 의료 관련 분야에서 전통적인 타투를 사용하는 예로는, 흉터를 가리기 위해서거나 의식을 잃었을 때 특별한 주의가 필요한 상태를 알려주기 위해서, 혹은 혈액형 식별을 위해서인 경우가 대부분이었다. 이처럼 기존의 타투가 건강 상태를 보여주는 기능에 국한됐다면, 스마트 타투는 직접 건강 정보를 수집하고 그 데이터를 보여주는 총체적 모니터링 기능을 수행한다.

당뇨병·고혈압 환자를 위한 생체 정보 모니터링용 타투

혈당 체크를 위해 매일 3~10회 정도 바늘로 피부를 찔러야 하는 번거로움을 경험하는 당뇨병 환자들이 고통 없이 혈당을 확인할 수 있는 방법은 없을까? 더불어 고혈압 환자들이 혈압 기계를 사용하지 않고도 지속적으로 혈압을 확인할 수 있는 방법은 없을까? 수많은 당뇨병 환자와 고혈압 환자들이 이상적으로 꿈꾸는 이 질문에 처음으로 희망 어린 답변을 제시해준 게 바로 더말애비스Dermal Abyss다.

MIT와 하버드대학교 의대가 공동으로 연구해 2016년 발표한 더말애비스는, 타투를 통해 생체 정보를 수집해서 건강 상태를 모니터링하는 연구의 시작점이라 할 수 있다. 바이오센서를 장착한 잉크를 사용해 피부 표면에 타투를 새기는데, 체액의 상태에 따라 잉크의 색깔이 변하고 더불어 타투의 색도 변한다. 이 같은 타투의 색 변화로 당뇨나 고혈압, 나아가 암 같은 큰 질병까지도 진단할 수 있다.

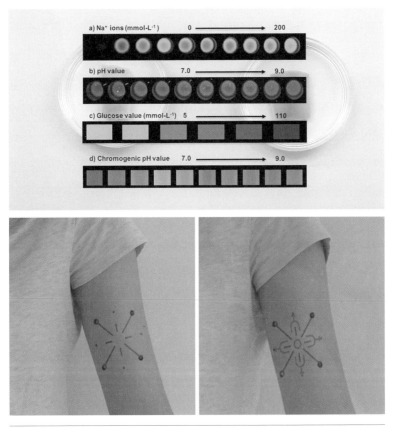

더말애비스 색 변화

출처: MIT 미디어랩 사이트

우리 몸을 구성하는 세포의 바깥을 둘러싸고 있는 체액은 세포에 영양분을 공급하고 노폐물을 제거하는 역할을 하는데, 더말애비스는 이 체액의 3가지 화학적 정보를 수집하고 반응하는 타투를 연구했다. 첫째, 바이오잉크가 나트륨 농도에 상호작용해 농도가 낮을 때는 검은색으로, 농도가 높아지면 점차 밝은 녹색의 타투로 변화한다. 나트륨은 몸의 혈액량이나 혈압을 조절하는 역할을 한다. 일반적으로 체액의 나트륨 농도는 136~150mM 사이에서 유지되지만, 이 범위를 벗어나면 탈수로 인한 치명적인 질병을 유발할 수 있다. 또한 나트륨이온의 농도는 고혈압과도 밀접한 관련이 있는데, 나트륨이온의 농도가 높으면 고혈압이 발생할 수 있다. 나트륨이온의 농도 변화를 모니터링하는 것은 매우 중요한데, 더말애비스의 색 변화는 이를 쉽게 인지할 수 있도록 해준다.

둘째, 더말애비스의 바이오잉크는 신진대사의 기초적인 pH지수(수소이온 농도 지수)에도 반응해 몸의 산성도를 체크할 수 있다. 정상적인 건강 상태에서 pH지수는 지나친 산성이나 알칼리성이 되지 않도록 조절되지만, 신진대사 장애가 올 경우 pH지수가 낮아지거나 높아짐으로써 산증이나 알칼리증을 유발할 수 있다. 따라서 pH지수를 체크하는 것은 중요한 질병 예방법이 될 수 있다. 더말애비스는 산성도가 낮을 때는 보라색이었다가 산성도가 높아지면 점차 분홍색으로 변화해 우리 몸의 pH 상태를 알려준다.

셋째, 더말애비스는 체액의 포도당을 체크해 혈당 수치를 알려준다. 체액의 당도가 정상일 때는 타투가 하늘색을 유지하지만 당도가 높아지면 갈색으로 변한다. 매번 피를 뽑아 검사하지 않아도 타투의 색을 확인하는 것만으로 고혈당을 체크할 수 있어 당뇨병 환자들에게 매우 유용하다.

더말애비스는 피부에 타투를 새기는 것이기 때문에 신체 내부에 직접적인 접근이 가능해 몸속의 대사 과정을 측정할 수 있고, 측정된 정보는 앱과 연계해 의학적 진단도 할 수 있다. 따라서 더말애비스와 같은 스마트 타투는 새로운 의료 기기로의 발전이 기대된다. 특히, 스마트 타투는 의사소통이 어려운 환자의 상태도 체크할 수 있고, 한번 타투를 새기면 지속적으로 정보를 수집할 수 있는 장점이 있다.

이전까지 생명공학 연구자들이 개발해온 실리콘 재질의 이식형 바이오센서는 생체와의 적합성 측면에서 실패 위험이 높고 이식에 대한 불편함도 있었다. 때문에 최근에는 신체 내부 이식이 아닌 웨어러블 바이오센서를 활용한 의료 기기에 관심이 집중돼왔다. 하지만 웨어러블 기기들은 안전하고 편하게 착용할 수 있지만 신체 내부에 직접적 접근이 어렵다. 더말애비스는 인체 내부 정보에 접근할 수 있으면서도 착용의 안정성과 편리함을 갖췄다. 또한 웨어러블 장치와 달리 바이오센서를 피부에 직접 주사하는 방식이기 때문에 하드웨어나 배터리 같은 별도의 전력도 필요하지 않다. 다만 기존의 타투와 생명공학의 발전을 결합한 더말애비스는 대학 연구실의 한 프로젝트로 시작해 그 결과 역시 성공적이었음에도 상품 출시 계획은 없었다.

심장 건강·폐렴 환자의 이상 반응을 체크하는 전자 타투

더말애비스에 이어, 텍사스오스틴대학교University of Texas at Austin의 코크렐 공과대학Cockrell School of Engineering 연구팀은 심장 운동을 포함한 다양한 신체 반응을 측정할 수 있는 스티커 형식의 스마트 타투를 개발했다. 이 전자 타투E-Tattoo는 신축성이 좋고 가벼워 심장 부위 근육에 쉽게 부착되고 전자파Electrocardiograph, ECG와 지진계Seismocardiograph, SCG를 동시에 판독할 수 있다. ECG는 심장이 박동할 때 생성되는 전기 활동의 비율을 기록하는 방법으로 심장 체크에 주로 사용돼온 친숙한 방법이다. SCG는 심장 박동과 관련된 가슴 진동의 움직임을 측정하는 기술로, 기존에는 이를 측정하기 위해서 착용이 불편한 기기를 사용해야 했다. 하지만 전자 타투는 매우 얇고 신축성이 좋은 불소계 고분자 물질 폴리비닐리덴 플루오라이드Polyvinylidene Fluoride를 사용한 까닭에 가슴 부위 피부에 편하게 부착해 SCG를 측정할 수 있다.

심장병은 현대인의 주요 질병 중 하나로 평소에 심장 건강을 체크하는 것이 매우 중요하다. 심장 검사에 사용해온 기존의 심전도 측정은 의료시설을 방문해야만 가능한 데다 정해진 시간에 보통 몇 분에 불과한 측정 샘플로 심장 건강을 진단하는 게 일반적이었다. 이에 반해 전자 타투는 한 번 붙여두면 며칠 동안 착용할 수 있어 지속적인 모니터링이 가능하고, ECG와 SCG를 함께 측정하기 때문에 더욱 완벽하고 정확한 데이터를 생성할 수 있다. 게다가 생성된 데이터를 스마트폰과 연계해 저장하고, 심장 박동을 실시간으로 화면에 보여줄 수 있는 앱도 함께 개발 중이다. 전문가들은 이 같은 스마트 타투가 전통적인 방식의 심전도 심장 모니터링을 대체할 수 있으며, 원격 진료 또한 진화시키는 새로운 기술이 될 것이라 기대한다.

전자 타투 개발을 이끌어온 텍사스대학교 연구팀은 뒤이어 폐렴 환자의 원격 진료를 목표로 하는 또 다른 타투를 개발했다. 미 국립과학재단National Science Foundation 으로부터 4년간 150만 달러(약 19억 5,000만 원)를 지원받아 조지아공과대학교Georgia Institute of Technology 연구팀과 함께 개발한 이 타투는 머리카락 정도의 가느다란 굵기에 부드러운 무선 웨어러블 센서를 활용해 폐렴 환자의 이상 반응을 측정한다. 심장병 체크를 위한 타투와 마찬가지로 신축성이 좋은 스티커 형식의 타투로 만들어졌으며, 센서 신호를 읽고 처리하는 데 극소전력을 사용하기 때문에 한 번 충전으로 일주일간 지속적 착용이 가능하다.

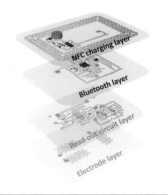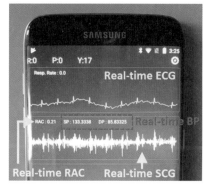

폐렴 모니터링을 위한 스마트 타투   출처: 텍사스오스틴대학교 코크렐공과대학

타투를 통해 수집된 데이터를 분석하고 앞으로의 임상 상태를 예측하는 프로그램도 개발 중이다. 그리고 이 모든 정보는 환자 모니터링 플랫폼인 식베이Sickbay를 통해 관리될 예정이다. 식베이는 FDA 승인을 받아 이미 텍사스아동병원을 비롯한 미국 전역의 병원에서 사용 중인 시스템으로, 이를 상용화하기 위해 메디컬인포매틱스Medical Informatics라는 회사를 설립하는 등 스마트 타투를 활용한 원격 진료의 실질적 상용화가 더욱 구체화되고 있다. 특히 팬데믹과 같은 의료 대란은 병원 접근이 어려운 상황에서도 현재의 건강 상태와 심각한 질병의 발병 여부를 지속적으로 확인할 수 있는 기술을 더욱 간절하게 만들었다. 스마트 타투는 이

기술을 가능케 하는 근간이 될 것으로 기대된다.

내 피부에 내장된 스마트폰 컨트롤, 듀오스킨

의학 분야에서 활용된 스마트 타투는 주로 대학 연구팀에서 시작돼 아직 상용화된 제품이 없는 상태다. 하지만 최근 주요 기업에서 스마트 타투 형태의 웨어러블 기술에 대한 지속적 연구와 상품으로서의 개발에 관심을 보이고 있다. 특히 구글이나 마이크로소프트 같은 거대 미디어 그룹의 자본이 투입되면서 실제 상품으로 출시될 가능성이 더욱 높아졌다. 이러한 기업들은 특히 기존의 전자 기기와 소통하는 스마트 타투 개발에 주목한다. 마이크로소프트 연구팀과 MIT 미디어랩에서 개발한 스마트 타투 '듀오스킨DuoSkin'이 대표적인 예다.

듀오스킨은 전도성 금박을 사용한 스티커형 타투로, 피부에 붙이면 인터랙티브 인터페이스Interactive interface가 된다. 타투를 만지는 방식에 따라 스마트폰이나 노트북과 같은 전자 기기를 제어하고 통신할 수 있다. 내 피부에 직접 스마트폰 컨트롤을 내장하는 획기적인 기술인 셈이다. 게다가 저렴한 금박 소재를 활용해 누구나 원하는 방식과 디자인으로 쉽게 회로를 만들어 스티커처럼 붙일 수 있어 사용이 간편하다. 한 번 붙이면 며칠간 지속해서 사용할 수도, 하루 만에 씻어내어 제거할 수도 있다.

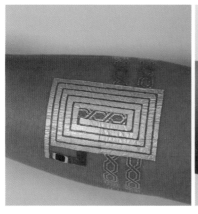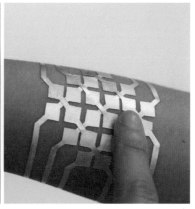

듀오스킨을 피부에 부착한 모습   출처: MIT 미디어랩 사이트

듀오스킨의 주요 기능은 입력Input, 출력Output, 무선통신Wireless Communi-cation 3가지로 정리된다. 우선, 입력 장치 기능은 노트북의 터치패드처럼 내 피부를 통해서 연동된 컴퓨터 커서를 제어하거나 스마트폰에 저장된 음악을 플레이할 수 있다. 두 번째, 출력 장치 기능은 메디컬 분야의 스마트 기기와 비슷한 역할이다. 온도에 따라 색이 변하는 잉크를 사용해 체온이 상승하면 색이 변하는 타투를 통해 몸에 열이 나는 것을 감지할 수 있다. 세 번째, 무선통신 장치 기능은 하나의 인터페이스로, 사진과 같은 데이터를 스마트폰과 주고받을 수 있는 근거리 통신 기술이 내장돼 있다.

신체의 독특한 특징을 활용한 구글의 스킨마크

한편 구글에서 개발하는 스킨마크SkinMarks는 인체의 자연스러운 움직임을 통해 전자 기기를 사용할 수 있도록 해주는 스마트 타투다. 스마트폰의 화면을 크게 하기 위해 보통 엄지와 검지 손가락을 붙였다 떼는 동작을 자주 하는데, 이에 익숙해진 나머지 가끔 자신도 모르게 터치 스크린 기능이 없는 화면에서도 같은 동작을 반복하곤 한다. 만약 우리가 허공에 엄지와 검지를 붙였다 떼서 벌어지는 모양을 만드는 것만으로도 주변 전자 기기의 화면을 늘이거나 줄일 수 있다면 어떨까? 이를 가능케 하는 기술이 바로 스킨마크다.

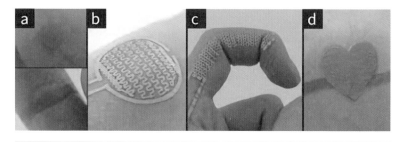

구글에서 개발한 스킨마크   출처: 구글 리서치

　　스킨마크를 이용하면 손가락을 구부리거나 손을 쥐었다 펴는 등의 신체 움직임으로 전자 기기를 제어할 수 있다. 스킨마크는 신체가 가지는 독특한 형상을 이용해 다양한 인터페이스로서의 타투를 개발했다. 예를 들어 돌출된 손가락 관절은 원형 모양의 터치를 가능하게 하고, 직선으로 뻗은 손가락은 선형 슬라이딩 움직임을 제공할 수 있다. 이외에도 피부의 굴곡선이나 주름과 같은 미세한 촉각을 활용하거나, 부위에 따라 다른 피부 탄력을 활용해 스트레칭과 같은 움직임으로 기기를 제어할 수도 있다. 손가락을 구부리거나, 주먹을 쥐었다 펴는 동작, 손가락 사이를

넓게 펼치는 동작 등으로 기기들을 제어할 수 있게 한 것이다.

이러한 신체의 독특한 특징을 활용한 스마트 타투 개발은 매우 까다롭다. 여러 기하학적 구조와 피부 변형에도 동일하게 기능해야 하고, 어떤 표면에도 정확하게 부착돼야 하기 때문이다. 스킨마크는 여러 겹의 기능성 잉크를 사용하고 130℃의 열처리 과정을 거쳐 매우 얇게 만들어지기 때문에, 관절처럼 구부러진 부분에도 잘 부착된다. 비록 그 두께는 얇지만 타투 전체에 센서가 가득 차 있어 움직임이 감지될 때마다 센서들이 반응하도록 만들어졌다. 한마디로 스킨마크는 우리의 손과 피부를 통해 인간과 컴퓨터 기기 간 상호작용을 가능케 하는 기술인 셈이다.

듀오스킨과 마찬가지로 스킨마크는 다양한 디자인, 모양, 크기로 제공돼 사용자가 원하는 모양으로 원하는 부위에 부착할 수 있다. 타투는 태생적으로 자기 표현, 독창성, 개인적 스타일 표출의 열망과 연관된다. 타투의 개인화 특성은 폰케이스를 비롯한 다양한 액세서리를 활용해 나만의 휴대전화로 꾸미는 현대인의 트렌드와 잘 부합한다. 개인에 따라 사용하는 기능도 다양하다. 예전에는 정형화돼 있던 스마트폰의 스크린 화면을 이제는 개개인마다 각기 다른 구성으로 조합하는 것처럼, 스마트 타투 역시 개성에 따라 디자인과 기능을 달리할 수 있다.

스마트 타투의 보편화를 위해 필요한 것은?

시카고대학교^{University of Chicago}의 페드로 로페스^{Pedro Lopes} 교수는 "오늘날 구매하는 웨어러블은 거의 모두 축소된 스마트폰에 불과하다"며, 이미 스마트폰의 기능 전부를 손목시계 크기에 담게 됐고 다음 단계는 이러한 기능을 인체와 결합하는 방법이 될 것이라고 강조했다. 이처럼 최근 수많은 제품으로 상용화되는 웨어러블 기기의 모든 기능이 앞으로는 스마트 타투를 통해 전부 통합될 것으로 기대된다. 이와 같은 무한한 가능성 때문에 빌 게이츠는 스마트 타투를 현재의 스마트폰을 대체할 다음 세대 기술로 지목한 것이다.

타투와 증강현실을 결합한 사례도 있다. 미국의 한 타투이스트가 듣고 싶은 소리나 음성을 각인하는 사운드웨이브 타투와 전용 모바일 앱을 개발한 것이다. 이는 QR코드처럼 현실의 이미지를 통해 저장된 파일을 불러오는 원리로, 현실세계에 가상의 사물을 합성해 부가적 정보를 보여주기 때문에 증강현실로 분류된다. 또한 한국과학기술기획평가원KISTEP 은 2018년에 이미 스마트 타투를 '10대 미래 유망 기술' 중 하나로 선정해 발표한 바 있다. 당시 KISTEP은 스마트 타투를 "패치형·문신형 타투의 색깔 변화를 통해 혈당 수치를 모니터링하거나 암을 자가 진단할 수 있는 기술"이라고 정의하면서, "타투 이미지를 스캔해 저장된 정보를 불러오거나 음악을 재생하는 등 웨어러블 장치처럼 활용이 가능하다"고 덧붙였다.

개인의 건강을 지속적으로 모니터링하는 기술은 의학계뿐만 아니라 각종 건강 관련 및 피트니스 산업계에서도 상당한 관심을 가지고 있는 분야다. 그러나 사용자의 의료 정보가 지속적으로 수집되기 때문에 이로 인한 무단 정보 수집 및 유출, 사생활 침해 등의 문제가 발생할 수 있다. 또한 스마트 문신으로 수집되는 개인 정보는 기업의 타깃 광고에 이용될 위험도 내재돼 있다. 현재는 이러한 부분을 규제할 법률적 제재가 없기 때문에 스마트 타투가 보편화되기까지 몇 가지 논의와 단계를 거쳐야 할 것으로 보인다.

   하지만 스마트 타투가 가지는 매력적인 기능과 간편함의 유혹을 떨쳐내기는 쉽지 않다. 이미 대기업의 자본과 노력이 스마트 타투 개발에 투입됐기 때문에 상품으로 출시되는 데 오랜 시간이 걸리지 않을 것이다. 휴대전화 초기에 보급률 세계 1위를 기록했던 우리나라 역시 스마트 타투가 상용화될 경우 많은 사용자들이 관심을 보일 것으로 기대된다. 이를 위해선 제도적, 문화적으로 새로운 기술 도입에 대한 준비가 필요하다. 또 한편으로는 스마트 타투 기술을 활용한 다양한 콘텐츠 개발에 눈을 돌리는 등 앞으로 스마트 타투를 어떻게 활용할 것인지에 대한 연구도 필요한 시점이다.

이상미(애틀랜타무역관)

TECHNOLOGY

혹한의 날씨에도
끄떡없는
전기차 충전기

시드니

화창한 날씨와 온난한 기후, 캥거루와 코알라의 나라, 아름다운 항구의 도시…. 호주를 대표하는 수식어들 중에는 아름다운 자연 경관을 나타내는 단어가 많다. 하지만 최근 호주에 대한 뉴스와 기사를 보면 이와 상반되는 이야기들이 넘쳐난다. 최악의 홍수로 인한 난민과 사망자 발생, 산불로 인한 코알라의 멸종 위기, 그레이트 배리어 리프Great Barrier Reef의 백화 현상, 연이은 우박과 장마에 따른 피해 등 불과 몇 년 사이에 호주는 한 해도 쉬지 않고 자연재해를 경험하고 있다.

무엇이 호주를 자연재해의 위기 속으로 몰아넣은 것일까?

많은 이들이 하나같이 입을 모아 이야기한다. 호주의 안일한 지구온난화 대응이라고 말이다. 얼마 전까지만 해도 호주는 온실가스 배출량을 2030년까지 26~28% 감축하겠다는 목표를 제시하고 선진국 중에서는 비교적 낮은 탄소중립 목표를 고수해왔다. 당시 총리는 국민들의 생계가 보호받아야 함을 강조하며 구체적 정책이나 목표를 수립하기보다는 탄소저감 기술 보급과 재생에너지 사용 확대를 통해 온실가스 배출을 상쇄하겠다는 계획을 밝혔다.

하지만 기후변화에 대한 호주인들의 우려는 생각보다 깊었다. 2022년 5월 실시된 호주 총선에서 많은 수의 유권자들이 기후변화에 적극적이고 진보적인 정책을 약속한 노동당의 손을 들어준 것이다. 새로운 정부의 등장과 함께 호주의 2030년 온실가스 감축 목표는 43%로 상향 조정됐고, 이를 실현하기 위한 다양한 정책도 앞다투어 추진되고 있다. 이 중 가장 많은 관심을 모은 사업이 바로 연료 자동차의 전기차 전환이다.

2021년 호주 센서스^{Census} 통계 자료에 따르면 호주 인구는 약 2,570만 명이며, 호주 내 전체 차량 등록 수는 2,000만 대 수준이다. 인구 대비 차량 등록 수가 상대적으로 많은 편이다. 도심을 중심으로 대중교통 인프라가 비교적 잘 구축돼 있기는 하나, 워낙 국토가 광활하고 인구 분포는 낮아 도심 거주가 아닌 이상 한 가정당 최소 자가용 1대가 필수이기 때문이다. 하지만 인구 대비 차량 등록 수가 높은 수준임에도 호주의 전기차 사용률은 비교적 낮은 편이다. 매년 100만 대 규모의 신차 판매가 이루어지지만, 전기차 구매 비중은 2021년 기준으로 전체 105만 대 중 약 2%에 불과하다. 유럽 국가나 다른 선진국에 비하면 상당히 저조한 수준인 셈이다. 그러나 호주의 전기차 판매는 매년 증가하는 추세다. 2021년에는 전년 대비 3배나 늘어났을 정도다. 호주전기차협의회^{Electric Vehicle Council}에 따르면, 2021년 호주의 전기차 판매 대수는 2020년 6,900대에서 2021년 3배가량 늘어난 2만 665대로 확인됐다. 전체 신차 판매 중 전기차가 차지하는 비중도 2020년 0.78%에서 2021년 2%로 크게 성장했다.

정부 차원의 투자로 전기차 관련 산업 성장세

신정부의 전기차 사용 증진을 통한 탄소 배출 감축 추진으로, 호주의 전기차 시장은 성장이 가속화할 전망이다. 호주 정부는 전기차 가격 인하와 국가전기차산업전략^{National Electric Vehicle Strategy} 추진을 위해 향후 3년간 2억 호주달러(약 1,840억 원)를 투자하기로 했으며, 전기차 수입 관세 인하 및 전기차에 대한 특별 세금 혜택 지원도 약속했다.

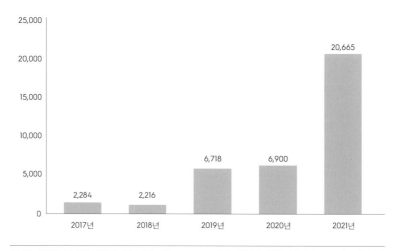

2017~2021년 호주 전기차 판매량(단위: 대)　　　　출처: 호주전기차협의회, KOTRA 시드니무역관

한편 호주의 전기차 충전소 인프라 부족은 여전히 숙제로 남아 있다. 2022년 1월 기준, 호주에는 총 1,871개의 공공 전기차 충전소가 운영 중이고, 이 중 고속 충전소는 약 291개로 조사됐다. 현재 호주 정부는 전기차 산업 활성화를 위해 더 많은 전기차 충전소 인프라 구축을 추진 중이다. 향후 5년간 700개의 고속 충전소 추가 구축 계획도 밝혔다. 이를 위해 주 단위, 연방 단위의 예산 확보에도 많은 노력을 기울이고 있다. 또한 지자체 및 주 정부 예산 보조 프로그램을 통해 쇼핑센터, 관광 명소, 호텔, 식당, 공용주차장 등에 7~40kW급의 완속 충전소Destination Charger를 설치하는 경우도 증가하고 있다.

호주 뉴사우스웨일스 주 정부 지원으로 구축된 노상 전기차 충전소*　　　　출처: Waverley Council

* 100% 재생에너지로 구동되며 22kW의 출력을 보유하고 있다.

트리티움은 어떻게 알래스카 충전기 시장을 선점했나?

현재 세계 제2위의 고속 충전기 생산 업체로 2022년 초 미국 나스닥 상장에도 성공한 트리티움[Tritium]은, 퀸즐랜드대학교 학생들로 구성된 세계 최고 태양열 자동차 레이싱팀 '선샤크[SunShark]'에서 출발했다. 선샤크는 3개의 바퀴로 수천 킬로미터를 달릴 수 있는 노란 물방울 모양의 태양열 자동차로, 매년 수백만 달러의 예산을 보유한 세계 최고 자동차 제조 업체와 대학, 독립 팀들이 참가하는 '세계 태양열 대회[World Solar Challenge]'에서 3위(1999년)를 차지하기도 했다.

트리티움 창립자들. 왼쪽부터 데이비드 핀, 폴 세르니아, 제임스 케네디   출처 : 퀸즐랜드대학교

트리티움의 창립자인 데이비드 핀[David Finn]은 선샤크에서 전기 설계를 담당했다. 그는 태양열 자동차 경주를 통해 얻은 노하우를 상용화하

기로 마음먹고, 선샤크 팀 구성원이었던 폴 세르니아$^{Paul Sernia}$, 제임스 케네디$^{James Kennedy}$와 함께 2001년 호주 브리즈번^{Brisbane} 남부에 위치한 테니슨^{Tennyson}의 한 창고에서 트리티움을 설립했다.

트리티움은 컨설팅 회사로 시작해 2005년부터 본격적인 사업에 뛰어들었다. 초반에는 배터리 전원을 사용해 태양열 자동차에서 모터를 구동하는 모터 인버터를 만들었고, 그로부터 10여 년 뒤인 2012년 드디어 DC 고속 충전기 사업을 시작했다. 캘리포니아 전기차 충전 스타트업에서 일하고 있던 앨런 핀켈$^{Alan Finkel}$[*]로부터 DC 고속 충전기 제작을 요청받은 게 계기가 됐다. 전기차 충전은 AC 타입과 DC 타입으로 구분되는데, AC 타입은 전력을 우선 자동차에 주입한 후 자동차 내부에서 DC로 변환해 배터리에 충전하는 방식이고, DC 타입은 50kW 이상의 높은 전력을 배터리로 직접 주입해 충전하는 방식으로 고속 충전이 가능하다. 때문에 가정에서는 AC 타입을, 공공 충전소에서는 DC 타입을 설치하는 게 일반적이다.

한편 의뢰받은 DC 타입 충전기 제작을 위해 전 세계를 순회했음에도 마음에 드는 제품을 찾지 못한 트리티움의 창립자 데이비드 핀은, 결국 직접 시제품을 만들어 시장에 선보이기로 결심했다. 놀라운 건 그가 제품을 제작한 2012년 즈음부터 글로벌 전기차 시장이 빠르게 확대되기 시작해 2020년까지 매해 50%가량의 급격한 성장을 이뤘다는 것이다. 이 같은 시장 변화는 자연스럽게 전기차 충전 시스템 인프라에 대한 수

---

[*] 2016년부터 2020년까지 호주 국가수석과학자로 재임했다. 호주 정부의 수소에너지 로드맵 수립과 수소경제 정책에 기여했으며, 호주 정부의 저탄소 특별고문으로도 활동했다.

요로 이어졌다. DC 타입 충전기 개발을 추진하던 트리티움에는 천운과 같은 기회였다.

첫 주문은 2014년 크리스마스에 이루어졌다. 노르웨이로부터 전기차 충전기 50개를 주문받았다. 이후 트리티움은 유럽 고속 충전 시장의 20%, 미국 시장의 16%, 호주와 뉴질랜드 시장의 75%를 점유한 급속 충전기 전문 기업으로 우뚝 섰다. 지금까지 전 세계 41개국에 6,700대 이상의 DC 고속 충전기를 판매하며 글로벌 시장 점유율 2위를 달성한 것이다. 현재 트리티움은 글로벌 공급 확대를 위해 기존 공장의 3배 규모에 달하는 생산 공장을 미국 테네시주 지역에 설립할 계획이다. 또한 유럽 신규 생산시설 투자, 로스앤젤레스 부지 확장 및 브리즈번 시설의 추가 개발 등도 추진할 예정이다.

트리티움 DC 고속 충전기   출처: 트리티움

극한의 기후를 극복한 전기차 충전기

2021년 8월 미국 바이든 행정부가 2030년까지 신차 판매의 50%를 친환경 자동차로 채우겠다는 목표를 수립함에 따라, 관련 인프라 구축의 중요성 역시 그 어느 때보다 높아졌다. 트리티움은 이러한 기회를 놓치지 않았다. 그간의 경험을 살려 세계에서 가장 혹독한 기후 조건을 가진 지역에 최적화한 DC 고속 충전 기술을 선보인 것이다. 이를 위해 트리티움은 리차지알래스카ReCharge Alaska와 제휴, 알래스카 캔트웰Cantwell 지역에 극한의 기후에서도 사용이 가능한 DC 급속 충전소를 구축했다.

리차지알래스카는 알래스카 아북극 지역의 공공 충전 인프라 구축을 위한 솔루션 개발 업체로, 알래스카의 DC 고속 충전기 구축 및 확대를 통해 지역 내에 전기차 산업을 활성화하는 것을 목표로 하고 있다. 리차지알래스카는 트리티움의 충전기가 다양한 기후에 대한 적응력이 뛰어나며, 소프트웨어와 하드웨어 양쪽 모두 높은 기술력을 갖춰 해당 프로젝트에 적합하다고 판단했다. 트리티움은 리차지알래스카의 이 같은 판단에 독보적 기술력으로 화답했다. 일반적으로 DC 충전기는 -31℉(-35℃)의 기후에 적합하도록 제작된다. 하지만 캔트웰 지역은 -45℉(-42℃)까지 기온이 떨어지기 때문에, 트리티움은 자사의 RT50 DC 고속 충전기 모델에 적용된 액체 냉각제의 글리콜과 물의 혼합을 -65℉(-53℃) 온도로 저장이 가능하도록 조정했다. 리차지알래스카 역시 -28℉(-33℃)에서도 작동 가능한 1kW 히터가 내장된 인클로저를 구축해 충전기를 보호했다. 이 같은 트리티움과 리차지알래스카의 완벽한 팀워크는 극한의 기후에서도 전기차 충전이 가능하도록 만들었고, 알래스카의 전기차 상용화를 한발 앞당기는 결과를 창출했다.

알래스카 캔트웰 지역에 설치된 트리티움 DC 고속 충전기　　　　　　출처: ReCharge Alaska

　　트리티움이 알래스카 시장을 선점할 수 있었던 건, 세계 유일의 완전 수랭식 충전기를 사용해 공랭식 시스템보다 효과적으로 온도 조절을 할 수 있게 했기 때문이다. 액체 냉각 시스템을 사용하면 충전기의 완전 밀봉이 가능해 유지 관리 비용을 줄일 수 있고 대기 전력을 낮춰 예상 수명 또한 늘릴 수 있다. 기기를 소형화해 공간 활용도를 높인 것도 강점으로 작용했다. 슬림한 사이즈의 트리티움 충전기는 한 번에 차량 2대의 충전이 가능하고 자리를 많이 차지하지 않아 어디든 쉽게 설치된다.

　　이 같은 트리티움의 강점은 그 가능성을 알아본 글로벌 기업들과의 장기 계약으로 이어졌다. 그 결과 쉘, BP, 지멘스SIEMENS 등 누구나 한 번쯤 들어보았을 법한 글로벌 기업들의 전기차 충전소에서 트리티움이 OEM 형태로 제작한 전기차 충전기를 만날 수 있게 됐다.

전기차 관련 산업 확대로 기회의 장 열려

최근 글로벌 자동차 브랜드에서 앞다투어 전기차 모델을 출시하는 것만 봐도 전기차 시장의 성장이 얼마나 빠른 속도로 진행되는지 실감할 수 있다. 또한 전 세계 정상들의 탄소중립을 향한 강한 의지를 볼 때, 전기차 구매가 더 이상 선택이 아닌 필수가 되는 시점도 머지않은 것으로 보인다. 따라서 전기차 충전기는 물론, 이와 연계된 다양한 상품 및 서비스 산업에도 많은 기회가 주어질 것으로 예상된다.

특히 한국은 세계 1위 전기차 충전기 제조 업체를 보유한 만큼 더 많은 중소기업들이 해당 산업에 진출, 세계적 수준의 우수한 기술력과 디자인 확보가 가능해질 전망이다. 국내 대기업들도 전기차 충전기 시장에 많은 관심을 보인다. 2022년 상반기 기준으로 국내 전기차 등록대수가 30만 대를 넘어섰기 때문이다. 이는 2,500만 대 이상이 도로를 달리는 한국에서 전기차 비중이 1%를 넘었음을 의미한다. 시장조사 업체 프리시던스리서치Precedence Research가 전망한 전 세계 전기차 충전 인프라 시장 규모도 대기업들의 전기차 충전 사업 진출을 뒷받침한다. 2020년 149억 달러(약 19조 3,700억 원)에서 2027년 1,154억 달러(약 150조 200억 원) 규모로 확대될 것으로 예상된다. 이에 따라 대기업의 전기차 충전 인프라 관련 업체 인수 및 투자, 자체 제조라인 구축 등이 가속화하는 추세다. 우리 정부 역시 충전기 인프라 확대에 적극 나서고 있다. 전기차 충전시설 설치 의무를 강화하는 내용을 110대 국정과제에 포함한 것이다.

하루가 다르게 급변하는 모빌리티 시장에서 글로벌 선두주자로서의 위상을 지키려면, 전문성과 차별화된 전략, 과감한 도전과 새로운 솔루션을 위한 끊임없는 고민이 수반돼야 한다. 글로벌 전기차 충전 인프라 시장 선점을 위한 경쟁은 이미 시작됐다. 이제 남은 건 누가 이 경쟁에서 승리하느냐다.

전희정(시드니무역관)

PART

3

함께하는
삶을 위한
스마트한 변화

사회-SOCIETY

기술로 앞당기는

따뜻한 포용사회

기술은 '따뜻한' 감성이 아닌 '차가운' 이성의 영역이다. 하지만 이제 기술은 더 이상 차갑지 않다. 사회적 약자를 위한 따뜻한 첨단기술이 속속 등장하고 있어서다. 실제로 시각장애인을 위한 안전 보행 어플리케이션과 디지털 점자 학습 솔루션, 소아 환자를 위한 촉각 체험 기술, 사이버 폭력을 막는 필터링 시스템, 고령층을 위한 스마트 기저귀 등 포용사회를 앞당기는 스마트한 변화들이 빠르게 확산되고 있다. 인종과 세대, 장애를 넘어 기술 혁신으로 함께하는 세상을 만들어가고 있는 최신 비즈니스 사례를 소개한다.

SOCIETY

사회적 약자를 위한
'따뜻한'
첨단기술

나고야

슈퍼 히어로 영화 〈어벤져스^{Avengers}〉 시리즈에는 다양한 능력을 가진 히어로들이 등장한다. 강철 슈트를 입고 날아다니는 아이언맨^{Iron Man}, 고도의 사격술과 조준 능력을 보유한 호크아이^{Hawkeye}, 기계 의수를 달고 괴력을 발휘하는 윈터솔져^{Winter Soldier} 등이 대표적이다. 최근 이들의 능력을 닮은 여러 기술이 개발돼 화제다. 먼저 아이언맨의 로봇 슈트를 닮은 외골격 보조기^{Active Pelvis Orthosis, APO}는 착용자 몸의 균형과 걸음걸이 특징을 파악해 미끄러지거나 넘어지지 않도록 힘을 가하는 데 도움을 준다. 스위스취리히연방공과대학교 연구진은 호크아이의 시력을 닮은 렌즈를 개발했다. 착용자의 기존 시력을 3배 이상 향상할 수 있어 선천적으로나 후천적으로 시력이 저하된 사람들에게 도움을 줄 것으로 기대된다. 스위스와 이탈리아가 촉감을 느낄 수 있는 인공 의수를 개발·보급한 데 이어 최근에는 AI를 통해 손가락 하나하나까지 제어할 수 있는 의수가 개발 됐다. 이처럼 고령인구와 장애인 등 사회적 약자를 위한 기술은 영화에 서뿐 아니라 현실에서도 가시화되고 있다.

고령인구와 장애인을 위한 편의시설 및 서비스 필요

보건복지부에서 발표한 '2021 장애인 등록 현황'에 따르면, 우리나라 등 록 장애인 인구는 2021년 기준 264만 4,700명으로, 전체 인구 대비 약 5.1%에 해당한다. 이 중 65세 이상 장애인이 135만 7,000명으로, 전체 등록 장애인 중 절반 이상을 차지한다. 2020년 49.9%보다 증가한 수치 다. 2021년 신규 등록 장애인이 8만 7,000명이었는데 이 중 55.1%가 65 세 이상으로 고령자 장애인 인구 비중은 증가 추세에 있다.

문제는 아직까지 편의시설, 점자블록 등 장애인을 위한 시설 및 서비 스가 미비한 측면이 많다는 데 있다. 한국시각장애인연합회의 발표에 따 르면 2021년 5월 24일부터 10월 22일까지 전국 시·도·군·구청 287개 소의 시각장애인 편의시설을 조사한 결과, 편의시설이 적정 설치된 곳은 38.8%에 불과했다. '장애인·노인·임산부 등의 편의증진 보장에 관한 법률'에 의하면, 지역자치센터는 의무적으로 편의시설을 설치해야 하지 만 제대로 지켜지지 않는 상황이다. 길거리 점자블록의 경우도 마찬가지 다. 한국시각장애인연합회 시각장애인편의시설지원센터가 2021년 8월 부터 10월까지 서울시 서부도로사업소 관할 지역에서 실시한 조사에 따 르면, 올바르게 설치된 점자블록은 2,334개 중 596개인 25.5%에 불과했고 부적정하거나 설치되지 않은 곳은 74.5%로 나타났다. 길을 안내해야 하는 점자블록이 제대로 된 역할을 하지 못하는 것이다.

　현재 우리나라는 빠른 속도로 고령화 사회에 진입하고 있다. 이는 향후 일상생활의 여러 부분에서 불편함을 호소할 사람들이 많아질 수 있다는 얘기다. 우리나라의 고령인구 및 몸이 불편한 사람들을 위해서라도 해당 문제에 대해 진지하게 고민해볼 필요가 있다. 같은 문제를 일찍이 겪은 일본은 현재 몸이 불편한 사람들을 위한 기술을 연구해 이들을 지원하려는 노력을 계속하고 있다. 그리고 이러한 노력은 사회 모든 구성원의 삶의 질을 높이고 있는데 시각장애인을 위한 기술인 '信GO!'와 현재 실증 실험을 진행 중인 원격 체험 서비스 '모바일 터치'가 이에 해당한다.

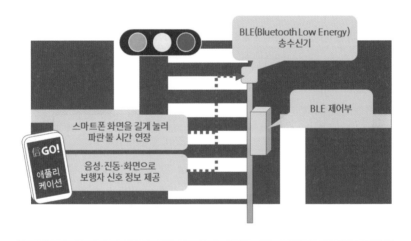

信GO! 앱 작동 원리　　　　　　　　　　　　　　출처: KOTRA 나고야무역관

시각장애인들이 믿고 가는 안전 보행 앱

'信GO!'라는 이름은 한자 '믿을 신(信)'과 영어 'GO'를 결합해 만들었다. 발음해보면 '신고'인데 일본어로 '신호(信号)'라는 뜻을 가지고 있다. 글자 하나하나의 뜻을 보면 '믿고 간다'는 의미로 해석되기도 한다. 信GO!의 기능을 살펴보면 왜 이런 중의적인 이름을 얻게 됐는지 알 수 있다. 信GO!는 시각장애인들이 밤에도 안전하게 횡단보도를 건널 수 있도록 도와주는 스마트폰 앱이기 때문이다.

2020년 4월 일본신호주식회사에서 처음 출시한 이 시스템은, 앱을 내려받아 교차로에 접근하면 신호기에 장착된 기기로부터 신호 정보가 블루투스를 통해 스마트폰에 송신돼 음성, 화면, 진동으로 신호를 설명해준다. 교차로의 명칭이나 길의 방향도 음성 기능으로 확인할 수 있다. 횡단보도 중에는 자동으로 신호가 바뀌지 않고, 보행자가 신호등에 붙어 있는 버튼을 직접 눌러 신호를 바꾼 다음 이용해야 하는 횡단보도가 있다. 이러한 신호등 역시 信GO!로 버튼 조작이 가능하다. 또 필요한 경우 스마트폰 화면을 길게 누르면 보행자 신호인 파란불 시간이 연장되는 효과도 설정해 이용할 수 있다.

미야기 현, 시즈오카 현에 처음 설치된 信GO!는 현재 일본 전역으로 확산되고 있다. 2021년 8월 말 기준으로 적어도 6개 현, 총 140개소 이상의 지역에 설치됐고, 2022년 3월에는 시코쿠에 위치한 에히메, 가가와, 고치 등 3개 현과 혼슈에 위치한 가나가와 현에서도 운용을 시작했다.

信GO!는 이전까지 차의 움직임과 신호등에서 나오는 신호음으로 신호를 추측하고 횡단보도를 이용해야 했던 시각장애인과 거동이 불편해 제때 횡단보도를 건너기 힘들었던 보행 약자에게 안전한 이동을 보장한다. 그뿐만이 아니다. 이 앱은 해당 지역 거주민의 삶의 질을 높여주는 순기능도 있다. 현재 일본의 신호등은 파란불이 켜지면 '삐요삐요' 혹은 '각코' 같은 신호음이 나온다. 이런 신호음에서 유발되는 소음으로 불편함을 겪은 일부 주민들이 '음량을 줄여달라'고 민원을 제기하는 경우도 있다. 하지만 信GO!를 이용하면 이 문제를 자연스럽게 해결할 수 있다. 시각장애인을 위해 만든 앱이 지역 주민에게도 도움이 되는 것이다.

대상 교차로에 접근하면(서비스 제공 범위에 들어가면) 'OO교차점입니다'라고 진동으로 알림

표시된 신호(설정된 신호)가 파란불일 경우 'OO가 파란불로 되었습니다'라고 진동으로 알림

표시된 신호(설정된 신호)가 빨간불일 경우 'OO가 빨간불로 되었습니다'라고 진동 없이 알림

표시된 신호(설정된 신호)가 곧 끝날 경우 '곧 종료됩니다'라고 진동 없이 알림

파란불 신호를 연장해야 할 경우 또는 횡단보도를 건너야 해서 신호 제어가 필요한 경우
'OO는 파란불 신호의 연장 제어가 가능합니다. OO를 연장할까요?',
'OO는 횡단 요구의 제어가 필요합니다. OO를 요구할까요?'라고 진동 없이 알림

信GO!로 이용할 수 있는 서비스의 예   출처: KOTRA 나고야무역관

아픈 아이들을 위한 새로운 형태의 촉각 체험, '모바일 터치'

빙얼라이브재팬^{Being Alive Japan}은 장기 치료를 필요로 하는 아이들이 스포츠팀에 입단할 수 있도록 사업을 추진하는 동시에, 장기 입원을 거친 후에도 치료 및 요양 생활을 계속해야 하는 아이들에게 친구들과 함께 다양한 도전을 시도하도록 돕는 자립 지원 활동을 하는 특정비영리활동법인이다.

빙얼라이브재팬은 2022년 4월 동일본전신전화주식회사 이와테지점(이하 'NTT동일본'), 학교법인 이와테의료대학(이하 '이와테의료대학'), 주식회사 이와테빅불스(이하 '이와테빅불스')와 함께 코로나 시대의 새로운 커뮤니케이션 형태를 지원하고자 모바일 터치 실증 실험을 추진했다.

모바일 터치는 '어디에서나 생생하게 촉감을 느낄 수 있는 체험'을 의미하며, 소아 환자들을 위한 새로운 형태의 체험 서비스다.

이번 실험의 경우, 우선 이와테의료대학부속병원 소아병동과 이와테빅불스 농구 시합장을 인터넷으로 연결한 후 NTT 커뮤니케이션 과학기초연구소의 협력으로 장기 치료 중인 소아 환자와 가족들이 지역 남자 프로 농구팀인 이와테빅불스 선수들의 플레이를 모바일 터치로 생생하게 체험할 수 있도록 했다. 단순히 시각과 청각만이 아니라 디바이스를 이용해 촉각까지 느낄 수 있도록 한 것이 특징이다. 해당 실험에선 이와테의료대학부속병원에서 퇴원한 후 이와테빅불스에서 서포터로 활동하는 고등학생이 '촉감 캐스터'로 활약했다. 해당 고등학생이 이와테빅불스 선수들과 다양한 형태의 커뮤니케이션을 하면 그때의 영상과 음성, 선수들의 하이 터치나 공을 튕길 때 느껴지는 바닥의 진동 등이 촉감 캐스터가 가지고 있는 디바이스를 통해 이와테의료대학부속병원 소아병동에서 입원 치료를 받는 환아들에게 실시간으로 전해진다.

이러한 촉감 체험은 위드 코로나 시대 새로운 응원 스타일이 될 수 있을 뿐 아니라, 지역의 원격 의료와 스포츠 응원 문화가 발전하는 데도 기여할 전망이다. 앞으로는 의료 분야의 원격 면회, 교육 분야의 원격 수업, 스포츠 분야의 원격 응원 등 일상생활 전반에 걸친 다양한 분야에서 진동 전송을 응용한 새로운 통신 서비스 제공이 가능해질 것이다.

사회적 약자를 위한 혁신 기술의 확대

우리의 시민의식은 보다 성숙해질 것이고 전 세계적으로 인권, 평등, 공생의 가치가 더욱 중요하게 생각될 것이다. 이는 최근 화두인 ESG 경영에서도 확인할 수 있는데 그중 상생은 우리나라를 비롯한 세계 각국에서 모두 주목하는 가치다. 또한 저출산·고령화는 앞으로도 계속 고려해야 할 문제다. 때문에 복지 증진뿐 아니라 산업 발전을 위해서도 사회적 약자를 위한 편의시설과 시스템의 도입은 필수불가결하다.

많은 글로벌 기업들도 첨단 기술을 활용해 사회적 약자가 윤택한 삶을 영위할 수 있도록 지원하는 노력을 계속하고 있다. 일례로 네덜란드의 기업 엔비전Envision은 2020년 시각장애인을 위한 차세대 스마트 글라스를 공개했다. 현재 오프라인에서 26개 언어, 온라인에서 60개가 넘는 언어를 지원한다.

이러한 기술의 활용은 이제 생활을 넘어 고용 면에서도 이어진다. 일본 기업 '오므론교토태양'은 각 직원이 '할 수 있는 일'과 '할 수 없는 일'을 명확하게 구분한 뒤, 할 수 없는 일들을 자동화해 생산시설의 반자동화를 실현했다. 이렇게 장애인을 위한 자동화 시스템을 도입하자 업무 환경이 크게 개선돼 비장애인 근로자까지 효율적으로 일할 수 있게 됐다.

우리나라에서도 사회적 약자를 위한 기술 개발을 목적으로 다양한 형태의 '리빙 랩Living Lab(여러 사회 문제를 해결하기 위해 실험하듯 현장에서 다양한 방법을 시도하는 방안)'을 구축 중이다. 휴대용 안저Eye-ground(눈의 동공을 통해 안구 안쪽을 들여다보았을 때 보이는 망막 및 망막 혈관을 종합해 이르는 말) 진단 카메라 개발을 위한 리빙 랩이 좋은 예다. 실명을 예방하려면 원인인 망막 질환을 조기에 발견하는 것이 중요한데 이때 이용하는 기존 카메라는 가격대가 높다. 그래서 휴대가 가능하면서도 가격이 저렴한 안저 카메라를 개발해 사회적 약자의 실명을 예방하는 것이다.

이외에도 시각장애인을 위한 실외 내비게이션 앱이나 버스 탑승 지원 앱, 스마트폰 카메라와 음성 인식 AI를 활용한 사물 인식 보조 앱, 청각장애인 운전기사 채용 및 승객과의 소통을 보조해주는 앱, 청각장애인을 위해 음성을 문자로 실시간 변환해주는 앱 등 첨단 기술을 활용한 다양한 서비스가 속속 선보이고 있다. 통신사들의 대화형 AI 개발도 가속화하는 추세다. 머신러닝 기능을 내장한 대화형 AI는 고령인구와 장애인 등을 지원하는 AI 케어 서비스에서도 유용하게 활용될 전망이다. 더욱이 시장 전망도 밝다. 시장조사 기관 마켓스앤드마켓스에 따르면 전세계 대화형 AI 시장은 2020년 48억 4,100만 달러(약 6조 2,933억 원)에서 2025년 139억 5,900만 달러(약 18조 1,467억 원)로 연평균 21.9% 성장할 것으로 예측된다.

이러한 기술은 사회적 약자를 지원하는 것은 물론, 그 외의 소비자들도 요긴하게 사용할 수 있다. 또한 다른 나라의 관심을 집중시켜 새로운 해외 수요를 창출해 수출의 길로 이어질 수도 있다. 전 세계에서 사회적 약자를 위한 사업이 점차 확대되는 지금이야말로, 우리의 높은 기술력과 아이디어를 이용해 시장 경쟁력을 갖추어야 할 때다.

민현정(나고야무역관)

SOCIETY

사이버 폭력
필터링 시스템,
보디가드

파리

"그것은 현대판 살인이라고도 할 수 있다. 당신은 말 몇 마디, 잘못된 정보, 집요한 공격만으로 누군가를 살해할 수 있다."

지난 2021년 12월, 온라인 커뮤니티의 악성 댓글에 시달리다 스스로 목숨을 끊은 한 프랑스 유튜버의 변호사가 언론과의 인터뷰에서 밝힌 사이버 폭력에 대한 견해다.

사이버 폭력에 특별한 관심이 요구되는 이유

디지털화가 가속화하고 전 세계적으로 스마트폰과 SNS의 사용이 광범위해지는 지금 온라인상의 언어 폭력, 가짜 뉴스 배포, 차별적 언행 등

사이버 폭력 문제가 날로 심각해지고 있다. 글로벌 리서치 기업 스태티스타가 2018년 전 세계 16세 이상 인구 2만 793명을 대상으로 진행한 조사에 따르면, 76%의 응답자가 사이버 폭력에 특별한 관심이 요구된다고 판단했다. 그리고 그 비율은 일본(89%), 세르비아(87%), 스페인(86%), 칠레(86%), 프랑스(84%) 순으로 나타났다. 한국의 경우에는 80%의 성인이 사이버 폭력에 대한 대책을 시급하게 여기는 것으로 드러났다. 또한 2019년 프랑스 시민들을 대상으로 조사한 바에 따르면, 프랑스인 18~24세의 22%, 25~34세의 12%, 35~49세의 10%가 SNS상에서 사이버 폭력의 대상이 된 적이 있다고 답했다. 연령층이 낮을수록 사이버 폭력에 더 크게 노출됨을 확인할 수 있다. 2021년 사이버 폭력으로 스스로 목숨을 끊은 프랑스 청소년의 수가 20명에 이른다는 사실 또한 충격적이다.

사이버 폭력에 상처받고 목숨을 끊는 이들이 더 이상 발생하지 않도록 해결책을 강구해야 한다는 사회적 공감대가 형성된 건 꽤나 오래된 일이지만, 코로나19 이후 가속화한 디지털·초연결 사회에선 폭력의 방식 또한 빠르게 진화하고 있다. 법적 처벌 강화 등 이미 피해자가 발생한 상황에서의 대응도 중요하지만, 피해자가 발생하기 이전 플랫폼 내에서 폭력을 예방할 수 있는 실질적 대책을 수립하는 게 무엇보다 중요해진 이유가 여기에 있다.

실시간 필터링으로 사이버 폭력 예방에 기여

프랑스의 스타트업 보디가드^{Bodyguard}는 2018년, 온라인 플랫폼의 혐오

·증오 표현을 실시간으로 필터링하는 시스템을 발표했다. 이 시스템은 자체적 알고리즘으로 온라인 사이트 내 댓글을 15~20초마다 점검하고 트위터, 유튜브, 인스타그램, 트위치에 올라온 고객 계정의 멘션을 분석한다. 이후 감지된 혐오·증오 표현을 완화된 표현으로 바꾸거나 안 보이도록 덮거나 삭제하는 과정을 거친다.

보디가드가 내놓은 솔루션에는 머신러닝을 이용한 온라인 혐오 표현 필터링 기능에서 한발 더 나아간 차별점이 존재한다. 바로 SNS와 플랫폼의 댓글, 메시지들의 전체적인 내용상 맥락과 맞춤법에 따른 오류 판단, 메시지의 대상을 고려한 말의 뉘앙스까지 분석한다는 점이다. 또한 보디가드의 프로그램은 계속적으로 생성되는 신조어와 기본 이모티콘, 변형해서 사용되는 이모티콘까지 모두 분석이 가능하다. 사용자의 데이터를 수집하지 않는다는 점 또한 보디가드만의 차별점이다. 사용자가 원할 경우 삭제된 부분을 직접 확인하고 복구할 수 있도록 삭제한 내용만 저장하는 시스템을 적용한 덕분이다. 또한 보디가드 프로그램의 사용자는 필터링하고자 하는 주제와 그 제재의 수위도 직접 선택할 수 있다. 이를테면, 인종 차별적 내용은 삭제하되 욕설은 그대로 두는 식이다. 사이버 폭력으로 감지될 수 있는 내용의 영역도 계속 업데이트하고 있다. 증오 표현으로는 협박, 인종 차별, 남녀 차별, 모욕, 놀림, 신체에 대한 부정적 표현 등이 감지되고, 성소수자(LGBTQI+) 혐오, 성추행, 직장 괴롭힘의 내용도 감지해낸다. 스팸과 광고, 사기성 콘텐츠도 오염성 메시지로 구분한다. 게다가 보디가드의 프로그램은 프랑스어, 영어, 스페인어, 이탈리아어, 포르투갈어, 독일어 등 다양한 언어 능력까지 갖췄다.

보디가드 프로그램   출처: 보디가드

B2B 비즈니스 모델로 대규모 투자 유치 성공

2017년 설립 후 한동안 무료로 제공되던 보디가드의 앱은 2021년부터

기업을 대상으로 하는 B2B 방식의 비즈니스 모델을 구축하며 한 단계 진화했다. 구독제 형태로 기업들의 플랫폼 및 SNS를 실시간으로 관리하는 방식인데, 크게 소셜 플랫폼, 게임, 미디어, 스포츠, 엔터테인먼트의 5가지 산업으로 구분해 각 분야에 맞는 솔루션을 구축한다. 기업의 플랫폼에서 진행하는 공개 라이브 채팅의 경우, 실시간으로 올라오는 코멘트를 점검하고 필터링하는 솔루션을 제공한다. 또한 여기서 분석된 데이터는 이후 커뮤니티의 행동 방식과 트렌드를 분석하는 데 사용된다. 현재 보디가드는 글로벌 기업을 포함한 약 25개의 기업을 고객으로 보유하고 있다. 그중 대부분은 그룹엠시스^{Groupe M6}, 브뤼^{Brut}, 콘비니^{Konbini} 등 방송국 및 미디어 그룹이고, 비디오 게임 파우더^{POWDER} 및 프랑스 프로 축구 리그^{Ligue Française de Football Expert}도 보디가드의 프로그램을 사용한다.

B2B 솔루션은 유료지만, 개인 사용자를 위한 '가족용' 프로그램은 여전히 무료 배포 원칙을 고수한다. 미성년 자녀의 SNS에서 사이버 폭력이 감지될 경우, 부모에게 연락이 가도록 하고 부모가 자율적으로 문제 멘트의 삭제 여부를 결정하도록 하는 프로그램이다. 보디가드는 현재까지 자사의 프로그램을 통해 사이버 폭력으로부터 보호한 이용자의 수가 전 세계 총 7억 명 이상이라고 밝혔다. 필터링되는 내용의 분석 정확도 역시 갈수록 높아지고 있다. 현재 90%의 혐오 표현을 삭제하는 데 성공했으며, 오류 확률은 2~3% 정도에 불과하다.

이러한 비즈니스 모델을 기반으로 보디가드는 지난 2022년 3월, 900만 유로(약 119억 7,000만 원) 규모의 투자를 유치하는 데 성공했다. 또한 2021년 9월에는 프렌치 테크의 탤런트 어워즈^{Talent Awards}에서 '민주주의상^{For Democracy}'을 수상하는 성과도 거뒀다. 과도한 필터링으로 민주주

의의 중요한 가치인 표현의 자유를 해칠 수 있다는 우려를 딛고, 보디가
드는 현재 프랑스 정치인과 인플루언서들 사이에서 자주 언급되며 주목
받고 있다.

방구석 코딩이 좋았던 소년, 사이버 보디가드가 되다

보디가드의 CEO 샤를 코엔^{Charles Cohen}은 1995년생으로, 20대 중반의
청년이다. 그는 10살 무렵부터 코딩을 통해 프로그램을 만들기 시작했
는데, 10살이 되던 해 아버지로부터 처음 컴퓨터를 선물받았던 게 계기
가 됐다. 인터넷을 사용할 수 없는 조건이라 컴퓨터 자체에 관심이 생겼
고, 스스로 프로그램을 만들어보기로 한 것이다. 그는 "만약 그때 아버
지가 인터넷을 연결해주었다면 코딩에 관심을 갖게 되지 않았을 것"이
라며 "그렇게 15살이 되던 해에 첫 앱과 사이트를 만들었다"고 밝혔다.
그리고 곧 자신이 만든 앱으로 한 달에 200유로(약 27만 원)의 수입을
올렸다.

보디가드 창업자 샤를 코엔 　　　　　　　　　　　　　　　　　　　출처: 보디가드

고등학교 시절 성적이 좋지 않은 데다 학교 수업에도 관심이 없었지만 컴퓨터와 관련된 과목은 늘 최고점을 받았던 그는, 18살에 대학 입학 자격시험에 합격한 후 대학에 가지 않고 곧바로 IT 회사에서 일을 시작했다. 그리고 얼마 후 회사를 나와 1인 기업 형태로 보디가드를 창업했다.

그는 오래전부터 본인의 일을 통해 사람들을 돕고 사회에 기여하고 싶다는 생각을 해왔지만 사이버 폭력 예방 프로그램을 만들겠다고 결심한 결정적 계기는 총 3가지라고 설명했다. 첫 번째는 어느 날 우연히 본 신문기사였다. 매년 프랑스에서 사이버 폭력으로 자살하는 사람이 60명에 가깝다는 내용이었는데, 그 기사를 보고 충격받은 게 가장 큰 계기였다. 또한 관련 기사들을 통해 인터넷에서 공격받는 것이 두려워 자신의 생각을 표현하지 못하는 사람이 많다는 사실을 알게 됐다. 심지어 언론사 기자들조차 사이버 공격이 두려워 개인 SNS에 의견을 올리기 꺼린다는 이야기를 들은 것이다. '인터넷은 가장 자유롭고 창의적인 공간'이라고 생각해왔던 그에게 이 사실은 충격으로 다가왔고 이는 사이버 폭력을 예방하는 프로그램이 있으면 좋겠다는 생각으로 이어졌다. 아직까지 그런 프로그램이 만들어지지 않았음을 알게 된 순간, 도전해보고 싶다는 투지도 불타올랐다. 사이버 폭력으로 인한 자살을 방지하고 보다 자유롭고 건강한 온라인 문화를 구축하며, 기술적인 성취를 이루는 3가지야말로 그가 보디가드 프로그램 개발을 위해 지난 수년간 달려온 이유다.

어디에도 속하지 않아 자유롭고 시간도 많았던 터라 자발적으로 무료 앱을 만들기 시작했고, 그 결과 2019년 200만 유로(약 26억 6,000만 원)를 투자받기에 이른다. 그의 나이 23살 때의 일이었다. 그는 당시에 대해 "그저 기술적으로 훌륭한 수준의 앱이었을 뿐 비즈니스 모델도 없는 상황이었다"고 밝혔다. 이후 보디가드 프로그램이 삭제한 모든 코멘트를 하나하나 점검하면서 오류를 찾고 문제점을 이해하는 과정을 거치며 직접 프로그램을 개선했다. 메시지의 폭력성, 대화 상대, 내용의 맥락 등을 다각도로 고려할 수 있는 프로그램으로 천천히 한발 한발 나아간 것이다.

현재 보디가드는 1인 기업에서 프랑스에 3개 지점(파리, 마르세유, 니스), LA에 1개 지점을 갖춘 직원 수 30여 명의 기업으로 성장했다. 2022년에는 영국 런던에도 진출할 예정이며, 직원 30여 명을 추가 채용할 계획이다. 대규모 투자 유치를 계기로 메타버스용 증오 범죄 예방 프로그램도 개발 중이다. 이는 언어적 폭력뿐 아니라 메타버스 내 시각적·행동적 온라인 폭력을 감지하고 필터링할 수 있는 프로그램이 될 전망이다.

강력한 사이버 폭력 예방 시스템 구축 필요

우리나라에서도 사이버 폭력은 중요한 사회 문제로 대두된 지 오래다. 인터넷 사용 연령이 낮아지면서 청소년 사이버 폭력 문제도 심각한 수준에 이르렀다. 한국지능정보사회진흥원의 '2021 사이버 폭력 실태 조사'에 따르면, 최근 1년간 사이버 폭력을 경험했다고 답한 청소년의 비율이 29.2%에 달했고, 사이버 폭력 경험이 있는 청소년의 12.5%가 자해·자살을 하고 싶은 생각이 들었다고 답했다. 심리적 스트레스가 신체적 증상으로 전이된 비율도 높았다. 19.6%의 청소년 응답자가 사이버 폭력을 경험한 후 잠을 자지 못하거나 두통·복통 등의 증상에 시달렸다고 답했다.

사이버 폭력 예방과 방지를 위해 올바른 인터넷 이용 방법을 교육하는 등 학교를 비롯한 다양한 기관에서 많은 노력을 기울이지만, 사이버 범죄의 양상은 나날이 악랄해지고 피해자 연령은 점점 낮아지는 추세다. 이제는 예방 교육과 처벌 강화를 통한 범죄 예방을 넘어, 보디가드의 프로그램처럼 피해자 발생과 폭력을 직접적으로 막을 수 있는 솔루션을 도입할 필요가 있다.

물론 이를 위한 시도는 지금도 계속되고 있다. 한 포털 사이트에선 AI 기술을 활용, 악성 댓글을 자동으로 탐지하고 차단해 사이버 폭력 예방에 기여하고, 폭력적인 내용이 들어간 문자를 모니터링해 사이버 폭력을 예방하는 스마트폰 서비스도 도입한 지 오래다. 한 광고 회사는 사이버 따돌림 현상의 실태를 간접 체험할 수 있는 모바일 앱을 개발해 국내외에서 호평받기도 했다. 이제 남은 건 사회 전반적으로 적용 가능한 보다 직접적이고 강력한 사이버 폭력 예방 시스템 구축이 현실화되는 것이다.

곽미성(파리무역관)

전 세계의
찬사를 받은
점자 학습기

암다바드

인도 니와시학교^{Niwasi Andh Vidhyalaya}에 다니는 루드라와 세날은 앞이 보이지 않는 시각장애인이다. 이들에게 싱커벨랩스^{Thinkerbell Labs}가 개발한 점자 학습 솔루션 '애니^{Annie}'는 세상에서 가장 친한 친구다. 이전에 종이와 판^{Slate} 으로 쓰기를 배울 땐 손이 너무나 아파 공부가 재미있다는 생각을 못 했다. 하지만 애니와 함께하면서 배우는 것을 사랑하게 됐다. 특히 루드라는 애니가 주는 동기부여 덕분에 문제를 잘 맞힐 수 있게 됐다고 생각한다.

인도 정부가 운영하는 카림나가르^{Karimnagar} 시각장애인 학교의 한 학생은 처음에 점자 배우는 걸 두려워했다. 하지만 이제는 휴식 시간에도 애니를 내려놓지 않아 교사들이 애를 먹을 지경이다.

여학생을 위한 시각장애인학교$^{NFBM\ Jagriti}$에 근무하는 교사 아르티^{Aarti}는 "시각장애인으로서 점자 쓰기를 가르치는 것은 힘겨운 일이다. 그런 면에서 점자 학습기 애니는 혁신적인 기기라고 생각한다. 점자 학습, 특히 가르치는 것이 이렇게 쉬웠던 적이 없다"라는 말로 애니를 상찬했다.

'인도의 실리콘밸리'에 위치한 혁신 기업

인도의 벵갈루루는 '인도의 실리콘밸리'라 불리는 곳이다. 인도 내 제일 많은 공과대학이 있고 IT 인력이 풍부하고, 위프로^{Wipro}, 인포시스^{Infosys}를 비롯한 수많은 IT 기업 본사가 위치해서다. 마이크로소프트 등 해외 주요 IT 기업들 역시 벵갈루루에 모여 있다. 거주 여건도 비교적 좋은 편이다. 해발고도 949m의 카르나타카 평원에 위치한 벵갈루루는 더위로 악명 높은 남인도 주변 지역보다 훨씬 시원하다. 영국이 인도를 식민 통치할 때 일찌감치 벵갈루루에 터를 잡은 것도 이런 이유에서다. 1905년, 아시아에서 최초로 전기 가로등을 사용한 도시가 벵갈루루인 것도 새삼스럽지 않다. 이러한 환경 덕에 벵갈루루는 인도 내에서 제일 많은 스타트업 투자 유치 금액*을 보유했고, 인도 전체 102개의 유니콘 기업 중 39개 사가 이곳을 본거지로 활동한다.

벵갈루루 도심에 위치한 싱커벨랩스도 이런 혁신 기업들 중 하나다. 2016년 설립된 싱커벨랩스는 BITS필라니$^{Birla\ Institute\ of\ Technology\ and\ Science}$

---

* 엔트래커(Entracker) 2021년 기준, 1위 벵갈루루 202억 달러(약 26조 2,600억 원), 2위 델리 90억 달러 (약 11조 7,000억 원), 3위 뭄바이 65억 달러(약 8조 4,500억 원)다.

Pilani 학생 4명이 모여 만든 스타트업이다. 시각장애인을 위한 알파벳 노래 박스를 라즈베리파이Raspberry Pi(영국 라즈베리파이재단에서 만든 초소형·초저가의 컴퓨터로, 교육용 프로젝트의 일환으로 개발)로 만드는 독립 연구 프로젝트를 진행, 시각장애인 학생 및 교사들의 뜨거운 호응을 받은 것이 계기가 돼 회사를 창립했다. 프로젝트 진행 과정에서 창업자들이 시각장애인용 문자인 브레일(점자)을 직접 배우면서 점자 학습 기기의 필요성을 절감한 것이다.

싱커벨랩스 창업자와 직원들   출처: 싱커벨랩스

'시각장애인의 아이폰'이라 불리는 점자 학습 기기 '애니'

싱커벨랩스의 주력 상품인 애니는 헬렌 켈러의 스승 앤 설리번에서 이름을 따왔다. 48년간 헬렌 켈러 곁을 지킨 스승 앤 설리번으로부터 영감을 얻은 것이다. 애니는 전 세계의 찬사를 받은 기술 활용 점자 학습 솔루션이다. 조금 두꺼운 책 정도 사이즈의 플라스틱 박스 모양으로 점자 디스

플레이, 점자 슬레이트(글쓰기용), 점자 키보드로 구성된다. 일반인 입장에서는 버튼만 있는 네모난 박스로 보이지만, 시각장애 어린아이들에게는 손에서 뗄 수 없을 정도로 중독성 있는 기계라고 한다. 시각장애인에게 애니는 아이폰이 세상이 처음 나왔을 때와 같은 신선함을 제공한다. 싱커벨랩스의 공동 창업자 겸 대표이사 산스크리티 다울Sanskriti Dawle에 따르면, 특수교육 기술의 발전은 지난 10년간 거의 정체된 수준이었다. 게다가 현재의 교육 체계는 구식이고 비효율적이라 항상 누군가 옆에서 지켜봐야 하는 구조다. 애니는 이런 부분을 개선해 학생 입장에서 편하게 상호작용하며 독립적으로 공부할 수 있도록 하는 것을 목표로 했다.

애니의 최대 경쟁력은 시각장애인 학생과 상호작용하는 인터페이스, 그리고 몰입을 위한 콘텐츠다. 애니는 2017년 벵갈루루에 있는 시리라마나 마하리시 시각장애인학교Shree Ramana Maharishi Academy for the Blind, 국립 시각장애인 권리향상연구소National Institute for the Empowerment of Persons with Visual Disabilities의 협력하에 하드웨어 및 소프트웨어 사용자의 피드백을 받아 탄생했다. 일상적인 수업 내용을 벗어나 교육 효과를 극대화하고, 지속적 참여를 유도하기 위해 내용을 게임화함으로써 동료 간 경쟁할 수 있는 시스템을 조성한 게 특징이다. 또한 다른 사람 도움 없이 혼자 학습할 수 있어 시각장애가 학습의 장애가 되지 않도록 했다. 애니의 점자 교육 체계는 널리 알려진 영국왕립시각장애인연구소Royal National Institute of Blind People, RNIB의 핸즈온Hands On 교육 체계를 차용했으며, 창립자들이 직접 점자를 배우면서 느꼈던 부분을 반영해 만들어졌다.

돈으로 환산할 수 없는 애니의 가치

실명 예방을 위한 국제기구The International Agency for the Prevention of Blindness, IAPB에 따르면, 2020년 인도 내 시각장애인(블라인드니스Blindness 기준) 은 920만 명으로 전 세계 4,330만 명 중 약 21%를 차지한다. WHO의 2010년 자료에는 인도의 16세 미만 시각장애인이 320만 명이고 이 가운 데 5% 정도인 약 16만 명만 교육을 받는다고 보고돼 있다. 싱커벨랩스 의 타깃은 그중 교육의 기회를 얻지 못한 약 200만 명의 학생이다. 현재 싱커벨랩스는 인도 전국 18개 주* 75개 이상의 스마트 클래스에 애니를 공급한다. 특히 애니를 활용한 란치Ranchi 지역의 첫 번째 스마트 클래스 는 유엔개발계획UNDP의 2021년 6월 우수 사례로 소개되기도 했다.

애니와 애니를 사용하는 스마트 클래스의 모습   출처: 싱커벨랩스

인도 정부 정책 연구를 담당하는 싱크탱크 '니티 아요그NITI Aayog'는 싱커벨랩스의 시각장애인 교육 솔루션인 애니의 스마트 클래스를 인도

---

* 인도는 28개 주로 구성되어 있다.

의 '희망지구^{Aspirational Districts}(인도 정부가 지정한 112개 저개발 지역)'에 도입할 것을 건의했다. 그리고 사회정의부^{Ministry of Social Justice}에도 시각장애인 교육 정책에 반영할 것을 권고했다.

글로벌 시장에서 가능성과 잠재력을 인정받은 애니

싱커벨랩스는 2016년 영국 UKTI^{UK Trade & Investment}의 그레이트 테크 로켓십^{Great Tech Rocketships} 대회에서 입상한 후 영국 스타트업 인큐베이터인 매스챌린지 UK^{Masschallenge UK}에 들어가면서 구체화됐다. 세상에 알려지기 시작한 건 영국 케임브리지 공작(윌리엄 왕자)과 공작 부인이 애니를 통해 아들 이름인 조지^{George}를 쓰면서부터다. 이후 이듬해인 2017년 인도엔젤네트워크^{Indian Angel Network}와 마힌드라그룹 회장 아난드 마힌드라^{Anand Mahindra}가 1,300만 루피(약 2억 2,100만 원)를 싱커벨랩스에 투자하면서 본격적으로 시제품 제작 및 시장 개척에 나섰다. 2022년 1월에는 인도의 인기 TV 프로그램인 〈샤크 탱크〉에 출연해 1,000만 루피(약 1억 7,000만 원)를 렌즈카트^{Lenskart} CEO로부터 투자받았다.

2022년 6월 프랑스 파리에서 열린 유럽의 스타트업 및 혁신 기술을 소개하는 전시회 비바테크^{VivaTech}에선 인도를 '올해의 국가^{Country of the Year}'로 선정하고 15개의 스타트업을 소개했는데 그 대표 사례가 싱커벨랩스다. 이 밖에도 세계경제포럼^{World Economic Forum}(다보스포럼), 미국 캘리포니아주립대학교에서 개최하는 접근성 및 보조 기술 관련 최대 행사 CSUN^{California State University Northridge}에서도 긍정적인 평가를 받았다. 행사에 참여한 오스트리아의 주안은 "나는 애니가 놀라운 혁신이라고 생각한다. 시각장애가 있는 사람으로서, 애니가 전 세계 시각장애 어린이를 위한 변화를 앞당길 수 있다는 것에 몹시 흥분했다"며 칭찬을 아끼지 않았다.

애니는 현재 해외 진출도 활발히 추진 중이다. 이미 미국 시각장애인을 위한 비영리단체 APH^American Printing House for the Blind 등에 약 170만 달러 (약 22억 1,000만 원) 규모의 수출을 확정 지은 상태다. 단, 제품명은 '폴리Polly'로 바뀔 예정이다. 이외에도 영국, 웨일스, 아랍에미리트, 호주, 뉴질랜드, 남아프리카공화국, 이집트 등에 수출된다.

애니를 체험하고 있는 영국 케임브리지 공작 부부   출처: 싱커벨랩스

'선을 위한 기술'이 만든 긍정적인 변화

우리는 코로나19를 겪으면서 점점 가속화하는 디지털 격차를 직접 체감하고 있다. 특히 언택트 시대에 빠르게 진입하면서 디지털 사각지대에

놓인 소외계층이 늘어나는 추세다. 많은 사람들이 마트에 장을 보러 가는 대신 배송 앱으로 식품을 구입하고, 긴급재난지원금 역시 모바일 뱅킹으로 받는다. 대부분의 사람들에겐 분명 편리한 세상이 되고 있지만, 저소득층·장애인·농어민·고령층에겐 여전히 어려운 부분이 존재한다. 이들의 어려움을 해결할 솔루션에 대한 고민이 필요한 시점이다. 애니의 개발자들이 제일 고심했던 부분도 앞이 보이는 개발자가 앞이 안 보이는 학생의 입장이 되는 게 쉽지 않다는 사실이었다. 공동창업자인 딜립 라메시Dilip Ramesh는 싱커벨랩스의 창업정신인 '선을 위한 기술'이란 소외된 지역사회 발전을 위한 기술이라고 이야기한다.

인도의 아짐프렘지재단Azim Premji Foundation은 60%의 인도 학교가 코로나19 기간 동안 온라인 학습을 진행할 역량을 갖추지 못했다고 밝혔다. 디지털 정책을 위한 정부 싱크탱크인 인도국제경제관계연구위원회ICRIER도 인도 학생의 20% 수준만이 코로나19 기간 동안 원격 교육 혜택을 받았으며, 38%의 가정에서 최소 1명의 학생이 학교를 그만두었다고 발표했다.

그러나 서서히 변화는 시작되고 있다. 2022년 1월 TV 프로그램 〈샤크 탱크〉에 출연한 10살의 시각장애인 소년 프라사메시는 애니 덕분에 점자를 터득했다며, 이젠 책도 읽고 글도 쓸 수 있다고 밝혔다. 그의 장래희망은 인도 고위공무원IAS이 되는 것으로, 고위공무원은 앞이 보이는 학생들도 실현하기 힘든 꿈이다. 이는 2019년 통계를 보면 명확하게 알 수 있다. 80만 명의 지원자 중 단 829명만이 고위공무원으로 선발됐기 때문이다. 하지만 프라사메시는 애니 덕분에 이런 꿈을 꿀 수 있게 됐다며 환하게 웃었다.

인기 TV 프로그램 〈샤크 탱크〉에 출연한 싱커벨랩스의 공동 창업자 4명과 시각장애인 소년　출처: 싱커벨랩스

디지털 취약계층을 위한 기술 개발에 집중하다

2022년 3월에 발표된 '2021 디지털정보격차 실태조사'에 따르면, 우리나라의 저소득층·장애인·농어민·고령층 같은 취약계층의 디지털 정보화는 75.4% 수준이다(일반인 100% 기준). 정부는 현재 혁신적 포용국가 실현을 위한 디지털 포용 계획 추진, 디지털포용위원회 설립, 관련 법 제정 등 다양한 정책을 추진 중이다. 취약계층의 디지털 정보화도 매년 개선된다. 하지만 개선 수준은 2020년 대비 2.7%p 향상에 그쳤다. 이는 바꿔말하면, 아직 많은 기회가 잠재됐다는 뜻이기도 하다.

　다른 나라들 역시 코로나로 부각된 디지털 취약계층 지원 정책에 심혈을 기울인다. 특히 EU는 다양한 디지털 포용 기술 개발 프로젝트 지원을 통해 취약계층의 삶을 향상시키고 있다.

프로젝트 유형	주요 프로젝트 내용
시각장애인을 위한 기술 개발 프로젝트	• 블라인드패드(BlindPAD) : 시각장애인을 위한 촉각 디스플레이 • 앱비(ABBI) : 오디오 팔찌로 움직임이 어디서 발생하는지 공간 정보를 제공 • 에코모드(ECOMODE) : 노인과 시각장애인을 위한 시청각 정보 보조 모바일 장치 개발
청각장애인을 위한 기술 개발 프로젝트	• 3D튠인(3D-TUNE-IN) : 어린이와 노인의 청력 보조를 위한 보청기 • 코코하(COCOHA) : 보청기의 인지제어 기능으로 시끄러운 환경에서 자연스러운 의사소통이 가능하도록 돕는 시스템
기능장애인을 위한 기술 개발 프로젝트	• 마멤(MAMEM) : 파킨슨병 및 근육장애인을 대상으로 눈의 움직임과 정신적 명령을 통제하는 AI 인터페이스 • 모어그래스프(Moregrasp) : 일상생활에서의 상호작용을 위한 다중 신경 보철물 • 인핸스(eNHANCE) : 신체장애인의 일상 속 운동기능 향상을 위한 재활 기술
인지장애인을 위한 기술 개발 프로젝트	• 포세이돈(Poseidon) : 다운증후군 환자의 독립적 생활을 위한 시각 및 터치 앱 기술 • 에이블투인클루드(ABLE-TO-INCLUDE) : 지적장애인·발달장애인을 위한 SNS 서비스와 이동성 지원
일반 사회적 포용	• 랩(RAPP) : 노인의 사회적 참여를 위한 로봇 앱을 쉽게 만들어 제공할 수 있는 오픈 소스 소프트웨어 플랫폼

EU의 디지털 포용 기술 개발 프로젝트   출처 : EU 집행위원회, 경기연구원

현재 싱커벨랩스는 시각장애인을 위한 기술을 추가적으로 개발 중이며 특허도 획득한 상황이다. 그리고 향후에는 다른 장애 분야로 사업 영역을 확대해나갈 계획이다. 공동 창업자 딜립 라메시는 선을 위한 기술

은 싱커벨랩스의 창업정신으로서, 회사 직원들 모두 이 정신을 이해하며 즐겁게 일하고 있다고 강조했다. 혹시 한국 고객들에게 남기고 싶은 말은 없느냐는 질문에는, 자신은 한국 제품의 큰 팬으로 존경심을 갖고 있으며 애니가 곧 한국에도 소개되길 바란다는 희망을 밝혔다. 또한 애니의 한국어 현지화나 시장 진입을 위해 함께 협력할 수 있는 파트너는 언제든 환영이라고 언급했다.

시각장애인 혼자 쉽고 재미있게 점자를 배울 수 있는 스마트 점자 학습기는 우리나라에도 존재한다. 작은 피아노처럼 생긴 이 기기는 한 스타트업이 2년간에 걸친 연구 개발 끝에 2017년 공개해 세간의 관심을 집중시켰다. 2020년부터는 거대 통신 기업과 제휴, AI 스피커와 점자 학습기를 결합한 스마트 점자 학습 시스템을 전국의 맹학교와 복지관에 제공하고 있다. 앞으로도 취약계층을 위한 이런 스마트 기술이 좀 더 많이 등장하길 기대한다.

이승기(암다바드무역관)

노인과 간병인의 고충을 헤아린 스마트 기저귀

타이베이

타이베이에 사는 직장인 첸은 평소 숙면을 취하지 못해 늘 피곤하다. 갑작스럽게 찾아온 뇌졸중으로 자리에서 일어나지 못하고 누워 지내는 아버지가 새벽이면 수시로 불러 기저귀 교체를 요구하기 때문이다. 첸의 아버지도 밤낮으로 돌아가며 자신을 보살피는 자녀들에게 미안한 마음뿐이다. 자녀들이 기저귀를 갈아줄 때면 어쩔 수 없는 수치심과 자괴감에 괴로울 때도 많지만, 배변조차 마음대로 조절할 수 없는 상황이 답답하고 배변 후의 찝찝함도 참아내기 어려워 자주 자녀들을 찾게 된다.

요양원에 재취업해 간병인으로 일하고 있는 50대 린은 손목을 쓰는 일이 많아 손목 통증이 빈번히 재발한다. 특히 어르신들의 기저귀 교체는 린의 주요 일과 중 하나다. 린은 다른 간병인 동료들과 마찬가지로 어르신 8명을 담당하는데, 하루 8시간 일과 중 기저귀 교체 횟수만 해도 적게는 16번에서 많게는 30번이 넘을 정도다. 게다가 어르신들의 기저귀를 가는 일은 몸이 유연하고 체구가 작은 아기들을 다룰 때와 달라서 보통 5분 이상 소요된다. 근육 경직 상태가 심한 어르신의 경우에는 이보다 많은 시간과 힘이 필요하다.

인구 고령화가 성인용 기저귀 판매량에 미치는 영향

사람은 태어나면 누구나 기저귀를 찬다. 대소변을 가릴 나이가 돼 기저귀를 떼고 난 이후에도 기저귀를 착용하는 일은 누구에게나 생길 수 있다. 노화나 노인성 질병으로 거동이 불가능해져 침상에 누워 지낼 수도 있고, 불의의 사고로 이른 나이부터 와병 생활을 하게 되는 경우도 있다.

예기치 않은 사고를 당한 경우를 제외하더라도 인구 고령화는 성인용 기저귀 사용량 증가에 영향을 미친다. 2018년 한 국회의원이 공개한 환경부 자료에 따르면, 2017년 한국의 일회용 기저귀 사용량은 30억 개로 2013년 대비 44%나 증가했다. 같은 기간 출생아 수가 18% 감소한 것을 감안할 때, 노인 인구 증가에 따른 성인용 기저귀 사용이 늘어났기 때문인 것으로 추측된다.

대만의 상황도 비슷하다. 현지 제지협회 통계에 따르면, 2020년 대만의 성인용 기저귀 판매량은 약 5억 8,000만 개로 20년 전인 2000년에 비해 4배 이상 증가했다. 이 수치는 직간접 수출을 포함하나 대만 역시 인구 고령화가 심화되는 만큼 내수 판매량 또한 증가했을 것으로 보는 게 타당하다.

고령자의 배설 관련 애로를 해결해주는 '스마트 기저귀'

대만의 다신바이오테크놀로지Daxin Biotechnology(이하 '다신바이오')는 스마트 기저귀를 개발해 간호·간병 서비스 시장에서 주목받는 업체다. 대만에서는 거동이 불편한 고령자의 이동을 도와주는 전동휠체어나 전동스쿠터 산업이 발달한 반면, 배설 관련 애로를 해결하는 데는 크게 관심을 기울이지 않는다는 것에 착안해 스마트 기저귀를 개발했다.

제품 개발 과정은 그리 순탄치 않았다. 2017년 회사를 설립해 2021년 시범 상용화를 시작하기까지 5년이나 걸렸을 정도다. 특히 가장 많은 시행착오를 겪었던 부분은 신체 착용부인 기저귀컵이다. 인공호흡기를 참고해 설계한 기저귀컵은 배설물이나 세척수가 새어 나오지 않으면서 최대한 편안하게 착용할 수 있도록 수정에 수정을 거듭했다. 피부에 바로 닿는 기저귀컵 부분은 의료용 항균 실리콘을 사용했고, 기저귀컵이 움직이지 않도록 감싸주는 겉싸개는 원적외선 게르마늄 성분을 함유한 원단을 사용해 일반적인 벨크로 타입 기저귀처럼 여며 입히도록 했다. 겉싸개의 엉덩이 부분에는 도톰한 쿨젤Cool Gel도 덧댔다. 엉덩이 부분의 밀착도를 높이는 동시에 오랫동안 누워 지낼 경우 엉덩이에 가해지는 압력을 줄이기 위해서다.

이 제품은 사용자의 배설물을 음압으로 흡인해 오물통으로 내려보내고, 세정수통에 있는 물을 온수 처리한 다음 기저귀컵 노즐로 분사해 씻겨준다. 세정 과정이 끝나면 온풍이 나와 수분기를 제거하는 것으로 한 사이클이 종료된다. 한마디로 전자동 비데와 비슷한 원리다.

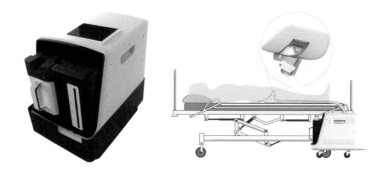

스마트 기저귀 본체와 사용 이미지   출처: 다신바이오테크놀로지

기저귀컵에는 세 방향으로 센서가 내장돼 사용자가 오른쪽이나 왼쪽으로 누워 있을 때도 배설 여부를 놓치지 않고 감지해내도록 설계했다. 세정수통과 오물통의 용량은 각각 5리터에 달한다. 세정수통을 가득 채웠다는 가정하에 총 20번의 세정 사이클을 돌릴 수 있다. 건강한 사람들은 보통 하루에 6~8번가량 배변을 보지만 배변 조절 능력이 약해진 노인들은 자주 배변을 보게 된다. 이런 점을 감안하더라도 한나절 또는 하루에 1회만 세정수통을 채워주고 오물통을 비워내는 정도로 관리가 가능하다. 오물통은 밀폐로 설계해 기본적으로 냄새가 새어 나가지 않도록 했고, 활성탄 필터를 내장해 한 번 더 냄새를 잡았다. 덕분에 간병인이나 보호자는 보다 효율적인 돌봄을 제공하고, 사용자는 더욱 쾌적하게 지낼 수 있어 일석이조의 효과를 누릴 수 있다.

사용자 맞춤형 설정부터 배설 데이터 기록까지, 터치스크린으로 OK!

스마트 기저귀의 진짜 스마트화는 세정수통 위쪽 본체 상단에 있는 터치스크린 패널에서 시작된다. 보호자 또는 간병인은 터치스크린 패널을 통해 사용자의 성별과 기능을 설정할 수 있다. 여성 사용자의 경우 소변 후에도 온수 세정 기능이 작동하는 점이 남성과 다르다. 세정·건조 기능은 기본적으로 설정된 디폴트 값으로 작동하지만, 이보다 더 꼼꼼한 세정·건조가 필요하면 터치스크린 패널로 시간 설정을 늘릴 수 있다. 또한 보호자나 간병인의 판단에 따라 수동으로 대소변 모드를 추가 작동할 때도 터치스크린 패널로 조작이 가능하다.

터치스크린에는 설정 수온과 실시간 수온도 표시된다. 수온은 사용자가 화상을 입지 않는 선에서 최고 40℃까지 설정할 수 있으며, 수온이 설정값에 맞게 유지되지 않고 이상이 발생하면 경보로 알려준다. 터치스크린 메인 화면에는 대소변별 배설 횟수와 배설 용량이 표시되며, 상세 내역 버튼을 누르면 본체에 기록된 대소변 날짜·시간 등을 확인할 수 있다. 메인 화면의 대소변 횟수 기록은 필요에 따라 초기화가 가능하다. 보호자나 간병인은 오물통을 비운 다음이나 교대근무가 시작된 이후의 배변 횟수를 카운팅하는 데 초기화 기능을 쓸 수 있다. 사용자가 샤워 등으로 잠시 자리를 비울 때를 이용해 클린 모드를 작동할 수도 있다. 전용 마개로 기저귀컵을 막은 후 세정수통에 전용 소독제를 넣어 클린 모드를 돌리면 더 위생적인 사용이 가능하다.

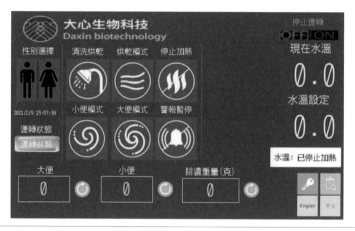

스마트 기저귀 본체의 터치스크린 패널 　　　　　　　　　　　　出처: 다신바이오테크놀로지

　　스마트 기저귀가 기록·수집한 대소변 데이터는 병원에서 더욱 빛을
발한다. 요양원에서는 전자동으로 대소변을 받아내고 뒤처리를 도와 간
병인의 업무 부담과 운영 비용을 줄이는 것으로 충분하지만, 병원에서는
스마트 기저귀를 통해 수집된 데이터를 활용, 환자의 상태를 파악하는
데 중점을 둔다.

　　이에 다신바이오는 간호사실에서 환자의 I/O(섭취량과 배설량)를
통합 관리·모니터링하는 클라우드 플랫폼을 지원하는 방식으로, 각 병
원의 환경에 맞는 스마트 기저귀 솔루션을 제공한다. 간호사는 이 플랫
폼으로 환자의 섭취량을 기록할 수 있으며, 환자의 배설 상황도 원격으
로 모니터링할 수 있다. 환자의 체액 균형 상태를 관리하는 과정에서 환
자별 배설 루틴이나 배설량에 이상이 발생한 경우, 조기에 감지해 적절
한 조치를 취할 수 있다는 뜻이다. 다신바이오는 향후 본체에 배설물을
분석하는 기능까지 내장해 고도화할 계획이다.

환자별 배변 시간, 용량, 횟수를 날짜별로 확인 가능한 원격 모니터링 플랫폼　출처: 다신바이오테크놀로지

인구 고령화와 돌봄인력의 부족, 스마트화로 돌파구 마련

전체 인구 5명 중 1명이 65세 이상인 '초고령사회' 진입까지 시간이 얼마 남지 않았다. 대만뿐 아니라 한국도 2025년이면 초고령사회에 들어설 것으로 예상된다. 노령층이 두터워지면서 노년 부양비도 함께 증가하는 추세다. 한국과 대만의 노년 부양비는 이미 20명을 넘어선 상황이다. 이는 15~64세 생산가능인구 100명당 65세 이상 고령인구가 20명이 넘는다는 의미로, 1명의 노인을 5명이 채 안 되는 생산가능인구가 부양하고 있다는 뜻이다. 이 비율은 한국이 2036년, 대만이 2040년일 때 50명에 도달할 것으로 예상된다. 생산가능인구 2명이 1명의 노인을 부양하게 될 날이 머지않았다는 의미다.

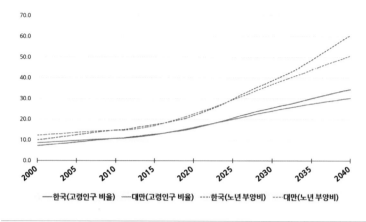

한국과 대만의 고령인구 비율과 노년 부양비(기준: 생산가능인구 100명당 65세 이상 인구)

출처: 한국 통계청, 대만 행정원

생산가능인구가 줄어들면 돌봄인력 역시 부족해질 수밖에 없다. 대만에는 간병인력으로 일하는 이주노동자가 20만 명이 넘는다. 이 중 대다수의 인력이 개별 가정에 고용돼 일한다. 실제로 대만에서는 이주노동자들이 휠체어에 거동이 불편한 노인을 모시고 산책하는 풍경을 어렵지 않게 만날 수 있다. 이들 간병인력은 대부분 동남아시아 여성이다. 이 지역 국가들의 경제 성장에 따라 향후에는 이주노동자 확보도 어려워질 수있다는 얘기다.

물론 고령 기준 연령인 65세를 넘은 나이에 중·장년 못지않게 활기찬 노후생활을 영위하는 어르신들도 적지는 않다. 그러나 평균수명이 길어지고 인생 100세 시대가 다가오는 시점에서, 인구 고령화에 따른 장기요양 수요가 늘어날 것이라는 예견은 타당하다. 대만 정부는 2016년 발표한 정책 보고서 '장기요양 10년 계획(2017~2026)'에서 대만 내 장기요양을 필요로 하는 인구가 10년 사이 26만 명 이상 증가해 92~100만 명에 달할 것으로 내다봤다. 이 가운데 65세 미만 인구 중 장기요양 수요자 수는 10년간 큰 변화가 없거나 오히려 소폭 감소할 것이라고 예측했다. 고령층과 50세 이상의 치매 환자를 중심으로 한 장기요양 수요가 더 많아질 것이라는 전망이다.

우리나라도 상황은 크게 다르지 않다. 보험연구원KIRI이 2020년 12월 발표한 연구 보고서에 따르면, 우리나라 노인장기요양보험 가입자 중 65세 이상의 가입자 비중은 2020년 11%에서 2050년 32%에 달할 것으로 전망된다. 이에 따라 고령층을 타깃으로 한 다양한 형태의 스마트 기저귀 개발이 급물살을 타고 있다. 성인용 기저귀에 온·습도 센서를 부착해 기저귀 내 온도나 습도에 이상이 발생하면 보호자의 스마트폰으로 알림을 보내주는 제품부터 배뇨 즉시 이를 인식, 스마트폰 앱을 통해 보호자에게 알리고, 소변량도 정확히 측정해주는 제품까지 종류도 여러 가지다.

스마트화는 제조업의 생산성을 높이는 지름길이자, 고령화로 일손이 부족해지는 우리 사회에 최적의 대안이기도 하다. 기대수명 연장으로 노년의 삶이 길어지고 장기요양 수요가 늘어나는 지금, 노인 및 간호·간병 분야에서도 스마트화는 절실히 요구된다. 기업들 역시 이 같은 기대와 요구에 적극 부응하고 있다. 대만의 다신바이오 같은 경우, 실내용 스마트 기저귀뿐 아니라 실외에서도 위생적인 배변 관리가 가능한 휠체어용 스마트 기저귀를 개발 중이다. 스마트화의 적용 범위를 점점 넓혀나가는 것이다.

유기자(타이베이무역관)

SOCIETY

다양한 '살색' 중
당신이 원하는 색은
무엇인가?

로스앤젤레스

2019년의 어느 날, 미국 버지니아 주에 사는 9살 소녀 벨렌 우다드^{Bellen} Woodard는 학교 미술 시간에 친구로부터 '살색^{Skin Tone}' 크레용을 빌려달라는 부탁을 받았다.

"살색? 도대체 어떤 색을 뜻하는 거지?"

벨렌은 크레용을 빌려달라고 부탁한 친구에게 되물었고, 벨렌의 친구는 연한 복숭아색 크레용을 콕 찍었다.

"이거 말이야, 이거. 이게 '살색'이잖아."

벨렌은 순간 말을 잃었다. 벨렌의 피부색은 친구가 빌려달라는, 은은한 분홍빛이 감도는 복숭아빛의 살색과는 거리가 멀었기 때문이다. 벨렌은 방과 후 집으로 돌아와 미술 시간에 친구와 있었던 일에 대해 엄마에게 이야기하고 이렇게 질문했다.

"엄마, 왜 복숭아색을 살색이라고 해요? 내 피부색은 복숭아색이 아닌데요."

벨렌은 다니고 있는 학교의 동급생 중 유일한 유색인종이었다. 학교에서 있었던 일을 들은 벨렌의 어머니는 당혹스러운 마음을 감출 수 없었지만, 아직 어린 딸의 호기심 어린 눈을 바라보며 이렇게 물었다.

"친구한테 복숭아색이 살색이라는 얘기를 들었을 때 어떤 기분이 들었니?"

"마음이 불편했어요. 따돌림을 당하는 듯한 느낌도 들었어요."

"그럼, 다음에 친구가 또 살색 크레용을 빌려달라고 요청하면 복숭아색 대신 갈색 크레용을 건네주렴."

그러나 벨렌은 더 좋은 생각이 있다며 눈을 빛내면서 말했다.

"아니에요. 저는 친구한테 '이렇게 많은 예쁜 살색들 중에 어떤 색을 원하는 거니?'라고 물어보고 '많은 예쁜 살색'들을 보여줄래요."

크레욜라, 'More than Peach' 프로젝트의 든든한 후원자

이후 벨렌은 학교에서 친구들이 '살색' 색상을 언급할 때마다 다른 '아름다운 피부색들'에 대해 이야기했다. 벨렌의 발상은 같은 반 친구들과 선생님, 그리고 학교 전체로 퍼져나갔다. 이어 벨렌은 아동 모델 활동을 하면서 모은 돈으로 다양한 살색을 표현하는 크레용을 주문 제작했다. 이렇게 살색을 바꾸는 'More than Peach' 프로젝트가 시작됐고, 벨렌은 특별히 제작한 다양한 피부색의 크레용을 벨렌의 학교뿐 아니라 인근 학교들에도 무료로 제공했다. 그러자 벨렌의 프로젝트에 대한 소문이 지역 커뮤니티로, 또 도시 전체로 퍼져나갔고, 프로젝트를 후원하고 지지하는 사람들과 참여를 희망하는 사람들 역시 늘어났다.

미국의 대표적인 미술용품 전문 회사 '크레욜라Crayola LLC'에서도 벨렌의 More than Peach 프로젝트에 관심을 갖고 후원을 시작했다. 이듬해인 2020년, 다채로운 피부 색상을 표현할 수 있는 24색 크레용 '월드 컬러Colors of the World'를 선보였고, 뒤이어 색연필과 매직펜, 컬러링북Coloring Book도 출시했다.

흔히 우리가 '살색'으로 알고 있는 색상은 뽀얗고 연한 베이지색에 살짝 분홍빛이 감도는 색으로, 이는 백인의 피부를 표현한 색이다. 분홍빛이 감도는 연한 살색은 벨렌 같은 어린아이의 눈에는 복숭아색으로도 보일 수 있다. 그러나 이는 '멜팅 팟Melting Pot'이라 불리는 아프리카계, 중남미계, 아시안계 등이 포함된 미국인들의 다양한 피부색을 표현하기에는 매우 부족할 뿐 아니라, 전 세계 인종의 다양성을 표현할 수도 없다.

9살 소녀의 아름다운 발상으로 시작된 More than Peach 프로젝트는, 백인이 아닌 유색인종의 피부색도 아름답고 존중받아야 하며 사회 전반에서 포용돼야 함을 강조하고, 기존 백인 중심의 한정된 살색 표현과 인식을 바꾸는 계기가 됐다. 이제는 살색이라는 표현이 적합하지 못하다는 지적과 함께 그 명칭도 사라지고 있다. 크레욜라 역시 살색이라는 명칭 대신 '라이트 미디엄 아몬드Light Medium Almond', '미디엄 아몬드Medium Almond', '라이트 골든Light Golden', '딥 골든Deep Golden', '딥 아몬드Deep Almond' 등의 색상 명을 사용한다. 또한 제품 개발에 앞서 정확하고도 다양한 피부색 표현을 위해 색조 화장품 전문가를 초빙해서 전 세계 40여

인종을 대표하는 24색의 색상을 개발했다.

More than Peach 제품들   출처: www.morethanpeach.com

밴드에이드, '아워 톤'으로 다양한 피부색을 표현하다

크레욜라의 '월드 컬러' 크레용 출시에 이어, 미국을 대표하는 반창고 브랜드 밴드에이드^{Band Aid} 역시 '아워 톤^{Our Tone}'이라는 이름의 반창고 제품을 출시했다. 아워 톤은 다양한 피부색을 표현한 반창고 제품으로, 이전에는 밝은 피부 색상의 반창고 제품만을 판매해왔다. 하지만 이번 아워

톤 제품 출시로 그동안 알게 모르게 거부감을 느껴왔던 사용자들에게 큰
관심과 지지를 받게 됐다.

밴드에이드 아워 톤 반창고   출처: 밴드에이드

　　밴드에이드는 아워 톤 제품을 출시하면서 인스타그램 메시지를 통해
다양성에 대한 포용과 치유를 강조했다. 당시 미국 사회에선 경찰의 무
력 행사에 대한 반발과 인권 향상에 대한 경각심이 심화되고, '흑인의 목
숨도 소중하다Black Lives Matter'라는 캐치프레이즈의 인권 운동이 확산되고
있었다. 밴드에이드는 "우리는 다양한 피부의 아름다움을 포용하는, 브
라운과 블랙 피부 톤의 밝은, 중간, 깊은 색조의 다양한 밴드 제품을 출
시하기 위해 최선을 다하고 있습니다. 고객의 다양성을 포용하고 최고의
치유 솔루션을 제공해 고객을 대변하기 위해 노력합니다"라고 밝히며,
당시 고통받는 흑인과 흑인 사회를 위해 실질적인 변화를 만들려는 노력

을 계속하고 있다는 지지 입장을 표명했다.

누드, 유행에 민감하지 않은 '뉴트럴 색상'이 되다

패션 업계에서는 수년 전부터 누드^{Nude} 컬러가 새로운 블랙^{New Black} 으로 불리며 검은색만큼 유행을 타지 않는 꾸준한 색상으로 인식되고 있다. '베이지는 새로운 검은색이다^{Beige is the new black}' 또는 '누드는 새로운 검은 색이다^{Nude is the new black}'라는 표현까지 등장하며 패션계에 돌풍을 일으켰다. 누드 컬러는 이제 자연스러운 편안함을 강조하며 블랙과 화이트만큼 보편적이고 유행에 민감하지 않은 뉴트럴^{Neutral} 색상으로 자리 잡았다. 자연스러운 피부색을 뜻하는 누드 컬러는 다양한 피부 색상을 포용하며 자연스러운 세련됨과 여성미를 강조하면서 전 세계 패셔니스타들의 시선을 사로잡고 있다.

미국의 리얼리티쇼 〈카다시안 따라잡기^{Keeping Up with the Kardashians}〉로 유명해진 방송인 킴 카다시안^{Kim Kardashian}의 속옷 전문 브랜드 스킴스 ^{SKIMS} 역시 이러한 트렌드를 반영한다. 스킴스는 보정 속옷과 일반 속옷, 라운지 웨어^{Lounge Wear} 중심의 전문 속옷 브랜드로, 단순한 디자인에 편안함을 더해 여성 소비자들의 관심을 끌었다. 패턴이나 레이스 등의 장식 없이 부드럽고 신축성이 뛰어난 소재를 사용했으며, 자연스러운 뉴트럴 톤^{Neutral Tone}의 속옷으로 구성된 게 특징이다. 다양한 사이즈와 기본 컬러인 흰색, 검은색은 물론 밝은 베이지부터 초콜릿을 닮은 브라운 컬러까지 다양한 누드 톤의 제품을 구비해, 언제든 소비자의 피부 톤에 맞는 자연스러운 색상의 제품을 구매할 수 있다. '모든 체형을 위한^{For Every}

Body' 속옷으로 포용성을 강조한다.

NW Nudes   출처: 나인웨스트

유명 명품 브랜드인 크리스찬 루부탱Christian Louboutin 과 디올Dior 이 다양한 누드 톤의 신발 제품을 선보인 데 이어, 중저가 신발 브랜드인 나인웨스트Ninewest 도 'NW Nudes' 시리즈를 새롭게 출시했다. 나인웨스트는 여성 정장 구두와 샌들 등에 다양한 누드 톤의 제품을 구성해 핫 트렌드로 자리 잡은 누드 톤 컬러 트렌드를 반영했으며, 기존 밝은 베이지에 캐러멜색, 밝은 갈색, 짙은 갈색 등을 추가해 다양한 피부 톤에 맞는 누드 제품들을 구성했다.

다양한 살색은 사회적·문화적 포용력의 출발점

이러한 새로운 누드 컬러의 패션 제품은 소비자들에게 주목받으며, 옷장의 필수품을 뜻하는 '워드로브 스테이플Wardrobe Staple'로 꼽힌다. 특히 기본적인 패션 아이템인 신발, 가방, 옷, 화장품에서 다양한 누드 색상을 반영한 제품들이 늘어나고 있다. 게다가 이런 다양한 살색 제품들의 출시는 인종의 다양성에도 불구하고 보수적인 성향이 유독 강한 미국에서 사회적·문화적 포용력의 출발점이 됐다.

　이 같은 소비자들의 다양성을 가장 먼저 인식하고 반영한 업계는 화장품과 퍼스널 케어Personal Care 분야다. 많은 화장품 브랜드들이 소비자의 다양성과 다양한 피부색을 반영한 쿠션, 파운데이션, 컨실러 등의 제품을 판매하고 있다.

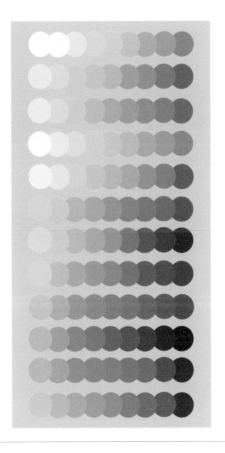

다양한 피부색   출처: 픽사베이

미네랄 화장품 브랜드인 퓨어코스메틱스^{PÜR Cosmetics}은 100가지 피부 색상의 '러브 유어 셀피 롱웨어 파운데이션 & 컨실러^{Love Your Selfie™ Longwear Foundation & Concealer}' 제품을 판매한다. 퓨어코스메틱스의 이 특별한 제품 라인은 다인종 피부색을 존중하는 타 화장품 브랜드들에 비해서도 선택의 폭이 훨씬 넓은 100가지 피부 색상으로 구성됐으며, 소비자들의 정확한 피부색 표현을 위해 다른 색상을 섞는 믹스 앤드 매치^{Mix and Match} 맞춤 사용도 가능하다. 이를 위해 퓨어코스메틱스는 소비자들이 본인의 피부색에 맞는 색상을 손쉽게 찾아 사용할 수 있도록 스마트폰 카메라로 피부색을 찾아주는 매칭 서비스도 제공한다. 제품 라인의 피부 색상을 확대해 모든 인종의 다양성을 존중하고 포용하기 위해 노력하는 화장품 회사들이 늘어나고 있는 셈이다.

이제는 'K-Beauty'도 다양성·포용성이 필요한 때

크레용, 색연필, 물감 등 미술용품에서 인종 차별적인 '살색' 명칭 대신 '살구색'으로 명칭을 변경한 지도 벌써 20년이 됐다. 미국보다 훨씬 빨리 살색이라는 명칭을 없앴음에도, 아직 한국의 수많은 화장품 회사들은 21, 22, 23호로 한정된 피부색의 화장품만을 판매한다. 그나마 최근 들어 '쿨톤^{Cool Tone}'과 '웜톤^{Warm Tone}'의 퍼스널 컬러^{Personal Color} 진단이 유행하면서, 개인 피부 톤에 맞는 패션과 화장품 선택의 중요성이 강조되는 등 작지만 의미 있는 변화가 시작되고 있다. 이에 진보적인 일부 화장품 회사들은 쿨톤과 웜톤을 반영한 화장품을 출시하고 색상을 다양화하는 추세다. 하지만 아직까진 10개 미만의 색상이 대부분이고, 색상 범위도 보편적인 아시아인의 피부색에 한정해 구성된다.

현재 한국 화장품은 전 세계적으로 'K-뷰티$^{K-Beauty}$'라 불리며, 한국식 BB크림, 쿠션 등의 해외 시장 진출이 확대되고 있다. 그러나 혁신적인 아이디어, 편리 및 편의성, 우수한 품질 등으로 널리 사랑받음에도 불구하고, 전 세계 뷰티 인구의 다양한 피부 색상에 대한 포용력에서는 아직 부족한 면이 많은 것으로 진단된다.

전 세계 화장품 소비자들의 지속적인 사랑과 관심을 받기 위해서는 한류에 힘입은 일시적인 유행에서 끝나는 것이 아니라 다양한 피부 색상을 반영한 화장품의 출시가 이어져야 한다. 한국 화장품은 다양성이 강조되지 않는 기능성 스킨케어 제품에선 독보적인 위상을 구축한 반면, 다양성에 대한 포용력이 강조되는 색조 화장품에선 아직 이렇다 할 두각을 나타내지 못한다. 때문에 다채로운 피부색에 맞는 색상 구성과 확대는 뷰티뿐 아니라 패션 및 관련 업계에도 좋은 기회가 될 수 있다.

지역·국경·인종의 한계를 넘어, 모두가 함께하는 미래 사회

지금은 ESG 경영, 즉 기업의 비재무적 요소인 환경, 사회, 지배구조에 기반한 경영이 중시되는 시대다. 기업 가치와 지속가능성에 중점을 둔 ESG가 기업 성장을 측정하는 중요한 가치로 평가받는다. 재무적인 성과에 집중하던 기존 방식과는 달리 ESG 지표는 새로운 기업 경영의 표준으로 꼽힌다. 이에 따라 글로벌 기업들의 ESG 도입 및 ESG 경영 선언도 눈에 띄게 증가했다.

보통 ESG를 생각할 때 기후변화와 탄소저감 중심의 환경적 요인을 가장 우선적으로 고려하거나 환경 관련 문제에만 집중하는 경향이 강하지만, ESG에서 환경 못지않게 중요한 요소가 바로 '사회'다. 사회적 요소는 기업이 구성원인 임직원과 소비자에게 평등한 기회, 인적 자본 관리, 안전한 노동 환경 등의 사회적 가치를 제공하는지에 집중한다. ESG의 사회 분야는 남녀 고용 평등, 장애인 고용, 기업의 사회 공헌 등 표면적인 '착한 기업' 역할과 이미지에만 충실한 것에서 벗어나 인종, 성별, 종교, 성적 지향, 성 정체성, 사회와 경제적 배경 등 다양성에 관한 모든 요소를 고려하는 게 중요하다. 특히 다양성, 형평성, 포용성의 가치를 뜻하는 DEI^{Diversity, Equity, Inclusion}의 중요성이 강조된다. 이에 글로벌 기업들은 유색인종과 여성 임원 수를 늘리고 '다양성 관할 임원^{Chief Diversity Officer}'을 선임해 인종, 성별, 학력, 국적, 문화, 종교, 세대, 성 소수성에 상관없이 존중받는 기업 문화를 구축해가고 있다. 따라서 각 기업이 판매하거나 제공하는 기존 제품 및 서비스, 새로이 개발하는 신제품이나 서비스에 포함되는 다양성의 가치와 포용력의 중요성도 함께 부각된다.

'단일민족' 중심이던 한국 사회도 이미 변화를 맞이했다. 국내에 체류하는 외국인 수가 점차 늘어나고, 국제결혼으로 인한 다문화 가정의 수 역시 증가했다. 통계청에 따르면, 2020년 기준 국내 다문화 가정은 37만 가구로 일반 가구의 1.8%를 차지했으며, 다문화 가구원은 약 109만 명으로 총 인구의 2.1%에 해당한다. 또한 다문화 가정의 출생아 수는 1만 6,421명으로 전체의 6%를 차지한다. 이에 따라 정부 기관 중심으로 다문화가족지원센터를 설립하고, 다문화중점학교를 지정하며, 다문화 교육을 정규 교육 과정에 편입하는 등 사회 변화도 잇따른다. 이제 우리 사회는 지역이나 국경의 한계에 국한되지 않고, 기술의 발전과 점점 더

빠른 정보 교환 및 교류를 통해 전 세계가 하나의 사회로 확대되는 과정 속에 있다.

이러한 변화와 함께 시작된 다양한 살색 제품들의 출시와 제품 색상의 확대는 다양성과 다양성에 대한 포용력을 확대하는 기초 작업이라고도 볼 수 있다. 인종 차별적 선입견이 없는 살색 제품들은 소비자의 니즈를 파악하고 만족도를 높이며 제품 경쟁력을 확대하는 데도 큰 역할을 한다. 이는 서로의 다른 점을 온전히 받아들이고 수용하며 모두가 함께하는 미래 사회를 만들어가는 데도 크게 기여할 것이다.

조이스 최(로스앤젤레스무역관)

자연-NATURE

지구와 공존하는

친환경 라이프스타일

폭염과 폭우 등 전 지구적 이상기후 현상은 기후변화 대응의 중요성을 각인시켰고 탄소중립의 실천을 가속화했다. 이제 우리의 일상은 저탄소 라이프스타일로 채워지기 시작했고 업사이클링과 리커머스를 통한 제로 웨이스트 실현으로 다가가고 있다. 이렇게 지구를 살리기 위한 다채로운 시도가 잇따르면서 금융업, 제조업 등 기존 산업의 변화도 가팔라졌다. 재사용, 재활용에 기반한 적극적 자원순환 시스템과 체계적 탄소배출량 관리 시스템의 적용도 주목할 만하다. '함께'라는 가치의 실현을 위해 점차 몸집을 불려나가고 있는 친환경 라이프의 면면을 살펴본다.

NATURE

전 세계 트렌드에서
개인의 일상까지,
저탄소 라이프스타일

상하이

중국 상하이에 사는 K씨의 하루는 알리페이 앱으로 시작된다. 출근할 땐 알리페이의 QR코드로 대중교통을 이용하고, 알리페이로 연동된 공유 자전거 '헬로바이크'를 탄다. 외식도 알리바바 그룹사인 배달 플랫폼 '어러머(餓了么)'를 이용하고, 수도·전기·가스 등 각종 공공요금도 알리페이로 지불한다. 2022년 상반기 상하이 시내의 코로나19 방역 통제가 강화됐을 땐, 알리페이와 연동된 건강코드로 PCR 검사를 받고, 공공장소 출입 시엔 알리페이와 연동된 장소코드를 스캔해 동선을 체크했다. K씨의 모든 라이프스타일이 알리페이를 중심으로 움직이는 셈이다.

일상 속 탄소중립, 어떻게 이루어질까?

중국 최대 전자상거래 업체 알리바바가 도입한 제3자 지급 결제 플랫폼 '알리페이(Alipay·支付宝·즈푸바오)'. 지금 중국인들에게 알리페이로 하루를 시작해 알리페이로 마감하는 일상은 그리 낯설지 않다. 탄소중립 문제가 중요한 화두로 떠오르면서 개인 탄소계정 활성화를 위한 각종 혜택이 쏟아지고 있기 때문이다.

O2O 생활 서비스
문화 콘텐츠, 모바일 교육,
의료, 미용, 가사, 외식, 배달

교통
항공·기차·대중교통,
택시 예약 공유차량,
공유자전거

공과금 납부/병원
정부 공공 서비스
의료, 정부, 공공 서비스
건강코드, 통행코드

금융신용서비스
소액대출, My bank 연계
신용서비스, 주식·펀드관리, 환전

알리페이 각종 생활 연계 페이지　　　　　　　　　　　出처: KOTRA 상하이무역관

일례로 앞서 언급한 K씨가 매일 이용하는 공유자전거와 대중교통은 물론 K씨의 보행 거리 수, 플라스틱 감축 및 재활용 같은 각종 생활 정보는 개인 빅데이터로 수집돼 알리페이 삼림 포인트로 자동 적립된다. 알리페이에 구축된 '마이썬린(蚂蚁森林)'에선 개개인의 저탄소 행위들이 모두 '녹색 에너지'로 적립되고 이를 가상의 나무를 키우는 데 사용할 수 있다. 마이썬린 나무가 일정 수준으로 자라나면, 해당 포인트는 기업의 공익 기부와 연계된다. 그리고 기업은 생태 복원 및 생물 다양성 보호 사

업을 실제로 실시해 사막 지역 내 나무 심기나 생물 다양성 보호 활동 등을 진행한다.

왼쪽 위부터 K씨의 알리페이 나무 키우기, 알리페이 저탄소 배출량 적립 내역,
저탄소 적립 포인트 활용, 실제 사막 지역에 나무 심기　　　　출처: 마이썬린, KOTRA 상하이무역관

중국의 탄소중립 움직임이 가속화한 이유는?

이처럼 중국이 개인 탄소계정 활성화를 모색하게 된 가장 결정적인 계기는 2009년 12월 7일 개막한 '코펜하겐 기후변화 정상회의'라고 할 수 있다. 글로벌 기후위기에 직면한 이후 '역대 가장 중요한 회의' 혹은 '지구의 운명을 바꾸는 회의'와 같은 타이틀로 불린 코펜하겐 기후변화 정상회의는 전 세계에 탄소중립의 중요성을 다시금 일깨운 회의로 평가받는다. 그로부터 10여 년 후인 지난 2020년 9월, 중국은 세계 최대 이산화탄소 배출 국가로서 2030년까지 탄소피크를 이루고 2060년까지 탄소중립을 실현하겠다는, 이른바 '이중탄소(双碳)' 목표를 국제적으로 공표했다.

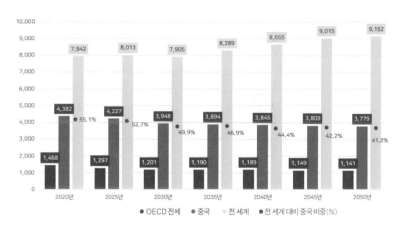

전 세계 및 중국 석탄 소비 규모(단위: 100만 톤)
출처: U.S. EIA, World Energy Projection System (2021), KOTRA 상하이무역관

미국에너지정보국U.S. EIA 데이터에 따르면, 중국은 전 세계에서 가장 많은 석탄을 소비하는 나라로, 그 규모는 전 세계 소비량의 55%에 달한다. 이산화탄소 배출 규모도 전 세계 최고 수준이다. 다른 에너지원과 비

교할 때, 석탄에너지에서 배출되는 이산화탄소량이 가장 많아서다.

카본모니터Carbon Monitor가 집계한 2021년 중국의 총 이산화탄소 배출 분포를 보면 전력 생산 약 44.9%, 산업 방면 약 39.2%로 이들 2개 분야가 전체의 84.2%라는 높은 비중을 차지한다. 중국이 2060년까지 탄소중립 목표를 달성하기 위해서는 탄소 배출 비중이 가장 높은 에너지 생산, 산업 분야에서의 개선이 필요하다는 얘기다. 이에 따라 중국은 주 에너지 공급원인 석탄 사용과 관련해 청정석탄 기술 보급, 석탄 사용 감축, 풍력, 태양광 등 청정에너지로의 전환 등 주로 에너지 활용 부문에서 탄소중립 국가 목표 달성에 힘쓰고 있다.

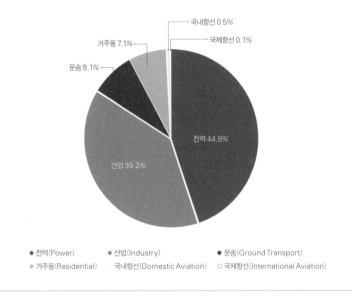

2021년 기준, 중국 각 산업별 이산화탄소 배출 현황   출처: 카본모니터, KOTRA 상하이무역관

저탄소 라이프스타일 실현을 위한 최적의 방안

하지만 최근 들어 기후 문제는 국가 간 문제를 넘어 개인의 생활에도 충분히 영향을 미치는 요인이며, 산업계나 기업체에서 배출하는 이산화탄소뿐 아니라, 개개인의 생활과 소비 과정에서 발생하는 탄소 배출 또한 기후 문제를 형성하는 중요한 요소라는 인식이 확대되고 있다. 이에 따라 탄소 배출을 줄이기 위한 개인의 '저탄소 생활화·일상화'의 중요성이 커지는 추세다. 중국 국가발전개혁위원회에서도 "탄소감축 목표는 광범위하고 심오한 사회적·경제적 변화로, 기업뿐 아니라 도시와 농촌 주민을 포함한 모든 지역이 함께 참여해야 하며, 이는 우리의 생산·생활 방식에 큰 변화를 필요로 하는 모두가 책임을 져야 하는 것"이라 평했다.

중국에서는 지난 2021년 7월 16일, 국가 탄소 거래 시장이 공식적으로 온라인 거래를 시작했지만, 현재 중국의 탄소 시장 거래는 이산화탄소 배출량이 많은 주요 산업과 기업의 참여를 장려할 뿐 여전히 개인과 일반 가정은 참여할 수 없는 구조다. 다만 '저탄소 생활화·일상화'에 대한 사회적 합의를 이루기 위해선 개인 소비 측면에서도 배출량 감축을 장려하는 게 필수라는 인식 공유는 이루어진 상태다.

그렇다면 명시적인 법적 규제·규율이 없는 상황에서 개인의 저탄소 라이프스타일을 장려하는 최적의 방안은 무엇일까? 아마도 개개인이 일상생활에서 필수적으로 사용하는 금융, 전자상거래 계정을 통한 인센티브 부여가 가장 효과적일 것이다. 이에 중국에서는 개별 은행과 알리바바, 텐센트 같은 주요 전자상거래 플랫폼을 중심으로, '개인 탄소계정 활성화 → 탄소 배출 절감 행동 계량화 → 인센티브 부여' 방식의 저탄소 생활화를 유도하고 있다.

금융계, 개인 탄소계정으로 일상 속 혜택 부여

중국의 주요 은행이 지난 2021년 하반기부터 잇달아 발표한 '탄소원장 기반 개인 금융 서비스' 계획이 그 대표적인 예다. 탄소계정은 개인 또는 기업이 에너지 건설, 운송, 주거 생활 등 각 분야에서 탄소 배출량 데이터를 수집하고, 이를 탄소 거래 시장을 통해 화폐 가치로 변환해 시장 가격을 형성한 후 소득 인센티브 등으로 활용할 수 있도록 하는 아이디어 상품이다. 예를 들어 개인 탄소계정의 경우 개인의 의식주 생활 반경을 포함해 저탄소 활동을 모니터링하고, 탄소 배출 절감 효과를 정량적으로 평가한다. 개인의 재활용, 물·전기 절약 규모, 폐기물 재활용 등 각종 행동은 계정 내에서 탄소 배출 금융 데이터로 전환돼 향후 신용 거래, 서비스 교환 등에 사용할 수 있는 탄소 배출권을 형성한다.

실제 사례로, 중국 유니온페이Unionpay (은련카드)는 2021년 8월 상하이환경에너지거래소, 상업은행과 공동으로 기업 및 개인, 이렇게 2가지 버전의 '녹색 저탄소 테마 신용카드' 상품을 출시했다. 이 중 기업용 유니온페이 녹색 저탄소 테마 카드는 취급 규모 및 유형별로 대기업, 영세 소기업, 농업 관련 기업을 대상으로 발행되며, 유니온페이 시스템을 통한 기업 거래 상황에 따라 탄소 배출권 구매 등 시중은행과 연계한 인센티브를 제공한다.

또 다른 사례로, 중국 민생은행(民生銀行)은 지난 2022년 4월 25일 중소·영세기업을 위한 혁신 금융상품인 '민생 탄소e대출' 서비스를 출시했다. 또한 중국 중신은행(中信銀行)은 2022년 4월, 중국 최초로 개인 탄소계좌인 '중신탄소계좌'를 출시했는데 이용자의 저탄소 녹색 생활을 계량화해 소급할 수 있게 함으로써 저탄소 생활 확산에 이바지한다.

구분	녹색 저탄소 비즈니스 카드	녹색 저탄소 영세기업 카드	녹색 저탄소 농촌 진흥 카드
목표 고객	국영기업 대중형 민영기업 다국적기업	영세소기업	향촌 마을(농어촌)기업
카드 사진			
유니온페이 제공 인센티브	기업의 탄소 배출권 구매 지원 유니온페이 시스템을 통한 기업의 저탄소 거래 금액에 비례해 기업의 탄소 배출량 구매에 출자 지원		
기업 유형별 특징적 인센티브	직원 출장 심사 관리 시스템 지원	ERP 소프트웨어 제공 법률, 금융 및 세무 컨설팅	농산품 물류 혜택 농업 재해 보상 농업 기술 무료 상담

기업용 유니온페이 녹색 저탄소 테마 카드 서비스   출처: 유니온페이, 진카성훠(金卡生活)

중신탄소계좌의 추산에 의하면, 중신은행 카드 이용자는 매년 온라인 금융 서비스의 저탄소 행동을 통해 누적 약 200만 톤 이상의 탄소 배출을 감축할 수 있다.

이외에 건설은행(建设银行), 푸파은행(浦发银行), 르자오은행(日照银行) 등 중국의 다양한 은행들에서도 탄소계좌 연계 서비스를 개발·출시하며, 개별 은행 간 경쟁 또한 점점 치열해지고 있다. 이는 개인 탄소계좌가 고객의 녹색 저탄소 생활화의 중요성을 대중에 환기하고 확산하는 것은 물론, 국가·사회적 탄소 포용 발전을 촉진하는 큰 접점으로 시장 및 정책적 지원이 계속되고 있기 때문이다.

그러나 이들 주요 은행 중심의 탄소금융은 여전히 아이디어, 테스트 단계 수준이다. 개인의 저탄소 생활을 활용한 금융 시장은 아직까지 포인트 제공 등에 국한돼 혜택이 미미하기 때문이다. 하지만 향후 개인의 탄소 배출 거래량에 대한 정확한 측정과 분석이 가능해지면, 이와 관련한 금융 서비스가 발전할 여지는 충분하다.

전자상거래 플랫폼을 통한 개인 탄소계정 확산

사실 중국에서는 은행 금융계좌를 통한 개인 탄소 인센티브보다 알리페이, 위챗Wechat 같은 지급 결제 시스템을 통한 생활 속 혜택이 더 많다. 이는 중국만의 특이한 금융 거래 시스템 발전 과정에 기인한다. 중국은 다른 나라와 달리 제3자 지급 결제(모바일 결제) 이용이 활발하다. 최근 10년간 중국의 경제 성장이 가속화됨에 따라 국민소득이 증가하고 소비 규모와 범위가 확대돼 다양한 소비자 금융 서비스 수요가 크게 늘어났다. 하지만 증가한 경제 규모에 비해 원활하지 못한 은행 간 거래 시스템, 까다로운 신용카드 발급 조건, 카드 복제 위험 등의 복합적 요인으로 기존의 금융 기관들은 이 같은 변화를 충분히 뒷받침하지 못한 한계가 있었다. 그 결과 중국에서는 '현금→신용카드→모바일 결제'로 이어지는 일반적 결제 시스템 발전 양상 대신, 현금에서 바로 모바일 결제로 전환되는 급속 성장기를 맞이했다.

특히 중국의 온라인 지급 결제 시장은 중국 최대 전자상거래 업체인 알리바바가 원활한 온라인 거래를 위해 도입한 제3자 지급 결제 플랫폼 '알리페이'의 출시 이후 급격히 발전했다. 중국의 초기 핀테크 산업은 알리바바, 텐센트 등 민영 기업의 제3자 결제 시스템에 기반해 중국의 취약한 금융 인프라와 서비스를 보완하는 방식으로 현금 사회에서 바로 모바일 결제 사회로 전환하는 계기가 됐다. 또한 이들 대형 플랫폼은 거래를 통해 수집된 다량의 사용자 빅데이터, 인터넷 정보 기술을 활용해 온라인 지급 결제 외에도 온라인 대출, 온라인 재테크, 보험 등 각종 금융 서비스를 확장하며 거대한 핀테크 플랫폼을 형성했다.

실제로 알리페이 등장 이전에는 중국의 낮은 신용카드 보급률과 금융 기관 간 시스템 비호환성 등의 문제로 온라인 결제 활성화가 이루어지지 못했다. 그러나 전자상거래 플랫폼과 연계된 알리페이의 경우 결제가 손쉽고 간편해 많은 이용자들의 가입이 잇따랐고, 덕분에 초기 시장을 선점할 수 있었다. 중국 인터넷주간(互联网周刊)의 발표에 따르면 알리페이 가입자는 이미 13억 명을 넘어섰으며, 월간 활성 사용자 수도 2021년 12월 기준으로 9억 800만 명에 달한다. 중국 네티즌 대부분이 알리페이를 사용하는 셈이다. 텐센트를 기반으로 한 위챗페이 역시 알리페이에 버금가는 결제 플랫폼이다. 텐센트가 발표한 2022년 1분기 회계 결과에 따르면, 2022년 1분기 기준 위챗 및 위챗페이 월간 활성 계정 수는 12억 8,830만 명이다.

당초 알리페이는 타오바오 플랫폼에서 물건을 편리하게 결제하는 지급 수단이었지만, 지금은 중국인의 생활에 없어서는 안 되는 플랫폼으로 자리 잡았다. 알리바바, 텐센트와 같은 빅테크 기업은 수많은 개인 빅데이터를 보유하고, 이를 토대로 한 다양한 서비스를 선보인다. 특히 최근에는 개인의 생활 정보를 토대로 탄소 배출량 정보를 수집·계산·평가하는 기능을 내장해 그린 모빌리티(보행·자전거 이용 등), 종이와 플라스틱 감소 등 모든 행위에 탄소 배출량을 기록할 수 있는 서비스를 출시하기도 했다.

알리바바, 개인의 자발적 탄소감축에 기여하다

이렇게 알리페이를 통해 자동 적립돼 알리바바의 '마이썬린'에서 가상의 나무를 키우는 데 사용할 수 있는 탄소 포인트는 개인의 저탄소 라이프스타일에 따라 설계된 가상의 포인트로 현재 정식 금융 기관의 탄소 거래에선 사용할 수 없다. 다만 알리바바의 이런 마이썬린 서비스 아이디어는 개인의 탄소계정 포인트를 축적해 '녹색 에너지'를 실제 식목 행위로 전환하는 것에 의미를 둔 것으로, 국제적으로 통용되는 자발적 탄소감축 거래 메커니즘을 참고해 사회적 책임이 있는 기업과 개인의 소비 스타일을 연동하는 것이 가장 큰 배경이다. 향후 개인의 저탄소 라이프스타일 확대, 인식 제고, 탄소 감축량 알고리즘 설정 등이 현실화되고, 개인 탄소 배출 포인트가 국가가 인정하는 하나의 신용평가 체계로 자리 잡아 미래형 탄소 거래 시장에서 통용될 경우, 현재로선 걸음마 단계에 머물러 있는 이 가상의 포인트가 실제 금융 포인트로 활용될 가능성은 상당히 높다.

가상의 탄소 포인트를 자체적으로 활용하는 기업들도 등장했다. 중국 산시성 시안의 장자오(张钊)는 마이썬린에서 나무를 심어 모은 녹색 포인트로 약 16일간의 연차 휴가를 냈다. 장자오가 다니는 스포츠 회사는 직원별로 녹색(탄소) 포인트 2만g을 모으면 연차 휴가 1일로 교환이 가능한 인사제도를 도입했고, 장자오는 이를 적극 활용한 것이다. 만약 장자오의 회사 같은 사례가 확대된다면, 사회 전반에 걸친 '개인 탄소절감 포인트 거래 산업'의 발전 또한 기대해볼 만하다.

알리바바그룹 산하의 배달 플랫폼 '어러머'도 2022년 4월 20일 배달업계 최초로 소비자 탄소계정인 '이뎬탄(e点碳)'을 정식으로 론칭했다. 이뎬탄은 사용자의 저탄소 소비 행위를 기반으로 포인트를 부여하고, 각종 권익을 교환하는 인센티브로 사람들이 일상생활 속에서 저탄소 라이프스타일을 실천할 수 있도록 유도한다.

어러머 이뎬탄 서비스   출처: 어러머

사용자는 어러머 앱 내 개인 탄소계정으로 자신의 탄소감축량과 적립금을 확인할 수 있고, 배달음식을 주문할 때 플라스틱 식기가 없는 무

(無)식기 서비스, 소분량 반찬 주문 등으로 저탄소 환경보호 소비 행위를 하면 탄소 포인트를 받을 수 있다. 이렇게 적립한 포인트로 소비자는 각종 SNS, 온라인 커뮤니티에서 사용 가능한 소비 쿠폰, 할인 혜택 등 권익을 누릴 수 있다. 또 이 포인트로 산림 보호 사업 기부 등 '탄소중립 공익 사업'에 참여도 가능하다. 알리바바 탄소중립 전문위원회는 이덴탄 출시 전 '식기가 필요 없는' 배달을 주문하면 탄소가 얼마나 감소되는지를 별도로 측정한 바 있으며, 그 결과 2022년 2월 말까지 누적 약 10억 6,000만 건의 '무식기' 주문으로 탄소 배출 약 1만 6,900톤을 감축했다.

금융 시장의 녹색바람, 새롭고 혁신적인 서비스로 이어가야

산업과 기술의 발달은 편리한 소비로 이어지고, '편리함'은 현대 비즈니스 마케팅과 소비 생활에 없어서는 안 될 가치관으로 자리매김했다. 하지만 편리한 소비의 대가로, 우리는 일상생활에서 막대한 에너지를 낭비하고 있다. 1인당 탄소 배출량 역시 빠르게 증가하는 추세다. 그러나 에너지 고소비 산업, 기업 중심으로 진행되는 국가나 정부 주도의 탄소절감 행동과 달리, 개인과 일반 가정의 저탄소 행위는 강제하기가 어려운 구조다.

더욱이 개인의 탄소 배출량은 '양이 적고, 분산되고, 잡다한' 특성을 지니기 때문에 산업계나 기업의 에너지 절약과 같은 방법으로는 효과를 거두기 어렵다. 다만 최근 들어 '저탄소 생활화·일상화'에 대한 인식을 제고하고 사회 전체의 합의를 이루기 위해 라이프스타일의 변화를 장려하는 나라들이 늘고 있다. 그런 측면에서 개인이 이용하는 금융, 전자상거래 계정을 통한 인센티브 부여는 효과적 대안이 될 수 있다. 물론 현재 중국의 주요 은행과 금융계에서 시행 중인 개인 탄소계정 서비스는 아직까지 아이디어 단계에 불과하다. 오히려 알리바바와 텐센트 같은 지급결제 플랫폼을 중심으로, 개인 탄소계정을 통한 탄소 배출 절감 행동 계량화, 인센티브 부여가 더 활발하게 진행된다.

중국처럼 금융 시장 중심은 아니지만 한국도 2022년 1월부터 탄소중립실천포인트제를 시행했다. 일상에서 다양한 친환경 활동을 실천할 경우 인센티브를 제공하는 제도로, 탄소중립에 대한 국민적 공감대를 형성하기 위해 도입한 제도다. 마트에서 종이영수증 대신 전자영수증을 발급받을 때, 배달 앱에서 다회용기로 주문할 때, 차량 공유 업체에서 무공해차를 대여할 때, 그린카드(저탄소 친환경 생활 실천에 따른 경제적 인센티브가 포함된 신용카드)로 친환경 제품을 구매할 때마다 포인트가 쌓이는 방식이다.

이처럼 전 세계의 탄소중립 움직임은 우리 일상에도 녹색의 바람을 불어넣고 있다. 특히 금융의 경우, 개인 탄소금융계정과 각종 생활패턴을 연계한 다양한 서비스 개발이 가능하다는 점에서 발전 가능성은 물론 성장 잠재력이 큰 상황이다. 향후 획기적이고 좋은 아이디어로 새롭고 혁신적인 서비스를 개발한다면 선제적 시장 우위 확보도 가능할 것으로 기대된다.

김다인(상하이무역관)

NATURE

지속가능한 제조로
폐기물 제로에
도전하다

달라스

미국 오리건 주에 위치한 작은 스타트업 힐로스^{HILOS}. 이곳은 신발 제조 방식을 바꿔 과잉 생산이나 자재를 낭비하는 관행을 없앤 것으로 유명하다. 새로운 자재를 사용해 구성을 단순화하고, 폐기 시 분해를 용이하게 만드는 엔지니어링 기법으로 제품 재활용을 보다 수월하게 한 것이다. 또한 3D 프린팅 기술을 활용해 주문받는 즉시 생산에 돌입하는 방식으로 재고를 없앴을 뿐 아니라, 모든 제품을 재활용할 수 있는 순환 공급망 개발에 착수해 폐기물 제로$^{Zero\ waste}$를 향한 도전을 계속하고 있다.

신발 산업, 지속가능한 패션을 지향하다

매년 전 세계에서 제조되는 신발은 240억 켤레. 그러나 제조된 신발 5켤레 중 1켤레는 판매되지도 못한 채 매립지로 직행한다. 판매된 제품들 중 수명이 다한 후 재활용되는 신발 역시 단 5%에 불과하다. 이렇게 신발의 재활용률이 낮은 이유는 제조 방식에서 기인한다. 여러 단계를 거쳐 다양한 자재를 사용하기 때문에 재활용이 쉽지 않다. 제조 과정은 또 어떠한가. 신발 한 켤레를 제조할 때 평균 약 7,600리터의 물이 필요하며, 신발 산업의 온실가스 배출량은 전 세계 배출량의 1.4%를 차지한다. 항공·여행 산업의 온실가스 배출량이 2.5%에 해당하는 것을 감안할 때, 1.4%는 결코 낮은 수치가 아니다.

상황이 이렇다 보니 신발 산업 내부적으로도 탄소중립, '지속가능한 패션'의 실현을 위해 친환경 행보에 적극 나서는 기업들이 늘어나고 있다. 관련 시장 규모도 확대되는 추세다. 전 세계 지속가능한 신발 시장은 향후 5년간 연평균 5.8%씩 성장하여 2027년에는 118억 달러(약 15조 3,400억 원) 규모가 될 전망이다. 관련 제품 출시도 줄을 잇는다. 한국의 경우 2020년 글로벌 아웃도어 브랜드 '노스페이스The North Face'에서 페트병 리사이클링 소재를 적용한 '헥사 네오HEXA NEO'를 선보여 관심을 모았다. 1족당 500ml 페트병 6개를 재활용해 만든 100% 리사이클링 메시를 적용해 친환경적 가치를 높였다. 미국의 경우는 여기서 한발 더 나아간다. 친환경 원자재 사용을 넘어 전체 제조 방식을 지속가능한 방식으로 바꾼 것이다. 그 대표적인 사례가 바로 앞서 언급한 힐로스다.

과잉생산은 이제 그만! 주문과 동시에 만든다

힐로스는 맞춤 신발을 대량 생산할 수 있는 방법으로 3D 프린팅을 도입했다. 몇 년 전만 해도 3D 프린팅을 통해 신발 제조 공정을 혁신할 수 있는 하드웨어, 소프트웨어, 재료는 존재하지 않았다. 그러나 재료 기업인 바스프BASF, 하드웨어 기업인 에이치피HP와 에이엠티AMT의 투자 덕분에, 작은 스타트업인 힐로스도 3D 프린팅 기술을 활용한 새로운 유형의 소비자 제품을 제조할 수 있게 됐다.

힐로스 신발   출처: KOTRA 달라스무역관

오늘날 우리가 만든 모든 제품이 100% 재활용된다고 하더라도 여전히 자원 집약적인 제조 방식, 재료 낭비, 과잉 생산은 환경 파괴로 이어질 수밖에 없다. 특히 패션 업계는 아무도 사지 않아 버려지는 제품들을 생산하는 데 필요 없는 지출을 거듭한다. 최대 35% 과잉 생산을 하고, 재료의 76%를 낭비한다. 그리고 이런 이유 없는 비용 낭비는 결국 소비자의 몫으로 돌아온다.

하지만 힐로스의 제품은 소비자의 주문 이후 72시간 이내에 제조와 배송이 이뤄지기에 과잉 생산을 사전에 방지할 수 있다. 3D 프린팅 제조 방식으로 주문과 동시에 제조가 시작돼, 재료 낭비와 폐기물이 적어 탄소 발자국을 줄이는 데 도움이 된다. 게다가 힐로스의 모든 제품은 분해가 쉬워 완벽한 재활용이 가능하다. 더욱이 수명이 다한 제품은 소비자로부터 수거하되, 다음 구매 시 15% 할인 혜택을 부여해 소비자들이 재활용에 더욱 적극적으로 참여할 수 있도록 유도한다.

기존 대비 물 소비량 99%·이산화탄소 배출량 48% 감축

힐로스는 예일대학교 비즈니스·환경센터Yale Center for Business and the Environment와 협력해 전통적인 신발 제작 방법 대비 디지털 방식인 3D 프린팅 제조 방법이 환경에 미치는 영향을 평가했다. 이는 3D 프린팅 신발에 대한 최초의 환경 평가라는 데 그 의미가 있다. 평가 결과에 따르면 힐로스의 신발 한 켤레를 만드는 데 필요한 물은 89.2리터, 배출되는 이산화탄소는 11.1kg으로, 전통적인 생산 방식과 비교했을 때 물 소비량은 99%, 이산화탄소 배출량은 48% 낮은 수준이었다.

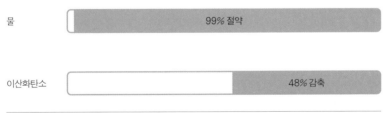

물	99% 절약
이산화탄소	48% 감축

전통 제조 방식과 비교했을 때 환경적 영향　　　　　출처: 힐로스, KOTRA 달라스무역관

폐기물은 신발의 모든 구성 요소를 만드는 과정에서 나온다. 그중 재료 폐기물 배출량에 가장 큰 영향을 미치는 요인은 제품 디자인이다. 전통적인 신발 제조 방식에는 65개의 개별 구성 요소, 360단계의 조립 과정이 필요하다. 이에 반해 힐로스의 제조 방식은 5개 구성 요소, 12단계 조립 과정으로 이뤄져 낭비되는 재료를 획기적으로 줄일 수 있다. 전통 조립 방식보다 구성 요소의 수가 적은 것은, 3D 프린팅으로 설계된 새로운 방식의 신발 제작을 통해 별도로 돼 있는 개별 구성 요소를 통합했기 때문이다. 예를 들어 힐로스의 신발에는 깔창, 중간창, 밑창, 생크 Shank (뒤틀림 방지 및 발바닥 지지를 위해 신발 밑창에 댄 부분)가 없다. 대신 이 모두를 하나의 조각으로 인쇄하기 때문에 재료 폐기물을 줄이고 조립 과정에서 방출되는 배기가스량을 29% 감축할 수 있다. 이 같은 주문 제작 방식으로 인한 배기가스 배출 감소량까지 고려하면 힐로스의 탄소 감축량은 43%에 달한다.

이산화탄소
11.1kg

물
89.2L

접착제
1g

힐로스 신발 한 켤레당 환경 발자국

출처: 힐로스, KOTRA 달라스무역관

기술력·디자인·편안함을 동시에 인정받다

매년 미국 텍사스에서 열리는 '사우스바이사우스웨스트 피치^{SXSW Pitch}'
행사는 전 세계 잘나가는 스타트업의 경연 자리다. 2022년 행사에선 AI
기술 기업인 흄AI^{Hume AI}, 소프트웨어 기업인 시럽테크^{Syrup Tech} 등 총 45
개 기업이 결선에 진출해 자신들만의 차별화된 기술과 아이디어를 선보
였다. 특히 힐로스는 '최고상^{Best In Show}'과 '혁신기술상^{Innovative World Technol-}
^{ogies Award}'을 동시에 수상하며 뛰어난 기술력과 혁신성을 대내외에 입증
했다. 힐로스의 공동 창립자이자 CEO인 엘리아스 스탈^{Elias Stahl}은 "우리
가 받은 이 2개의 상은 지속가능한 순환경제 구축을 향한 열정과 지지를
보여준다. 이것은 더 나은 세상을 건설할 수 있는 가능성에 대한 놀라운
반영이다"라는 소감을 밝혔다.

사우스바이사우스웨스트 피치 행사 　　　　　　　　　　　출처: 사우스바이사우스웨스트

　　사우스바이사우스웨스트 외에 매년 혁신적인 패션 기업에 상을 수여

하는 '글로시 뷰티 어워즈Glossy Beauty Awards'에서도 힐로스는 2021년 '최고혁신스타트업상Best Breakthrough Startup'을 수상했다. 또한 2021년 '글로벌 풋웨어 어워즈Global Footwear Awards'에서는 '기타 지속가능한 제조과정 Other Sustainable Manufacturing Process' 부문에서 수상의 영예를 안았다. 지속가능성이나 기술적인 면에서만 높은 평가를 얻은 것이 아니다. 세계적으로 권위와 영향력을 인정 받는 디자인 상 중 하나인 'A'디자인 어워드A' Design Award'에서도 수상하며 독창적이고 훌륭한 디자인으로 인정받았다.

힐로스는 신발 본연의 편안함 측면에서도 높은 평가를 받는다. 3D 프린팅으로 만든 신발 플랫폼은 부드럽고 유연하며 내장된 디지털 메시 쿠션은 탄력 있고 발을 잘 지지해 편안함을 향상했다. 내부 메커니즘을 통해 신발 전체가 스프링 역할을 하도록 만들어 수명이 다할 때까지 신발 마모가 적은 것 역시 장점이다. 힐로스의 제품을 구매한 소비자들도 제품 후기에 디자인이 독특하고 뛰어나며, 착화감이 탁월하다는 평을 남겼다. 특히 발볼이 넓거나 좁은 소비자들은 힐로스의 맞춤형 신발에 매우 만족하며 "드디어 원하던 신발을 찾았다"고 평가하기도 했다.

3D 프린팅, 지속가능한 제조를 가속화하다

미국 환경보호청EPA에 따르면, '지속가능한 제조'란 에너지와 천연자원을 절약하면서 부정적인 환경 영향을 최소화하고 경제적으로 건전한 공정을 통해 제품을 제조하는 것을 의미한다. 많은 기업들이 이런 지속가능한 제조를 현실화하기 위해 3D 프린팅을 활용한다. 일례로 독일 기업인 캐니언바이시클Canyon Bicycles은 2022년 5월, 영국에서 열린 '런던 바이크 쇼^{London Bike Show}'에서 3D 프린팅으로 만든 자전거 시제품을 최초로 선보였다. 3D 프린팅을 통해 국내 생산을 촉진함과 동시에 재료의 양을 최소화해 보다 지속가능한 생산 방식을 추구한 것이다. 이를 위해 재활용 알루미늄을 사용하고, 레이저분말소결 방식^{Laser Powder Bed Fusion}으로 프레임을 구성하는 3개의 부분을 각각 프린트했다. 그 결과 자전거 프레임과 포크(자전거 앞바퀴를 잡아 손잡이와 연결하는 부분)의 무게는 약 1.8kg으로 대폭 줄어들었다. 최종 소비자 가까이에서 생산할 수 있어 탄소 발자국을 더 줄일 수 있다는 것 역시 장점이다. 캐니언바이시클의 궁극적인 목표는 탄소 발자국을 줄이는 것 외에 진정으로 지속가능한 재료를 사용하는 자전거를 만드는 것이다. 따라서 기존의 플라스틱 또는 탄소복합체는 자연스럽게 재료 선정 시 배제됐으며, 자전거에 들어가는 모든 재료는 재활용이 가능하다.

3D 프린팅을 활용한 안경 시장도 확대되는 추세다. 2020년 12억 5,000만 달러(약 1조 6,250억 원) 규모에서 2028년까지 연평균 9.96%씩 성장, 2028년에는 25억 1,000만 달러(약 3조 2,630억 원)에 이를 전망이다. 세계적인 스포츠 브랜드 아디다스^{Adidas}에서도 이미 3D 프린팅 안경을 내놓은 바 있으며, 미국의 핏츠프레임^{Fitz Frames}, 독일의 브래그^{i BRAGi}, 벨기에의 호엣츠글라스^{Hoet's Glasses}, 덴마크의 모노쿨^{Monoqool} 등도 3D 프린팅 안경을 제조하고 있다. 이 중 오스트리아의 안경 제조 업체인 롤프스펙터클^{Rolf Spectacles}은 3D 프린팅으로 안경을 제조하는 것은 물론, 2022년 초 피마자씨를 원료로 친환경적 요소를 더욱 강화한 안경을 선보여 화제를 모았다. 본래 식물 소재로 만든 안경으로 유명하지만, 티타늄, 돌, 뿔, 나무를 소재로 한 안경도 제작하며, 3D 프린팅을 활용해 하

롤프스펙터클의 안경　　　　　　　　　　　　　　　　출처: 롤프스펙터클

나의 조각으로 인쇄하기 때문에 추가 부품이 필요하지 않다는 것도 장점
이다.

지속가능성 추구, 더 이상 선택이 아니다

패션 산업에서 '지속가능한 패션'이라는 화두는 이제 소비자들에게 매
우 익숙하다. 패션 브랜드인 텐트리Tentree의 옷은 코르크, 코코넛, 재활용
폴리에스테르 등 윤리적으로 공급 가능하고 지속가능한 재료로 만들어
지며 윤리적인 공장에서 생산된다. 또한 이름에 걸맞게 소비자들이 제품
을 구입할 때마다 10그루의 나무를 심고, 나무의 성장을 추적할 수 있는
코드까지 소비자에게 제공한다. 파타고니아Patagonia는 지속가능한 재료
사용 외에 고객들이 새 옷을 사는 대신 먼저 옷 수선을 하도록 돕는다. 또
한 환경, 노동자, 소비자가 모두 안전할 수 있도록 공급망을 모니터링하

고 공정거래 관행을 따른다.

탄소중립은 지속가능성을 위해 전 세계가 집중하는 이슈다. 각국은 탄소중립 목표를 세워 온실가스 감축에 노력을 기울이고 있다. 온실가스 배출량 7위 국가인 우리나라도 2020년 10월, 문재인 전 대통령이 2050년까지 탄소중립을 달성하겠다는 목표를 발표하며 전 세계적 요구에 부응했다. 미국 바이든 대통령은 취임 전부터 기후변화 대응에 목소리를 냈으며, 2021년 12월에는 2050년까지 연방정부 차원의 탄소중립 달성을 내용으로 하는 행정명령에 서명한 바 있다. 연간 약 6,000억 달러(약 780조 원)의 구매력을 가진 연방정부가 나서서 전 세계의 도전과제인 기후 관련 목표를 달성하고자 하는 것이다.

정부 차원에서뿐만 아니라 산업·기업 차원에서도 탄소중립을 향한 움직임이 활발하다. 전 세계 탄소 배출량의 약 3%를 차지하는 항공 업계는 2050년까지 탄소중립 목표를 선언했다. 이에 따라 각 항공사, 항공 제조사들은 지속가능한 항공 연료^{SAF}, 전기·수소 연료 항공기 등을 개발하는 데 많은 노력을 쏟는다. 다수의 글로벌 기업들도 'RE100^{Renewable} $^{Electricity 100\%}$'에 동참, 2050년까지 기업이 사용하는 전력의 100%를 친환경 재생에너지로 전환하는 것을 목표로 하고 있다. 대표적인 기업으로 구글, 메타^{Meta}, 마이크로소프트, 애플 등이 있으며, 우리 기업들 중에서는 현대자동차, 기아자동차, LG에너지솔루션, SK텔레콤, 아모레퍼시픽, 고려아연 등이 동참을 선언했다.

지금 소비자들은 보다 환경친화적이고 지속가능한 대안을 선택하며, 투자자들은 기업의 ESG 경영 현황을 투자 결정의 주요 사안으로 고려한다. 더 이상 지속가능성은 기업이 선택할 수 있는 사안이 아니라 필수적으로 고민하고 적극적으로 추구해야 하는 경영 방식이 됐다. 이에 각 기업들은 지속가능성에 대한 분명한 목표를 세우고, ESG 보고서를 발행하는 등 발 빠른 행보를 거듭하고 있다.

제조 방식 또한 예외는 아니다. 힐로스의 공동 창립자인 가이아 길라디Gaia Giladi는 "사우스바이사우스웨스트에서 전달한 우리의 메시지는 간단하다. 어떻게 제조하느냐가 중요하다는 것이다"라고 강조했다. 제조 방식은 산업·기업 전반의 지속가능성을 향상시킬 수도, 하락시킬 수도 있는 중요한 요소다. 때문에 3D 프린팅을 비롯한 지속가능한 제조 방식으로의 전환은 보다 빠르게 진행되고 있다. 우리 기업들도 이러한 움직임에 발맞춰 '지속가능성 추구'라는 시대의 요구에 부응해나가야 할 것이다.

이성은(달라스무역관)

NATURE

미국 시장이
열광하는
업사이클링 브랜드

로스앤젤레스

BTS의 리더 RM의 SNS에 등장해 폭발적 반응을 얻은 한국의 가방 브랜드 '컨티뉴^{Continew}'와 가치소비를 지향하는 MZ세대가 선택한 스위스의 가방 브랜드 '프라이탁^{FREITAG}'의 공통점은 무엇일까? 바로 업사이클링 브랜드라는 점이다. 연간 400만 톤에 달하는 버려지는 자동차 가죽 시트, 안전벨트, 에어백 등을 업사이클링해 가방, 지갑, 액세서리 등의 패션 아이템으로 재창조한 컨티뉴는, 43년간 가방을 만들어온 장인이 100% 수작업으로 제작해 품질 면에서도 좋은 평가를 얻었다. 업사이클링 브랜드의 시초이자 대표주자로 통하는 프라이탁 역시 트럭의 방수천, 자동차 안전벨트, 자전거 고무 튜브 등을 조합해 만든다. 광고 한 번 하지 않고도 무수한 팬덤을 거느린 이 세상 단 하나뿐인 가방은, 일일이 수

작업으로 제작되는 데다 업사이클 소재에 따라 디자인과 컬러, 스타일이 다양해 젊은 소비자들의 뜨거운 호응을 얻었다.

이 두 브랜드가 비싼 가격에도 높은 인기를 누리는 이유는 간단하다. 이들 브랜드의 가방을 메는 것만으로도 환경보호와 지속가능성 실천에 대한 본인의 생각을 드러낼 수 있기 때문이다.

제품의 가치를 업그레이드하는 업사이클링

요즘 미국 시장에서도 '업사이클Upcycle'이라는 단어가 꽤 자주 들려온다. 분야를 막론하고 '환경'과 '지속가능성'이 가장 뜨거운 화두로 급부상하는 까닭이다.

업사이클은 재활용을 의미하는 '리사이클Recycle'과는 다른 개념이다. 리사이클링은 재활용을 위해 제품을 잘게 분해하는 과정을 거치는데, 이 과정에서 본래 물질의 가치는 필연적으로 떨어지지만 재료의 본질적 형태나 재사용 목적 등은 거의 변하지 않는다. 이에 반해 업사이클링은 비슷한 분해 과정을 거치지만 기본적으로 쓰레기, 폐기물, 생산 과정에서 나오는 부산물 등 더 이상 사용할 수 없는 물질을 자원Resource으로 삼아 새로운 목적의 제품으로 재창조함으로써 본래의 물질보다 가치를 높이는 과정을 의미한다. 최근 이런 업사이클링 트렌드가 각종 예술 분야뿐 아니라 패션 업계, 식품 업계, 제조 업계 등 다양한 산업 분야로 퍼져나가며 입지를 다지고 있다.

스포츠 패션의 선두주자 나이키의 '혁신의 유산'

미국을 대표하는 패션 업계의 올스타 기업 '나이키^{Nike}'는, 운동화 등의 스포츠 풋웨어뿐 아니라 다양한 스포츠웨어와 스포츠 액세서리를 생산·판매하는 메이저 플레이어다. 업계의 선두주자로 미국을 비롯한 글로벌 시장에 막대한 영향력을 발휘하는 나이키는 꽤 오래전부터 '나이키 그라인드^{Nike Grind}'라는 이름의 업사이클링 프로그램을 운영 중이다.

나이키 그라인드 재료의 모습   출처: 나이키 그라인드

　나이키에서 '혁신의 유산^{A Legacy of Innovation}'이라는 명칭으로 불리는 이 프로그램의 시초는 1992년 도입한 리사이클링 프로그램 '나이키 리유즈 어 슈^{Nike Reuse-A-Shoe}'로 거슬러 올라간다. 소비자가 더 이상 신지 않아 쓰레기 매립지로 향하는 낡은 나이키 운동화를 수집해 잘게 간 후, 이를 운동화 원료로 재사용해 화제가 된 프로그램이다. 나이키 리유즈 어 슈가 더 발전하고 진화한 프로그램이 바로 오늘날의 나이키 그라인드다. 수명을 다한 신발과 더불어 제품 생산 과정에서 발생하는 쪼가리^{Scrap} 등의 부산물, 사용되지 않은 자재 등을 잘게 부숴 새로운 '나이키 그라인드

재료^{Nike Grind Materials}'로 다시 탄생시키는 것이다. 나이키 그라인드 재료는 고무^{Rubber}, 발포 고무^{Foam}, 섬유^{Fiber}, 가죽^{Leather}, 원단^{Textiles} 등 매우 다양하며, 이 재료들은 새로운 목적의 제품으로 변신하게 된다.

나이키 그라인드로 새롭게 태어난 제품의 종류는 생각보다 다양하다. 스포츠 경기장의 트랙^{Tracks}, 인조 잔디 필드^{Turf Fields}, 실내외 스포츠 코트^{Indoor & Outdoor Courts}, 인도^{Walkways}, 운동장·놀이터^{Playground}, 그립 테이프^{Griptape} 등 스포츠·놀이 분야는 물론, 카펫 패딩^{Carpet Padding}, 바닥재 밑깔개^{Floor Underlayment}, 고무 바닥재^{Rubber Flooring}, 타일^{Floor Tiles} 같은 바닥재 관련 분야, 음향 솔루션^{Acoustic solutions} 분야, 심지어 휴대전화 케이스 같은 전자 기기 액세서리 분야에서도 나이키 그라인드 재료가 활용된다. 또한 나이키의 각종 풋웨어, 의류, 액세서리 등의 새 제품 생산 시에도 유용하게 쓰인다. 이들 제품은 폐기물을 재활용한 소재라는 걸 상상할 수 없을 정도로 품질과 제품 완성도가 높은 데다, 수많은 원료 각각의 스토리를 품은 색색깔의 반점^{Speckles}이 눈길을 끈다.

나이키는 이런 업사이클링 행보와 관련해 '사용되지 않는 한 모든 것이 쓰레기^{Everything is waste if not used}'라는 것을 강조한다. 1992년부터 지금까지 총 1억 3,000만 파운드(약 5,900만kg)에 달하는 나이키 그라인드 재료를 다양한 분야의 파트너 기업들과 나눈 것도 이런 이유에서다. 이들 파트너 기업은 나이키 그라인드의 재료를 새로운 제품으로 업사이클링해 자원 선순환을 실천하고, 나이키가 추구하는 '제로 웨이스트^{Zero Waste}'의 비전을 확산해간다.

나이키의 업사이클링 프로그램 나이키 그라인드는 풋웨어 및 의류의 공급망과 생산 과정에서 발생하는 쓰레기를 재활용·재사용해 매립 혹은 소각되는 쓰레기를 줄임으로써, 인간과 환경 모두에 긍정적인 '선순환 구조Circularity'와 '제로 웨이스트'를 실현한다. 이는 세계 최정상 브랜드 나이키의 가치를 한층 더 업그레이드하며 미국의 업사이클링 시장을 이끌어나가고 있다.

나이키 그라인드 재료로 만들어진 다양한 제품(상)　　　　　　　　　출처: 나이키 그라인드
나이키 그라인드의 고무 바닥재를 사용한 자전거 라이드 셰어링 스테이션 리프트(하)　　출처: LYFT BLOG

플라스틱 생수병으로 만든 신발 브랜드, 로티스

업사이클링 트렌드는 미국 시장에서 이미 다양한 방식으로 자리 잡기 시작했고 최근 들어선 더욱 확산되는 추세다. '지속가능성 추구'는 이제 선택이 아닌 필수가 됐기 때문이다. 특히 패션 업계에서는 버려진 플라스틱 생수병으로 만든 신발에서부터 헌 옷감이나 구제 의류로 만든 옷까지 매우 다양하게 업사이클링이 적용된다. 그중에서도 '로티스Rothy's'는 SNS에서 누구나 한 번쯤 봤을 법한 플라스틱 생수병 신발 브랜드다. 로티스에 따르면 지금까지 약 1억 2,500만 개의 일회용 플라스틱병이 로티스 신발 전용 원사Thread로 다시 태어났으며, 약 40만 파운드(약 18만kg)의 해양 플라스틱 쓰레기가 로티스의 가방이나 액세서리 원사로 탈바꿈했다. 이처럼 로티스는 쓰레기 재활용과 업사이클링을 추구할 뿐만 아니라 100% 기계 세탁이 가능한 신발을 만들어 제품의 수명까지 늘렸다. 한 번 사용하고 버려지는 제품이 대부분인 신발 업계의 자원 선순환에도 긍정적인 영향을 미친 것이다.

플라스틱으로 만들었다고 해서 일반적인 신발과 다르지 않을까 하는 오산은 금물이다. 로티스의 디자인이나 컬러 선택의 폭은 여타 신발 브랜드와 비교해도 전혀 부족하지 않다. 앞이 뾰족한 스틸레토Stiletto 스타일에서부터 라운드Round, 스퀘어Square, 메리제인Mary Jane 디자인의 단화, 로퍼Loafer, 드라이빙 슈즈, 슬립온Slip-on, 레이스업Lace-up 스니커즈나 앵클 부츠 스타일까지 디자인이 무궁무진할 뿐 아니라 컬러 역시 심플한 스타일의 여러 가지 단색부터 패턴이 들어간 것까지 아주 다양하다. 덕분에 로티스는 업사이클링 실천과 원하는 스타일 추구를 동시에 할 수 있는 브랜드로 소비자들의 좋은 반응을 얻었다. 게다가 신발 이외에도 플라스틱 원료로 만들어진 토트백^{Totes}, 핸드백, 크로스백^{Crossbody}, 클러치^{Clutches}, 카드지갑까지 선보이는 등 상품 영역을 꾸준히 확장해가고 있다.

일회용 플라스틱병으로 만든 로티스의 신발과 클러치   출처: 로티스

자투리 옷감으로 완성한 세상 단 하나뿐인 디자인, ZWD

신발뿐 아니라 의류 분야에서도 업사이클링에 대한 관심이 커졌다. 뉴욕 기반의 패션 디자이너 겸 제로 웨이스트 라이프스타일 개척자인 '제로 웨이스트 다니엘^{Zero Waste Daniel} (이하 ZWD)'은 뉴욕 시의 의류 업계에서 나오는 자투리 옷감과 재활용하기 힘든 각종 부자재 등의 의류 생산 폐기물로 독특한 의류와 액세서리를 만드는 패션 디자이너다. ZWD의 의류는 100% 업사이클된 재료로 만들어지기에 원단 쓰레기가 필연적으로 발생할 수밖에 없는 의류 업계에서 제로 웨이스트를 현실화하는 데 기여한다. 또한 ZWD는 제품 자체와 더불어 패키징, 배송, 사무실 운영

에서도 재활용된 혹은 재활용 가능한 아이템만을 사용한다.

의류 생산 시 남는 자투리 원단이나 버리는 재료만을 활용해 수작업으로 만들기 때문에, 거대한 원단으로 같은 디자인의 제품을 수없이 찍어내는 기성 의류와 달리 ZWD의 제품은 하나하나가 유일무이하다. 이는 '완전히 똑같은 제품은 단 하나도 없다No two pieces are ever exactly alike'는 ZWD의 캐치프레이즈에서도 여실히 드러난다. ZWD가 독창성과 고유성을 중요시하는 요즘 소비자에게 호평받으며 업사이클링 제품의 가치를 한층 더 높이는 이유도 여기에 있다.

청바지의 대명사 리바이스를 현대적으로 재해석한 리던

한편 오래된 빈티지 청바지를 현대적 스타일로 재해석한 독특한 디자인의 청바지 제품으로 업사이클링을 실천하는 의류 브랜드 '리던RE/DONE' 역시 최근 시장에서 많은 주목을 받는다. 로스앤젤레스에 기반을 둔 이 브랜드의 핵심가치는 '상징적 유산으로 꼽히는 브랜드의 재해석Reimagining iconic heritage brands'이다. 청바지계의 상징적 브랜드 리바이스Levi's로 시작해, 지금은 오랜 전통을 지닌 미국의 대표적 컴포트 의류Comfort Clothing 브랜드 헤인즈Hanes, 미국의 클래식 수제 로퍼 브랜드 바스Bass, 이탈리아의 패션 브랜드 아티코The Attico 등과도 활발한 컬래버레이션Collaboration을 이어가고 있다.

리던은 '오래된 것을 다시 새롭게 만들자Taking the old and making it new again'는 단순하지만 지속가능성을 추구하는 아이디어에서 시작됐다. 2014년 처음 제작한 모던한 미드라이즈Mid-rise 스키니 핏과 느슨한 릴랙스 핏의 청바지 300벌이 웹사이트에서 바로 품절됨과 동시에 수많은 대기자 리스트까지 생겨나자 소비자 수요에 대한 확신이 섰고, 그때부터 본격적인 비즈니스가 시작됐다는 게 리던 측의 설명이다. 이후 유일무이한 한정판 디자인의 청바지 제품들뿐 아니라, 다양한 컬래버레이션으로 탄생한 재활용 원단 소재의 탱크톱^{Tanks}과 스웨트셔츠^{Sweatshirts}, 장인이 손으로 직접 제작한 다양한 풋웨어와 액세서리까지 영역을 넓혀나갔다. 그 결과 의류 업계의 업사이클링 트렌드를 견고히 다지며 시장의 관심을 불러일으킬 수 있었다.

탄소발자국 제로의 친환경 카펫 타일 & 러그 브랜드, 플로어

소비재 분야에서도 다양한 업사이클 생활용품들이 주목받는다. 그중에서도 특히 눈에 띄는 브랜드가 친환경 카펫 타일 및 러그 브랜드 '플로어^{FLOR}'다. 플로어는 지속가능성을 적극적으로 추구하는 브랜드로, 러그와 카펫 생산 시 이미 사용된 나일론을 재활용해서 만든 실을 쓰고, 소비 후 버려지는 카펫 타일과 각종 재활용 소재 등을 안감 원료로 사용해 탄소발자국을 '0' 이하로 낮춘다. 플로어에 따르면 2021년 한 해 동안 약 7만 4,000개의 카펫 타일을 재활용하고, 제품 생산 시 100% 재생 가능한 에너지원으로부터 전력을 공급받는 등 탄소 배출량 감축에 큰 노력을 기울인다.

특히 플로어는 재활용 소재로 만든 제품임에도 디자인과 스타일 면에서 높은 가치를 제공한다. 다양한 색상 옵션을 비롯해 애니멀 프린트, 각종 체크 패턴, 그래픽, 패치워크, 스트라이프, 기하학 패턴 등 여러 가지 스타일을 선택할 수 있어 소비자의 만족도 또한 높다. 이미 크기가 정해진 기성 러그가 아니라 작은 타일을 조합해 소비자가 원하는 크기로 직접 커스터마이즈Customize할 수 있다는 점도 이 업사이클 제품의 가치를 더욱 높이는 요인이다. 게다가 이미 사용한 카펫 타일을 재활용하는 프로그램까지 제공하며 소비자들에게 업사이클링의 실천과 동참을 유도하는 등 자원 선순환에 앞장선다.

빈티지 리바이스 청바지를 재해석해 만든 리던의 업사이클 청바지(상)　　　　출처: 리던
업사이클 카펫 타일 및 러그 제품을 판매하는 플로어(하)　　　　　　　　　출처: 플로어

가능성이 무궁무진한 새로운 블루오션 시장

미국 환경보호청에 따르면, 매년 미국에서 버려지는 쓰레기는 약 2억 6,000만 톤 이상이다. 그중 절반 이상이 다시 재활용할 수 없어 매립 혹은 소각해야 하는 쓰레기라고 한다. 늘어나는 쓰레기는 각종 기후변화와

환경오염의 주범이 돼 우리 인류의 고난과 역경으로 되돌아온다. 전 세계적으로 환경 인식의 제고와 지속가능성의 강화가 이루어지는 가장 큰 이유다. 때문에 이제는 기존의 재활용, 즉 리사이클링의 개념을 넘어서 보다 적극적인 선순환을 추구하고 가치까지 높여주는 업사이클링에 주목해야 한다.

다행히 최근 업사이클링 제품이나 원료에 관심을 가지는 기업들이 점점 많아지는 추세다. 글로벌 메이저 자동차 브랜드 T사의 디자인 파트에 근무하는 L매니저에 따르면, 자동차 업계에서도 최근 인테리어 소재로 업사이클링 재료를 활용하려는 시도가 활발해지고 있다. 소비자들의 환경 인식 자체가 높아졌기 때문에, 환경과 지속가능성을 고려하고 소비자에게 긍정적 이미지를 어필하기 위해서라도 업사이클링 소재 활용을 포함한 다양한 실험적 접근을 계획한다는 것이다.

나이키를 비롯한 다양한 기업들의 업사이클링 제품 사례에서도 알 수 있듯이, 업사이클링 시장의 활용 가능성은 무궁무진하다. 아직 주류 시장에 편입되지 못한 만큼 향후 다양한 기업이 눈여겨볼 신선한 블루오션이 될 가능성 또한 높다. 우리 기업들 역시 이런 트렌드에 맞춰 다양한 업사이클링 제품 개발에 힘쓰고 있다. 앞서 언급한 가방 브랜드 컨티뉴를 비롯해 업사이클링 브랜드의 제품 출시가 이어지고, 기존 유명 브랜드의 업사이클링 캠페인도 활발해지는 추세다. 지속가능한 브랜드만이 살아남는 시대가 도래한 것이다.

우은정(로스앤젤레스무역관)

NATURE

현명한 소비와
지속가능한 경영,
리커머스

실리콘밸리

혹시 1997년 IMF^{International Monetary Fund} 외환위기 시절 등장했던 '아나바다' 운동을 기억하는가? 경제가 어려운 상황에서 재활용할 수 있는 것을 버리지 말고 다시 사용해 불필요한 지출을 줄이자는 이 캠페인은, '아껴 쓰고 나눠 쓰고 바꿔 쓰고 다시 쓰자'의 줄임말이다. 한동안 수면 아래로 가라앉았던 이 단어가 최근 들어 다시 회자되고 있다. 고물가·고금리 상황과 점점 잦아지는 기후변화로, 현대판 아나바다 운동이라 불리는 리커머스^{Re-Commerce} 시장에 눈길을 돌리는 미국인들이 늘어났기 때문이다. 2022년 4월 실시된 해리스폴^{Harris Poll} 조사 결과 역시 이를 뒷받침한다. 미국인의 84%가 물가 인상으로 인해 지출을 축소할 계획이라고 밝힌 것이다.

리커머스는 일반적으로 기존에 소유한 물품을 재판매하거나 임대해 상품이 재사용·재활용될 수 있도록 하는 모든 비즈니스를 의미한다. 같은 의미의 단어로 리셀Resale, 세컨드핸드Secondhand, 트레이드인Trade-in 등이 있다. 미국의 중고 의류 플랫폼 스레드업ThredUp의 분석에 따르면 C2CCustomer to Customer와 B2B 리커머스 시장은 2021년 350억 달러(약 45조 5,000억 원) 규모로 전년 대비 32% 상승하며 기록적인 성장을 보였고, 2026년까지 820억 달러(약 106조 6,000억 원) 규모로 2배 이상 성장할 전망이다.

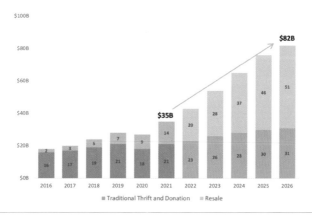

2016~2026년 미국 리커머스 시장 규모와 전망　　　　출처: 스레드업, KOTRA 실리콘밸리무역관

공유경제, 리커머스 시장을 혁신하다

최근 미국 소매 업계에서 리커머스가 각광받는 이유는 간단하다. MZ세대 소비자들이 물품을 소유하기보다 서로 공유하는 공유경제Sharing Economy를 선호하기 때문이다. 이러한 경제활동 방식은 IT 기술의 발전으로

디지털화돼 중고물품이 온라인 플랫폼을 통해 손쉽게 판매·구매되는 시스템을 정착시켰다. 개인과 개인 간의 거래[P2P]Peer to Peer에 기반을 뒀던 지난날과 달리 과잉 소비가 환경을 해친다는 인식이 형성되면서, 많은 브랜드들이 소비자와 직접 소통하는 DTC[Direct To Consumer] 몰을 구축, 재판매 프로그램을 함께 도입해 운영한다. 판매자나 상품의 낮은 신뢰도가 단점으로 작용했던 과거 리커머스 플랫폼에서 탈피해, 브랜드가 직접 중고 상품을 매입하고 온라인과 오프라인에서 재판매하는 서비스를 제공함으로써 고객들의 재방문·재구매가 이루어지는 구조를 만든 셈이다. 이는 브랜드의 지속성과 고객 충성도를 높일 수 있는 순환적 비즈니스[The Circular Business] 모델로 많은 기업들의 관심을 집중시킨다.

글로벌 브랜드의 리커머스 사례는?

1) 룰루레몬 라이크 뉴

중고 시장에서 가장 많이 거래되는 카테고리는 단연 패션이다. 요가복계의 샤넬이라고도 불리는 룰루레몬[Lululemon]은 1998년 캐나다 밴쿠버에서 설립돼 2022년 기준 전 세계 570개 이상의 매장을 보유한 브랜드다. 운동을 좋아하지 않는 사람이라도 룰루레몬 레깅스 하나씩은 옷장에 있다고 할 정도로, 매년 꾸준히 성장하는 기업이기도 하다. 실제로 룰루레몬은 2022년도* 62억 5,000달러(약 81조 3,410억 원)의 매출을 달성해 전

---

* 2021년 2월~2022년 1월.

년 대비 42% 증가를 기록했다.

또한 룰루레몬은 보다 지속가능한 미래를 위해 노력하는 기업으로도 유명하다. 기후변화 위기에 맞서 2030년까지 모든 제품을 100% 지속가능한 소재를 사용해 생산하고, 2025년까지 제품 생산에 사용되는 물의 사용량을 50% 줄일 예정이라고 발표한 건 이런 이유에서다. 리커머스 프로그램인 '룰루레몬 라이크 뉴Lululemon Like New'도 운영 중이다. 2021년 미국 텍사스 주와 캘리포니아 주 82개 매장에서 처음 시범 운영을 시작한 이 보상판매 프로그램은, 3개월 만에 6만 6,500개 이상의 중고 상품 거래 실적을 달성했다. 이에 룰루레몬은 소비자들의 반응에서 긍정적인 신호를 읽고, 2022년 4월 22일 '지구의 날'에 맞춰 미국 전역으로 이 파일럿 프로그램을 확대했다.

룰루레몬의 고객이라면 누구나 이 프로그램을 통해 결함이 없거나 착용 흔적이 양호한 제품을 미국 390개 이상의 매장에서 스토어 크레디트로 교환할 수 있다. 매장 카운터에서 직원이 제품의 파손 여부를 확인한 후, 고객이 e-기프트 카드를 수령하기까지 모든 절차가 5분 이내로 진행된다는 점도 강점이다. 수거된 중고 제품들은 세탁 후 선별해 온라인에서 할인된 가격으로 재판매한다. 단 액세서리, 수영복, 신발, 속옷, 소품들은 보상판매 대상에서 제외된다. 또한 이 프로그램으로 발생한 수익은 100% 룰루레몬의 브랜드 지속가능성 이니셔티브 실현을 위해 사용하거나 기부할 계획이다.

TRADE IT IN. MAKE IT LIKE NEW.

When you trade in your gently worn gear to a local store, Like New will refresh it
for someone else. You'll receive credit you can use on lululemon gear. Together,
we can build a circular ecosystem.

*Program now open to all U.S. residents.

FIND A STORE

Gather Your Gear

Round up any lululemon gear that you're ready to
part with. Make sure to check each item is in good
condition and eligible for trade-in.

Trade In At Store

Bring your gear to any lululemon store in the U.S.
You can take home items that are not accepted.
Trade-ins not accepted at outlets.

Get Your E-gift Card

Once we review your gear, you'll immediately
receive an e-gift card for eligible items. E-gift cards
redeemable at your lululemon store and on
lululemon.com

룰루레몬 라이크 뉴 프로그램 출처: 룰루레몬

룰루레몬 매장 전경 출처: KOTRA 실리콘밸리무역관

2) 이케아 바이백 앤드 리셀

합리적인 가격과 모던한 디자인의 조립식 가구로 젊은 층에 인기가 높
은 브랜드 이케아도 리커머스 프로그램을 운영한다. 2021년 기준 연매
출 485억 달러(약 63조 500억 원)로 글로벌 시장에서 가장 규모가 큰 가
구 브랜드로 자리 잡은 이케아는 다른 브랜드에 비해 저렴한 가격 때문
에 미국 시장에서 한 번 쓰고 버리는 가구로 인식돼 폐기하는 경우가 많

았다. 미국의 주거 지역에 버려진 매트리스, 소파, 의자, 테이블 등 다양한 가구들 중 이케아 제품이 유독 눈에 많이 띄었던 이유다.

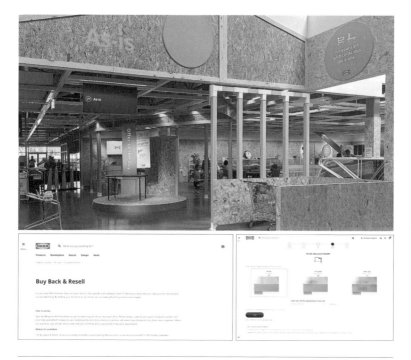

이케아 서큘러 허브

출처: 이케아

이 문제점을 해결하기 위해 이케아는 가구 대여 서비스와 보상판매 프로그램을 실시해 제품의 수명을 늘리는 노력을 계속하고 있다. 폐기물을 줄이고 제품을 재사용·재활용하는 방안을 다방면으로 모색하는 것이다. 미국의 37개 매장에서 시행 중인 '바이백 앤드 리셀Buy Back & Resell' 프로그램이 대표적인 예다. 조립된 가구를 해당 매장으로 가져가면 직원이 가구 상태를 확인한 후 스토어 크레디트로 처리해주는 시스템이다. 이

프로그램을 이용하려는 고객은 홈페이지를 통해 재판매가 가능한 제품인지 먼저 확인할 수 있다. 또한 재판매가 승인된 가구들은 할인된 가격으로 매장 내 지정된 섹션에서 구입 가능하다.

이외에도 이케아는 2030년까지 재생에너지 인프라에 28억 달러(약 3조 6,400억 원)를 투자하고, 모든 플라스틱 제품에 재생 가능하거나 재활용 가능한 소재만 사용할 것이라는 계획을 밝혔다.

3) 애플 트레이드인 & 셀프 서비스 리페어

애플의 '트레이드인Trade In'은 새 제품을 구매하려는 고객들을 대상으로 기존에 쓰던 기기를 보상판매하고 크레디트를 제공하는 프로그램이다. 더불어 이에 해당하지 않는 제품은 무료로 재활용해주는 서비스도 진행한다. 보상 가격의 견적은 온라인과 오프라인 매장에서 받을 수 있고, 바로 판매도 가능하다. 보상판매된 제품은 리퍼비시 제품으로 재판매 혹은 재활용된다.

2022년 4월에는 '셀프 서비스 리페어Self Service Repair' 프로그램을 론칭, 미국을 시작으로 유럽 등 다른 국가들로 확장해나갈 계획이다. 직접 기기를 수리하고 싶어 하는 고객에게 정품 부품, 도구, 매뉴얼 등을 제공하는 이 프로그램은, 먼저 '셀프 서비스 리페어 스토어'라는 사이트에 접속해 수리에 필요한 부품을 주문해야 한다. 2022년 기준 아이폰iPhone 12, 13, SE 3세대만 참여 가능하며, 하반기에는 맥Mac 컴퓨터도 수리 가능 제품 목록에 포함할 예정이다.

아이폰은 디스플레이, 배터리, 스피커, 카메라, 탭틱 엔진, SIM 트레이의 수리가 가능하고, 교체하려는 부품과 수리에 필요한 도구도 선택해서 구매할 수 있다. 애플 전용 수리 도구 키트를 49달러(약 6만 4,000원)에 7일 동안 대여하는 것도 가능한데, 이 경우 보증금으로 1,100~1,200달러(약 143만~156만 원)를 내야 한다. 교체된 부품은 재활용을 위해 반환할 수 있으며, 보상 처리가 되는 특정 부품일 경우 일정 금액을 크레디트로 돌려받을 수 있다. 아직까지 수리할 수 있는 기기와 부품이 제한적이고 시간과 비용적인 부분에 대한 비판적 시각이 존재하지만, 제품의 수명 연장을 위한 애플의 의지와 노력만큼은 인정할 만하다.

이외에도 애플은 기후변화 대응을 위해 2030년까지 탄소 배출 제로를 목표로 하며, 2022년 3월 발표한 지속가능성 보고서에서는 213개 공급 업체가 100% 재생에너지를 사용해 제품을 생산한다고 밝혔다.

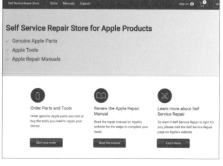

애플 제품의 셀프 수리 서비스 　　　　　　　　출처: SPOT(Service Parts of Tool)

소비자의 현명한 소비와 기업의 지속가능성 정책이 만나다

마케팅 전문 컨설팅 기업인 지몬쿠허앤드파트너스Simon Kucher & Partners는 이미 지난 5년 동안 미국인의 절반이 보다 친환경적인 방향으로 구매 행동을 전환했다고 밝혔으며, 소비자들의 이러한 요구가 기업으로 하여금 보다 지속가능한 정책과 대안을 추구하게 한다고 강조했다. 실제로 제품의 생산과 유통 과정은 소비자들이 직접 바꿀 수 없는 부분이기 때문에 기업의 지속가능성 정책이 무엇보다 중요하다.

일례로 많은 이들이 제품이 재사용되기를 희망하며 기부를 하고 있지만, 막상 재판매되는 경우는 6% 미만에 불과하다. 우리가 가치를 찾지 못한 물건에서 다른 사람들이 가치를 발견하기란 쉽지 않기 때문이다. 이런 이유로 기부한 물품의 94%가 폐기 처리되는 상황이다. 브랜드의 리커머스 정책은 이 문제를 보다 기업적인 측면에서 해결한다. 제품의 점검, 세탁, 수리 등을 직접 진행해 소비자에게 재판매함으로써 기존 중고 거래보다 신뢰도를 높이고 제품의 사용 기간 또한 늘려나간다. 스레드업과 글로벌데이터^{GlobalData}에 따르면, 미국의 소매 업체 10곳 중 6곳이 리커머스를 제공하거나 고려한다고 답했으며, 40% 이상이 향후 5년 이내 리커머스가 비즈니스의 중요한 부분으로 자리 잡을 것이라고 예측했다.

한국에서는 이미 번개장터, 중고나라, 당근마켓 등 다양한 리커머스 플랫폼이 전성기를 맞았다. MZ세대의 소비 문화라 할 수 있는 가치소비와 리셀 재테크가 영향을 미친 결과다. 이에 따라 유통 대기업이 기존 리커머스 플랫폼에 대규모 투자를 단행하거나, 유명 패션 기업이 리커머스 시장에 신규 진출하는 경우가 잇따른다. 과잉 소비를 줄이려는 소비자의 노력에 기업이 응답하고 있는 것이다.

기후변화가 날로 극심해지는 지금, 지속가능한 지구를 위한 소비자와 기업 모두의 노력이 절실한 상황이다.

소비자는 환경을 위해 보다 책임감 있게 물건을 구매하여 반품을 줄이는 소비 습관을 정립하고, 기업은 지속가능한 재료 및 원료로 차별화된 제품과 서비스를 개발해 기존 고객의 충성도를 높일 뿐만 아니라 신규 고객과 투자 또한 적극 유치하는 전략이 필요한 때다.

김은지(실리콘밸리무역관)

친구-FRIEND

새로운 친구와

함께하는 소중한 삶

기술의 발전은 우리의 일상을 더 편리하게 만들었지만 혼자라는 고립감도 심화
시켰다. 이에 대한 대안으로 반려동물을 가족처럼 여기는 신인류가 등장했고 이
들을 위한 펫 테크 산업이 성장했다. 코로나19 팬데믹의 장기화가 가져온 학습
부족 현상을 보완하고 놀이를 통해 아이들의 성장·발달을 촉진하는 스마트 토이
에 대한 관심도 급증했다. 여기에 존엄한 죽음을 돕고 남은 이들의 슬픔을 치유
하는 데스 테크 산업의 확산까지, 우리의 삶 깊숙이 스며든 새로운 기술과 함께
하는 일상의 변화를 포착해본다.

내 아이의
똑똑한 친구
스마트 토이

두바이

2명의 어린 자녀를 둔 두바이의 젊은 엄마 알리야는 코로나19 발생 이후 새로운 걱정거리가 생겼다. 팬데믹 발생으로 등교는 물론이고 외출마저 어려워지면서 친구들과 어울려 놀지 못해 답답해하는 자녀들 때문이다. 집에서 대부분의 시간을 보내게 된 아이들은 가지고 있는 장난감에 금방 싫증을 느꼈다. 지루해하는 아이들을 달래고자 애니메이션이나 영상 콘텐츠를 틀어주었지만, 말 한마디 없이 영상에만 몰입한 아이들을 보며 걱정은 더욱 깊어졌다. 그러던 중 아이들을 위한 색다른 장난감을 검색하다가 우연히 스마트 토이에 대한 기사를 접했다. 놀이와 교육 콘텐츠를 결합한 스마트 토이에 호기심을 느껴 구매를 결정한 알리야는, 요즘 장난감과 소통하며 함께 그림을 그리고 퍼즐을 맞추는 아이들의 이야기

소리와 웃음소리에 걱정을 한시름 덜게 됐다. 놀이 활동과 함께 사회성과 사고력을 기를 수 있는 일석이조의 장난감을 발견한 덕분이다.

디지털 네이티브 세대의 차별화된 장난감

그렇다면 스마트 토이와 일반 장난감은 어떤 점이 다를까? 기존의 장난감은 아이가 노는 방법을 터득하고 아이만의 방식으로 '가지고' 놀았다. 인형놀이나 퍼즐 맞추기, 블록 쌓기에 사용되는 장난감은 놀이를 위한 도구일 뿐이었다. 반면 스마트 토이는 인공지능, 증강현실, IoT 등 IT 기술이 접목돼 보다 다양한 놀이와 학습 경험을 '제공'한다.

아랍에미리트 인구의 평균 연령은 비교적 낮은 편으로 IT 기술에 친숙한 MZ세대 부모가 늘고 있으며, 이들의 자녀는 태어나면서부터 IT 기기에 둘러싸여 성장하는 '디지털 네이티브Digital Native' 세대다. 이에 따라 디지털 기기에 대한 부모들의 거부감이 줄어들고 교육을 향한 관심은 높아지면서 다양한 기술이 들어간 스마트 토이의 수요가 확대됐다. 특히 코로나19 팬데믹 사태의 장기화로 스마트 토이의 인기가 급증했다. 코로나19 발생 이후 가족 외의 사람들과 상호작용할 기회가 부족했던 아이들의 성장·발달을 위해 긍정적 자극이 절실했기 때문이다. 기존의 장난감에서 진일보한 스마트 토이는 집에서도 새롭고 재미있는 놀이가 가능한 데다 교육에도 도움을 줄 수 있어 부모들의 관심이 날로 뜨거워지고 있다.

증강현실에서 함께 노는 스마트 토이

아이가 그림을 그리면 태블릿 PC 화면 속 캐릭터가 그 그림을 집어 들고, 글자 타일과 퍼즐을 내려놓으면 화면에 같은 모양이 나타나 놀이에 사용할 수 있다? 이런 일이 과연 가능할까 싶지만 미국의 교구 브랜드 오스모Osmo의 '지니어스 스타터 키트Genius Starter Kit'라면 얼마든지 가능하다. 호환 가능한 태블릿 PC를 오스모 거치대에 놓고 상단에 반사경을 끼우면 스크린 앞의 움직임을 즉시 스캔해서 화면에 보여준다. AI 사물 인식 기술로 구현된 증강현실을 통해 아이의 상상력과 창의력을 자극하고 상호작용을 높일 수 있다. 단순한 퍼즐 맞추기, 그림 그리기를 넘어 보다 생동감 넘치는 재미난 놀이로 미술, 수학, 논리, 물리, 영어, 코딩 등을 배울 수 있다. 오스모는 기본 키트 외에도 3세부터 10세 이상까지 각 연령대에 맞춘 다양한 놀이, 교육 패키지를 출시했으며 코딩 교육을 위한 패키지도 별도 출시한 바 있다.

오스모 지니어스 스타터 키트와 사용 모습

출처: playosmo.com

오스모의 창립자이자 개발자는 전직 구글 엔지니어인 프라모드 샤르마^{Pramod Sharma}와 제롬 스콜러^{Jerome Scholler}다. 이들은 어린 세대에게 영감을 불어넣고 새로운 기기와 기술에 친숙해질 수 있도록 하되 손으로 직접 움직이는 활동을 이어가길 바랐다. 실제로 아이들은 오스모의 교구를 통해 전통적인 놀이 활동과 증강현실을 동시에 경험할 수 있다. 오스모 제품이 인기 있는 스마트 토이로 이목을 끄는 이유다.

놀이와 코딩 학습을 동시에 하는 에듀테인먼트 열풍

요즘 세대의 경우 스마트폰, 태블릿 PC, 컴퓨터를 일상에서 떼어놓을 수 없게 되면서 컴퓨터 언어가 제2외국어만큼 중요해지고 있다. 이에 따라 컴퓨터 언어인 코딩을 자유자재로 할 수 있는 코더 육성이 미래 교육의 핵심으로 떠올랐고, 아랍에미리트 정부 역시 국가 코더 프로그램을 통한 코딩 인재 육성·유치에 나섰다. 2026년까지 10만 명의 코더를 육성·유치하고 디지털 기업 1,000개사를 설립하는 것이 주요 골자다.

이 같은 정부 정책과 함께 코딩 교육에 대한 인식이 높아지면서 놀이와 코딩 교육을 동시에 할 수 있는 에듀테인먼트^{Edutainment*} 제품이 아랍에미리트 부모들 사이에서 인기를 끌고 있다. 코딩 교육용 스마트 토이는 연령대별로 형태와 콘텐츠가 다양하며, 코딩의 기초 개념을 익히고 컴퓨팅 사고력을 기르는 것을 목표로 한다. 아랍에미리트에서 사랑받

---

* 에듀테인먼트란 교육(Education)과 오락(Entertainment)의 합성어로 게임, 놀이를 통해 학습을 이끌어내는 방식을 의미한다.

는 코딩 교육 제품으로는, 인도 기업 플레이시푸Playshifu의 '탁토 코딩Tacto Coding'이 있다. 2개의 프레임과 5개의 피규어로 구성된 탁토 코딩은 스토리텔링 기반의 게임을 진행하며 루프, 시퀀싱, I/O 등 코딩에 필요한 기본적인 사항을 자연스럽게 익힐 수 있다. 프레임을 태블릿 PC 양쪽 모서리에 끼운 후 앱을 실행해 게임 흐름에 따라 각 기능이 다른 5개의 피규어를 태블릿 PC 스크린 위에서 움직이면 된다. 탁토 코딩 외에도 플레이시푸가 제작한 다양한 형태의 게임, 퍼즐을 통해 STEMScience, Technology, Engineering, Math 분야 학습 능력을 기를 수 있다.

플레이시푸의 다양한 스마트 에듀테인먼트 제품　　　　　　　　　　　　出처: 플레이시푸

의사소통이 어려운 자폐 아동의 친구가 되어주는 로봇

최근 〈이상한 변호사 우영우〉라는 한국 드라마의 인기가 뜨거웠다. 아랍에미리트의 OTT 플랫폼 넷플릭스에서도 여러 날 상위권을 차지했을 정도다. 동시에 이 드라마의 주인공이 가진 자폐 스펙트럼 장애에 대한 인식도 확산됐다. 드라마에도 나오지만 자폐 아동은 타인과의 의사소통에 어려움을 겪을 때가 많다. 이런 아이들에게 타인과 교감하는 방법을 알

려주는 일종의 스마트 토이 로봇이 개발되고 있다. 자폐 아동을 교육·치료하기 위해선 많은 인내심이 필요하지만, 로봇은 감정이 없기 때문에 아이의 반응과 관계없이 일관된 자세를 유지할 수 있다는 게 장점이다. 아울러 로봇을 통해 아이의 긴장을 완화하고 흥미를 유발할 수도 있다.

큐티로봇과 상호작용하는 아이
출처: 럭스에이아이

두바이미래재단Dubai Future Foundation은 로봇, AI 기술이 장애 아동 치료에 도입될 경우 발생하는 긍정적인 영향에 주목하며, '스마트 토이와 접근성Smart Toy and Accessibility' 보고서를 발간해 글로벌 사례 연구를 이어가고 있다. 더불어 재단이 공동 주최한 스마트 토이 경연대회에서 장애 아동을 위한 스마트 토이 부문을 별도로 마련해 시상하기도 했다. 당시 선정된 기업은 룩셈부르크의 럭스에이아이LuxAI로 자폐 아동을 위한 가정 내 AI 교사 '큐티로봇QTrobot'을 선보였다. 두바이미래재단과 아부다비유아진흥청Abu Dhabi Early Childhood Authority은 수상 기업의 제품 개발은 물론 자국 내 유관 기관을 통한 파일럿 테스트 지원까지 약속했다. 게다가 해당

로봇은 심리 치료 및 재활 치료에도 활용 가능해 관련 분야 개발·지원을
계속해나갈 전망이다.

'FIRST' 원칙을 엄격히 따르는 '스마트 토이 어워즈'

두바이미래재단과 세계경제포럼은 UAE 4차 산업혁명센터^{Centre for the Fourth Industrial Revolution, C4IR}를 구성했다. 2021년 C4IR은 AI 기술이 접목된 우수한 스마트 토이를 선정하는 '스마트 토이 어워즈^{Smart Toy Awards}'를 최초로 개최했다. 스마트 토이를 개발하는 기업이라면 누구나 국적에 관계없이 참가할 수 있으며, 평가는 'FIRST' 원칙에 따른다. 여기서 FIRST란, Fair(공정성), Inclusive(포괄성), Responsible(책임), Safe(안전성), Transparent(투명성)의 앞 글자를 딴 말이다. 장난감의 혁신성과 창의성도 평가하지만 보안, 적합성 등 스마트 토이의 잠재적 문제들을 고려했는지도 중요한 평가 요소다.

최초 개최 당시 20개국 47개 기업이 참가했는데, 앞서 소개한 플레이시푸와 럭스에이아이를 포함해 8개 기업이 최종 우승했다. 8개 기업은 교육, 혁신, 스마트한 친구, 장애 아동을 위한 스마트 토이 등 각기 다른 부문에서 선정됐다. 이후 2022년 7월에 제2회 스마트 토이 어워즈가 개최됐으며, 이번 대회 수상 기업에는 '두바이 미래박물관^{Dubai Museum of the Future}'에 제품을 선보이는 기회도 주어질 예정이다. 이처럼 스마트 토이 어워즈는, 다양한 스마트 토이를 선보이고 우수한 제품을 선정하는 과정을 통해 스마트 토이의 효과 및 이점, 상존하는 위험 요소에 대한 인식을 확산하고 기업의 제품 개발을 촉진하고 있다.

AI·로보틱스 등 최첨단 기술을 접목한 스마트 토이

세계적인 출산율 하락 기조와 더불어 아랍에미리트의 출산율도 매년 줄어들고 있다. 가구당 자녀 수가 줄어들면서 형제간 놀이를 통한 사회성 발달 기회가 점차 부족해지고 있는 반면, 부모가 자녀 1명에게 지원할 수 있는 경제적 여건은 개선되는 추세다. 이에 따라 어린 자녀의 정서와 지능 발달에 도움이 되는 새로운 제품·콘텐츠를 찾는 소비자가 늘어나는 한편, 디지털 시대의 미래 교육이 화두에 오르면서 조기 교육을 위한 제품 수요도 나날이 확대되고 있다. 또한 다수의 완구·교구 기업들까지 스마트 토이 개발에 주력하고 있어 관련 시장은 앞으로도 계속 확대될 전망이다.

실제로 한국 연구개발특구진흥재단이 2021년 10월 발간한 '글로벌 시장동향 보고서'에 따르면, 전 세계 스마트 토이 시장은 2019년 56억 4,397만 달러(약 7조 3,370억 원)에서 연평균 2.94% 성장해 2024년에는 65억 2,257만 달러(약 8조 4,790억 원)에 이를 전망이다. 세계적인 기업들의 스마트 토이 시장 진출도 줄을 잇는다. 블록 완구의 원조 레고 Lego의 경우 닌텐도와 협업해 레고 조립과 게임 플레이를 동시에 즐길 수 있는 신개념 레고 시리즈를, 글로벌 완구사 마텔Mattel은 인기 캐릭터 도서에 증강현실을 접목하거나 인공지능을 내장한 '헬로 바비'를 선보이는 등 새로운 시도로 화제를 모았다.

한국 기업들도 스마트 토이 시장에 잇단 러브콜을 보내고 있다. 아이들에게 선풍적인 인기를 끄는 애니메이션 캐릭터를 활용, 완구와 모바일 게임을 결합하거나 증강현실 기술과 트레이딩 카드 게임TCG을 융합하는 등의 시도로 뜨거운 반응을 얻었다. 이외에도 로보틱스 기술을 레고 형태의 블록에 접목해 아이들의 코딩 능력을 길러주는 스마트 블록처럼 유망 스타트업에서 출시한 제품도 늘어나는 추세다. 더욱이 교육부가 발표한 '2022 개정 교육과정 총론'에서 디지털 역량이 기초 소양으로 제시되고 소프트웨어 교육 비중이 확대되면서, 코딩 교육과 연계한 로봇 형태의 스마트 토이 출시 역시 붐을 이룬다.

보안 취약성·콘텐츠 적합성·접근성 등의 문제 해결해야

이렇게 전 세계 장난감 시장의 패러다임을 바꾸며 대세로 떠오르긴 했지만, 스마트 토이가 정말 '스마트'해지기 위해선 넘어야 할 산이 있다. 첫 번째는 보안 취약성을 보완하는 것이다. 장난감에 카메라와 음성 인식 기술이 내장되고 무선통신망에 연결되면서 개인정보 유출, 해킹 등의 보안 문제가 발생할 위험이 확대되고 있다. 예를 들어, AI 기술을 접목한 장난감은 사용자의 정보를 취합하고 알고리즘을 분석하기 위해 데이터를 전송할 수 있는데, 이 과정에서 외부로 개인정보가 유출되거나 제3자가 접근을 시도할 수 있다. 실제로 대화가 가능한 스마트 인형을 통해 아이들의 음성과 개인정보가 유출, 해킹되는 사례들이 잇따르고 있어 보안 강화 방안을 모색해야 할 것이다.

두 번째로 적합한 콘텐츠를 제공할 수 있어야 한다. 사용자의 언어와 행동을 반영해 콘텐츠를 제공할 때, 연령대에 부적합하거나 유해한 콘텐츠는 배제하고 편향적인 정보를 제공하지 말아야 한다. 더불어 시중에 판매되는 교육용 스마트 토이는 미취학 아동을 대상으로 하는 코딩 교육 제품이 보편적이기에 보다 폭넓은 연령대를 대상으로 한 심화 교육 제품의 개발도 필요하다.

세 번째는 접근성의 제고다. 아직까지 스마트 토이는 일반 장난감에 비해 가격대가 높아 선뜻 구매하기 어려운 경우가 많다. 이는 초기 단계 시장의 특징으로 더 많은 기업과 제품이 시장에 진입하고 규모가 확대되면 가격대가 좀 더 다양화될 것으로 예상된다.

더불어 이 같은 문제점을 해결하고 시장을 확대하기 위해선 스마트 토이에 적용되는 기술에 대한 규제와 가이드라인 제정은 물론, 아랍에미리트의 '스마트 토이 어워즈' 같은 유관 행사를 통한 인식 제고도 필요할 것으로 보인다. 아직까지 해결해야 할 문제가 산재하지만, 빠르게 이 문제들이 해결돼 전 세계 어린이들이 안전하고 재미있게 스마트 토이와 놀 수 있는 날이 오길 기대한다.

이정모(두바이무역관)

FRIEND

반려동물,
웰빙하다
'펫 헬스테크'

애틀랜타

11살 된 요크셔테리어 '프로이드'를 키우는 데이비드^{Davide}는 직장에서 일하는 동안 틈틈이 웹캠으로 프로이드가 무엇을 하며 지내는지 확인하는 걸 좋아하는 애견인이었다. 하지만 웹캠 영상만으로는 프로이드가 오늘 얼마나 걸었는지, 며칠 전 치료받은 피부염은 나아졌는지, 오늘같이 추운 날 낮잠은 잘 잤는지 등등 그가 궁금해하는 것들을 알아내는 데 한계가 있었다. 물론 이러한 궁금증은 데이비드가 프로이드를 사무실에 데려와 하루 종일 함께 있다고 해도 일일이 확인하기 어려운 것들이다. 하지만 데이비드는 반려견의 건강 상태나 행동을 지속적으로 체크할 수 있다면 그들을 더 잘 이해하고 돌볼 수 있을 거라 믿었고, 이에 반려견의 건강을 모니터링할 수 있는 피트바크^{FitBark}의 공동 개발자이자 CEO가 됐다.

데이비드 로시와 그의 반려견   출처: 피트바크

반려견의 건강을 체크해주는 스마트 워치 '피트바크'

피트바크라는 이름은 피트니스의 첫 음절 '피트^{Fit}'와 개가 멍멍 짖는다는 뜻의 '바크^{Bark}'를 합성한 것으로, 반려견을 위한 '피트비트^{Fitbit}'라고 할 수 있다. 피트비트는 미국 스마트 워치의 선두주자로, 피트니스 기능을 중심으로 개발돼 미국인들이 스마트 워치를 피트니스 도구로 인지하게 만든 장본인이다. 사람들이 피트비트로 하루 운동량과 수면 시간 등 자신의 건강 정보를 알 수 있듯이, 피트바크는 반려견의 활동량, 수면 상태, 칼로리 체크 등을 포함한 전반적인 건강 상태를 알려준다.

작고 귀여운 뼈다귀 모양의 피트바크는 배터리 수명이 최대 6개월이기 때문에 충전 걱정 없이 오랜 시간 계속해서 착용할 수 있고, 물에 뛰어들기 좋아하는 강아지들의 습성을 고려해 방수 기능도 적용돼 있다. 특히 무게가 가벼워 상시 착용해도 불편함이 없는 게 장점이다. 반려견의 행동 및 수면 상태를 지속적으로 모니터링할 수 있는 데다, 행동 변화가 감지되면 바로 알 수 있어 편리하다. 특히 트레이너나 수의사를 만날 때 피트바크에서 수집된 건강지수를 활용하면 반려견의 골관절염이나 통증 감지, 정형외과 재활 등의 변화를 쉽게 확인할 수 있다.

피트바크를 착용한 강아지와 피트바크가 분석한 건강 데이터   출처: 피트바크

더불어 피트바크는 반려견이 혼자 있거나 낯선 곳에 갔을 때, 혹은 낯선 사람을 만났을 때 등 여러 상황에서의 불안 정도와 스트레스 강도를 알려준다. 이러한 정보는 반려견이 어떤 상황에서 어느 정도의 스트레스를 받는지 알려주기 때문에 불편한 상황을 피할 수 있게 도와준다. 한편 피트바크의 야간 수면지수는 아토피 피부염이나 벼룩 알레르기 등으로 인한 가려움 및 피부 질환 상태를 추적하는 데 도움을 준다. 이처럼 피트바크는 기존의 반려견 트래커 상품이 주로 운동량을 추적하는 데만 집중됐던 것과 달리, 다양한 건강 상태를 점검할 수 있게 해준다. 반려견의 행동 데이터로 그들의 건강 상태를 감지하는 피트바크의 기술은, 140개 이

상의 국가에서 분석한 300종 이상의 다양한 반려견들의 건강 데이터를 기반으로 만들어졌다.

피트바크는 건강 정보뿐만 아니라 반려견의 운동 정보 체크에도 유용하다. 반려견의 체중 조절이나 건강을 위한 운동량 목표도 설정할 수 있다. 특히 피트비트를 비롯한 기존 스마트 워치의 피트니스 트래커와 연계해 반려인과 반려견의 운동량을 통합 관리하며 함께 체중 조절을 할 수 있다. 운동 거리, 시간, 소모 칼로리 등을 알려주고, 반려견의 품종, 연령, 체중에 따라 차별화된 활동량을 권장하기도 한다. 많은 반려인들이 반려견과 함께 운동하는 점을 감안할 때 이러한 통합 관리는 매우 편리하게 활용될 전망이다.

반려견의 행복한 삶을 모토로 하는 '휘슬헬스'

최근 출시된 휘슬헬스Whistle Health는 더욱 다양하고 세심한 방식으로 반려견의 행동을 분석하고 건강 상태를 파악한다. 예를 들어, 반려견이 몸을 긁는 횟수를 파악해 그 횟수가 심각하게 증가할 경우 알레르기 등으로 인한 피부병의 위험을 감지한다. 실제로 피부병은 반려견들이 병원을 자주 찾는 주요 원인으로 매우 중요한 정보가 될 수 있다. 또한 반려견들이 자주 하는 행동 가운데 하나인 혀로 핥기를 분석해 관절 통증 부위나 피부 자극, 높은 스트레스, 지루함 등을 감지한다. 이외에도 반려견이 물을 마시는 패턴 변화를 분석해 당뇨병이나 요로 감염 등의 건강 문제를 파악하고, 그들의 식습관 분석을 통해 구강 문제나 대사 장애, 스트레스 장애 등을 알아낸다.

휘슬헬스 제품과 행동 분석   출처: 휘슬

　휘슬헬스를 통해 수집된 데이터는 건강 상태 보고서로 작성돼 주별·월별로 알려주고, 앞으로의 건강 상태에 대한 유용한 정보도 함께 제공한다. 또한 휘슬헬스는 수의사와 데이터 과학자 팀이 실시한 펫 인사이트 프로젝트Pet Insight Project를 통해 연동된다. 이 연구는 10만 마리가 넘는 개의 건강 데이터를 수집, 밴필드동물병원Banfield Pet Hospital의 의료 기록과 비교 연구해 개들이 하는 행동과 건강의 상관성을 파악한 것이다.

　사람과 달리 반려동물은 말로 자신의 건강 상태를 알려주지 못하기 때문에 이들의 행동을 관찰해 상태를 파악할 수밖에 없다. 피트바크와 휘슬헬스 같은 상품은 반려견의 행동 언어를 반려인에게 전달해주는 번역기 역할을 한다. 이러한 소통은 반려동물의 건강을 더 잘 이해하고 큰 병을 예방할 수 있도록 도와주며, 조기 치료도 가능하게 해줘 반려동물과 반려인이 건강하게 오랫동안 함께하는 데 기여한다.

사람이 아닌 반려동물을 위한 펫 테크놀로지

미국의 반려동물 관련 상품 소비는 꾸준히 증가하고 있다. 2021년 한 해 미국 반려동물 산업의 지출 규모는 1,236억 달러(약 160조 6,800억 원)로 전년에 비해 19.3%나 증가했다. 특히 최근에는 피트바크나 휘슬헬스 같은 펫 테크놀로지 상품의 소비가 매우 활발해져 2021년 관련 산업 시장 규모가 6억 9,550만 달러(약 9,041억 5,000만 원)에 달했다. 분석가들은 2030년까지 펫 테크놀로지 관련 소비가 연평균 12.9%가량 성장할 것이라 전망한다.[*]

펫 테크놀로지가 적용된 초기 상품은 주로 반려동물을 혼자 두고 나가야 하는 사람들을 위한 제품에 집중됐다. 사료 및 간식, 물 등을 자동으로 공급해주는 장치나, 반려동물을 살펴보기 위한 모니터링 제품이 대표적인 예다. 그러나 최근에는 사람보다는 반려동물을 위한 테크놀로지 제품 개발이 활발하게 이루어진다. 반려견의 두뇌 발달이나 즐거운 여가 시간을 위한 쌍방향 장난감, 스트레스 완화를 위한 동물 전용 음악 스피커 등 반려동물에 초점을 맞춘 다양한 제품들이 출시되고 있다. 이 같은 변화는 반려동물을 애완동물이 아니라 가족의 일원으로 생각하는 인식의 변화에서 비롯됐다. 코로나19로 많은 사람들이 건강에 대해 높은 관심을 가지고, 나와 가족의 건강이 행복한 삶의 기본이라는 점을 다시금

---

[*] Grand View Research, 'U.S. Pet Wearable Market'.

상기하게 됐다. 이에 가족의 일원인 반려동물의 건강에 대해서도 관심이
높아져, 이들을 위한 건강 관리 제품 및 서비스를 이용하는 것이 자연스
러운 흐름이 됐다. 웰빙은 이제 사람뿐만 아니라 반려동물에게도 중요한
이슈다.

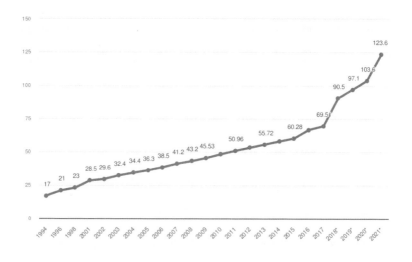

1994~2021년 미국 반려동물 산업 지출 규모(단위: 10억 달러)　　　　　　출처: 스태티스타

반려동물 산업의 핵심 키워드, '헬스케어' 다음은 '감정케어'?

반려동물의 건강에 대한 관심은 나아가 반려동물의 감정과 기분을 돌보
고자 하는 관심으로 발전하는 추세다. 펫 테크놀로지를 활용해 반려동물
의 기분을 알아내고 소통함으로써, 반려동물이 더욱 편안하고 행복하게
지낼 수 있도록 도와주는 제품의 연구와 상용화가 분주히 일어나고 있다.

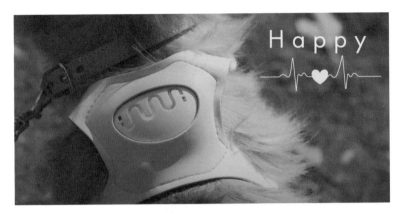

이누파시 제품과 실제 착용 모습(상)
플루언트펫 제품(하)

출처: 이누파시
출처: 플루언트펫

반려동물의 심장 박동 수로 심리 상태를 측정하는 이누파시^{Inupathy}는
편안함, 흥분됨, 행복, 흥미로움, 스트레스 등 반려견의 기분을 5가지 다
른 색깔의 LED 빛으로 구분해 보여줌으로써 그들의 감정을 쉽게 이해
하고 소통하도록 도와준다. 심지어 반려견이 자신의 기분을 직접 말로
전달할 수 있도록 하는 제품도 등장했다. 플루언트펫^{FluentPet}은 반려견이
녹음된 버튼을 눌러 사람과 소통하게 한 제품이다. '산책'이나 '배고픔'

같은 간단한 단어로 훈련을 시작해 나중에는 '즐거움', '아픔', '무서움' 등의 감정을 표현하는 단어에 이르기까지 소통이 가능하도록 하는 게 목적이다.

한국에서도 반려동물에 대한 인식 변화가 빠르게 일어나고 있다. '냥이 집사', '댕댕이 엄빠'와 같은 말들은 반려동물이 가족의 중요한 구성원으로 자리 잡았음을 보여준다. '펫팸족Pet+Family'은 반려동물을 가족처럼 여기는 사람들을 이르는 신조어로, 이들은 반려동물을 위해 아낌없이 투자하는 소비 성향을 보이며 반려동물 용품 및 서비스의 고급화를 주도한다. 다만 기존의 반려동물 상품과 서비스가 주로 반려동물을 돌보기 위한 것들로 반려인의 편의를 도왔다면, 이제는 반려동물의 웰빙과 건강을 위한 상품, 나아가 반려동물과 반려인이 함께 행복할 수 있는 서비스 개발이 필요한 시점이다.

실제로 최근 들어 이런 시도가 빈번해지고 있다. 한 스타트업이 반려동물의 건강 관리 및 질병 예방부터 일대일 자연식 수제사료 맞춤 식단, 반려동물 동반 호텔 숙박권 등을 제공하는 멤버십 구독 서비스를 출시해 화제가 됐고, 이외에도 챗봇으로 반려동물 관련 양육 상식을 제공해주는 양육 전문 앱, 반려견의 음성 데이터를 바탕으로 감정 패턴을 분석해 알려주는 음성 인식 감정 인식기, 반려동물의 심박 수와 호흡 수를 측정해 건강을 체크해주는 반려동물 전용 웨어러블 디바이스, 사물 인식 기술이 적용된 목걸이와 메타버스를 연계한 서비스 등 다양한 종류의 제품 및 서비스가 봇물처럼 쏟아진다.

시장 규모도 점차 확대되는 추세다. 한국농촌경제연구원에 따르면 2015년 1조 7,000억 원 수준이던 국내 반려동물 산업 시장 규모는 2020

년 3조 4,000억 원으로 2015년 대비 78.9% 성장했으며, 2022년에는 4조 2,000억 원에 달할 것으로 예상된다. 5년 후인 2027년에는 6조 원 규모까지 성장할 전망이다. AI, 빅데이터, IoT 등을 적용한 최첨단 펫 테크 제품이 한국 반려동물 시장을 점령할 날도 머지않은 셈이다.

이상미(애틀랜타무역관)

펫코노미를
견인하는
중국의 펫미족

항저우

반려동물을 가족처럼 여기는 '펫팸족', 반려동물을 인간처럼 대하는 '펫
휴머니제이션', 반려동물과 함께하는 호캉스를 의미하는 '펫캉스Pet+Ho-
tel+Vacance', 반려동물 친화형 제품이나 서비스를 의미하는 '펫 프렌들리
Pet Friendly' 등 반려동물 관련 용어들이 넘쳐나는 시대다. 그뿐인가. 2020
년 개봉한 영화 〈지니어스 독Think Like a Dog〉의 주인공인 천재 소년 '올리
버'처럼, 반려견을 가족처럼 생각하고 반려견의 생각을 읽고 싶어 하는
이들 또한 부지기수인 상황이다.

   이는 중국 역시 마찬가지다. 경제 발전으로 사회구조가 변화하면서
반려동물을 키우는 것에 대한 중국인들의 인식도 변화했다. 반려동물과
정서적 유대 관계를 쌓아가며 자식처럼 키우는 이른바 펫미족° 이 늘어

나고 있는 것이다. 이들은 사료와 간식을 고를 때도 반려동물의 나이, 체형, 건강 상태를 고려한 합리적 배합을 중시하고, 반려동물 미용, 의료 서비스를 적극적으로 이용하며, 반려동물의 내면과 외면, 정신 건강을 모두 잘 관리하기 위해 노력한다. 중국의 펫미족은 주로 대도시에 사는 18~35세 연령대의 여성들로, 소득 수준이 높고 대부분 학사 이상의 고학력자다. 반려동물을 위해 기꺼이 지갑을 여는 경제적 능력과 반려동물을 가족처럼 돌봐야 한다는 인식을 동시에 갖춰, 이들을 겨냥한 중국 반려동물 산업 규모도 점점 확대되는 추세다.

펫미족의 가장 큰 관심사는 '과학적으로 반려동물 키우기'

중국 펫미족의 가장 큰 관심사는 '과학적으로 반려동물 키우기'다. 이는 반려동물을 단순히 먹이고 기르는 기존의 방식에서 한발 더 나아가 나이, 체형, 선호도에 맞는 영양 성분을 제공하고 반려동물의 정신 건강 등 여러 가지 요소를 고려해 반려동물을 키우는 방식을 의미한다. 이들은 반려동물의 생애주기나 특성에 맞는 영양소 혹은 환경을 제공하려고, 반려동물에 관한 지식을 공부하며 다양한 제품과 서비스를 이용한다. 특히 식품과 간식 선택에 관한 한 까다롭기로 유명하다. 최근 인기를 끈 건 반려동물 모발 관리나 구충에 효과가 탁월한 식품들이다. 중국의 온라인 전자상거래 플랫폼인 제이디닷컴JD.COM에서 2022년 7월 발표한 통계에

• PET-ME, 중국어로는 쉔총파이(絢宠派)로 반려동물을 마치 자신의 분신처럼 여기며 반려동물을 위해 아낌없이 소비하는 사람들을 일컫는 말이다.

따르면, 6·18 세일 행사 기간 동안 반려동물 모발 건강과 구충에 효과적인 식품류의 거래액은 전년 동기 대비 각각 100%, 80%씩 증가했다.

이뿐만이 아니다. 중국의 펫미족은 마치 '매슬로의 욕구 5단계'처럼 단계별로 욕구를 충족해나간다. 가장 기본적인 단계라 할 수 있는 식품 선택에 그치지 않고, 반려동물의 건강과 정서적 측면까지 충족하는 다양한 기능의 전문 용품과 서비스를 적극적으로 이용한다. 또한 반려동물과의 유대 관계를 강화해 자신의 정서적인 면을 충족하려는 시도도 계속하고 있다. 이처럼 반려동물을 더 똑똑하고 풍요롭게 키우려는 펫미족의 다양한 요구는 기업들이 반려동물 관련 상품과 서비스 개발에 매진하는 동력으로 작용한다.

펫미족을 위한 맞춤형 구독 서비스, '몰리박스'

2021년 아이리서치[iResearch]의 온라인 설문조사 결과에 따르면, 펫미족은 대부분 온라인 검색이나 SNS를 통해 반려동물에 관한 지식을 얻는다. 이에 따라 중국의 반려동물 관련 기업들은 반려동물을 과학적으로 키우는 데 필요한 지식 정보를 전달하고 자신들의 제품을 홍보하기 위한 채널로 SNS를 적극 활용 중이다.

상하이의 펫 용품 스타트업 몰리박스[Molly Box]가 대표적인 예다. 몰리박스는 온라인을 기반으로 고양이 관련 용품과 식품 구독 서비스를 제공한다. 소비자들이 구독 주기를 선택할 수 있으며 99위안(약 1만 9,200원)부터 400위안(약 7만 7,600원)까지 가격대도 다양하다. 주요 타깃 소비자는 교육 수준이 높고 대도시에서 생활하는 젊은 화이트칼라로, 반려동물과 정서적으로 교류하지만 개인적인 시간은 많지 않은 사람들이다. 몰리박스는 이들이 자신의 고양이에게 맞는 제품을 고를 수 있도록 도와주고 고양이를 돌보는 방법에 대한 전문적인 팁을 제공한다. 소비자가 설정한 주기에 맞춰 배송, 결제가 되기 때문에 바쁜 반려묘 주인의 시간을 절약해준다는 점도 장점이다. 또한 랜덤박스와 달리 정기 배송되는 물품들은 모두 무작위로 선택된 제품이 아니라, 이용자의 설문조사 결과와 빅데이터를 기반으로 추천하는 맞춤형 제품이다.

구독형 서비스를 제공하는 몰리박스의 고양이 친화적인 디자인   출처: 몰리박스

　　중국의 반려묘 주인들을 사로잡은 몰리박스의 매력은 이게 다가 아니다. 제품이 포장된 박스에도 고양이와 주인을 위한 사려 깊은 서비스가 숨어 있다. 박스에는 고양이에게 꼭 필요한 스크래처가 설치돼 있고, 상자를 조립해 고양이를 위한 장난감이나 용품을 만드는 것도 가능하다.

또 SNS에서 자신의 반려동물을 자랑하고 싶어 하는 주인들을 위해 박스의 디자인도 인스타그램에 '올리기 좋게Instagramable' 제작한다. 주요 핵심성과지표가 펫미족이 온라인에 자신의 고양이와 몰리박스 제품을 업로드하는 비율일 정도다. 이처럼 펫미족을 사로잡기 위한 세심한 노력을 기울인 덕분에 2022년 몰리박스 사용 고객은 300만 명을 넘어섰고, 구독 서비스를 이용하는 고객 수도 30만 명을 넘겼다.

'스마트화'와 '고급화', 중국 반려동물 산업의 핵심 키워드

반려동물 관련 제품의 스마트화도 두드러지는 추세다. 현재 가장 인기 있는 스마트 제품은 자동 급수기와 급식기다. 자동 급수기는 물이 계속 흐르게 만들어 반려동물의 흥미를 유발함으로써 수분 부족으로 인한 건강 문제를 예방한다. 자동 급식기는 정해진 시간에 일정한 양의 사료를 공급해 좋은 식습관을 형성한다. 반려동물의 정서적 측면과 일상생활을 풍요롭게 해주는 스마트 완구도 큰 인기를 얻고 있다. 2022년 6·18 세일 행사 기간 동안 제이디닷컴에서 판매된 스마트 완구의 거래액은 전년 동기 대비 300%나 증가했다. 이외에도 스마트 고양이 화장실, 캣타워, 건조기 등 반려동물의 주인에게 편의를 제공하는 다양한 스마트 용품의 출시가 줄을 잇는다. 반려동물과 취미를 공유하고 싶어 하는 펫미족을 위한 제품도 등장했다. 특히 최근 중국을 강타한 캠핑 열풍에 발맞춰 펫 전용 텐트나 펫 전용 카트 등의 제품이 인기를 끈다.

반려동물 관련 서비스의 성장도 눈에 띈다. 신체 건강 못지않게 반려동물의 외모와 즐거운 생활을 중시하는 사람들이 많아지고 있어서다. 특히 반려동물 호텔 서비스와 미용 서비스가 펫미족의 많은 관심을 받는다. 아이리서치의 설문조사 결과도 이를 뒷받침한다. 반려동물을 키우는 사람을 대상으로 진행한 조사에서 향후 미용이나 위탁 호텔 같은 서비스를 이용할 것이라고 답변한 이들이 87%에 달했을 정도다. 이 같은 펫미족의 수요에 발맞춰 고급화된 서비스도 속속 등장하고 있다.

일례로 베이징의 한 펫 리조트는 반려견들을 마치 유명 인사처럼 대접하는 고급 서비스를 제공한다. 5,000㎡ 규모의 리조트에서 수영장, 영화관, 파티룸 사용은 물론 고품격 호텔 서비스, 미용·목욕·훈련 서비스 등을 즐길 수 있도록 한 것이다. 호텔 서비스는 1일에 198위안(약 3만 8,400원)에서 298위안(약 5만 7,800원) 사이며, 수영장·영화관 이용과 목욕 서비스 등을 포함한다. 또한 스트리밍 서비스를 통해 위탁한 반려동물을 실시간으로 확인하는 것도 가능하다.

고급 서비스를 제공하는 베이징의 펫 리조트　　　　　출처: Cute Beast Pet Resort 블로그

한편 위탁 서비스가 부담스러운 고객들을 위한 방문형 돌봄 서비스도 있다. 휴가나 출장 등으로 집을 오래 비워야 하는 경우, 전문 반려동물 돌보미가 집으로 방문해 먹이를 챙겨주며 함께 산책하고 화장실을 청소해주는 서비스다. 반려동물이 익숙한 환경을 떠날 필요가 없다는 장점 때문에 오히려 방문형 서비스를 선호하는 펫미족도 상당수다.

'온라인화'에 꽂힌 중국의 반려동물 서비스

다양한 산업에 온라인을 접목해 산업의 전환을 꾀하고 있는 중국답게, 반려동물 관련 서비스도 온라인화가 대세를 이룬다. SNS로 반려동물 관련 정보를 제공하는 것에서 한발 더 나아가, 실시간으로 반려동물 자문 서비스를 제공하며 반려동물 주인들과 소통한다. 온라인화된 대표적 반려동물 서비스로는 의료 서비스를 꼽을 수 있다.

중국의 주요 전자상거래 플랫폼인 제이디닷컴은 지난 2021년 온라인으로 24시간 반려동물의 건강 관련 상담을 받을 수 있는 'JD건강 반려동물병원' 서비스를 출시했다. 반려동물을 키우는 고객이라면 누구나 제이디닷컴의 '무료로 수의사에게 문의하기'를 클릭, 사진·텍스트·화상 상담을 통해 플랫폼에 등록된 5,000여 명의 전문 수의사와 상담할 수 있다. JD건강 반려동물병원은 전문의로 구성된 7개 부서를 운영하며 진단 상담, 사후 진단, 건강 관리 같은 전반적인 서비스를 제공한다. 지난 2022년 4월에는 ISO 9001 품질 관리 시스템 표준을 통과해 중국 최초의 온라인 동물병원으로 자리매김했다.

온라인 반려동물병원 서비스   출처: 제이디닷컴

반려동물 친화 매장과 맞춤형 명품백의 등장

중국 펫미족의 가장 큰 특징은 반려동물을 위해서라면 아낌없이 소비할 준비가 돼 있고, 자신들이 반려동물을 얼마나 아끼고 사랑하는지를 적극적으로 알리고 싶어 한다는 데 있다. 이런 펫미족의 소비력과 영향력 때문에 반려동물과 직접적으로 관련 없는 기업도 이들을 노린 마케팅에 적극 나서고 있다.

일례로 스타벅스는 2018년 청두와 선전에 반려동물 친화 매장을 운영하기 시작해 현재 160개의 반려동물 친화 매장을 운영 중이다. 펫미족을 겨냥해 실외 공간과 반려동물 전용 좌석을 설치하고, 반려동물 전용 음료도 제공한다. 중국의 가장 큰 차(茶) 음료 체인점인 '헤이티Hey Tea'

역시 2020년 선전에 반려동물 친화 매장을 운영하기 시작했다. 반려동물을 위한 실외 휴식 공간, 음료가 쏟아지지 않도록 방지하는 테이블, 반려견을 위한 물 그릇 등 매장 곳곳에 주인과 반려동물을 위한 시설을 설치해 펫미족의 주목을 한 몸에 받았다.

반려동물 친화 매장   출처: 헤이티

세계적인 명품 브랜드들 역시 펫미족을 사로잡을 반려동물 활용 마케팅에 적극적이다. 반려견 목걸이나 식사용 그릇 등 반려동물을 위한 제품을 출시하는 것은 물론 반려동물을 소통 채널로 활용하기도 한다. 의류, 액세서리 등 다양한 분야에서 반려동물을 활용한 마케팅을 펼치고 있다. 발렌티노Valentino 같은 경우, 고객의 이니셜과 고객의 반려동물 일러스트로 커스터마이즈한 '펫 백' 라인을 출시해 브랜드와 고객의 정서적 유대감을 높이기도 했다.

사회적 인식 수준에 걸맞은 반려동물 관련 정책 개선이 시급

앞으로 펫미족의 요구는 더욱 다양해지고 세분화될 것으로 예상된다. 그리고 중국의 기업들은 이 수요를 충족하기 위해 다양한 상품과 서비스를 내놓을 것이다. 하지만 중국의 펫 산업은 아직 초기 단계인 만큼 관련 규제나 법률 면에서 개선이 필요한 부분이 많다. 이는 한국의 펫 산업도 마찬가지다. 반려동물과 주인을 보호할 수 있고, 사회가 인지하는 수준과도 부합하는 정책 마련이 시급하다.

한국의 경우 반려동물 시장을 블루오션으로 판단, 정부 주도하에 신규 시장 및 고용 창출을 위한 정책 육성과 제도 개혁 등을 추진 중이다. 2017년 3월 '동물보호법'을 개정해 반려동물 생산업, 판매업, 수입업, 미용업, 장묘업의 업종 구분을 명시하고 애견 미용사, 핸들러, 훈련사, 반려동물 종합관리사 등의 인력 및 시설 기준을 마련한 게 대표적인 예다. 펫 케어 시장의 성장세 역시 두드러진다. 시장조사 기관 유로모니터 Euromonitor와 국제무역통상연구원의 자료에 따르면, 최근 5년간 연평균 8.4%의 성장률을 기록 중이다. 이에 발맞춰 각 기업들의 반려동물 관련 서비스 출시도 줄을 잇는다. 백화점과 쇼핑몰에선 반려견 전용 승강기를 마련하고, 유료로 반려견을 돌봐주거나 훈련 및 산책 서비스를 제공하는 곳이 늘어나고 있고, 펫 드라이룸, 펫 유모차, 스마트 급수기 등 반려동물용 가전도 급증하는 추세다. 펫 전용 러닝머신, 반려견 전용 유모차 대여 서비스 등이 포함된 호텔 업계의 호캉스 패키지도 좋은 반응을 얻고 있다.

그렇다면 반려동물을 가족처럼 여기는, 혹은 나와 동일시하는 중국의 펫미족은 앞으로 어떤 소비를 하게 될까? 최근 중국에서도 친환경, 지속가능한 소비, 착한 소비가 주요 키워드로 떠오르는 만큼 곧 반려동물 관련 제품에도 이런 수요가 반영될 가능성이 높다. 중국의 펫미족을 사로잡고 싶다면 앞으로 친환경적이고 지속가능한 제품에 주목할 필요가 있겠다.

전수진(항저우무역관)

FRIEND

죽음을 맞이하는 새로운 방법, 데스테크의 미래

달라스

저스틴 크로Justin Crowe는 할아버지가 돌아가신 후, 주위 사람들과 사랑하는 이를 잃은 경험과 상실감을 극복하는 방법에 대한 감동적인 이야기를 나누었다. 하지만 화장된 유해를 다루는 과정에서 발생한 몇몇 이야기는 그를 큰 충격에 빠뜨렸다. 특히 고인의 유해를 실수로 흘린 후 청소도구로 쓸어 담았다는 이야기나, 고인의 유해를 뿌리던 날 바람이 심해 엉망이 됐다는 이야기, 지하실이나 옷장 또는 차고에 고인의 유해를 방치하는 이들이 생각보다 많다는 이야기는 '어떻게 하면 이런 안타까운 일들이 더 이상 발생하지 않을까?'를 고민하게 만들었다. 치열한 고민 끝에 고인의 유해가 소외감과 불안감을 유발할 수 있는 형태로 남아 있는게 가장 큰 문제라는 결론에 도달한 그는, 이를 해결할 방안을 찾기 시작했다. 사랑하는 사람과의 친밀감을 느끼고 싶어 고인의 유해를 집에 보관하려는 이들에게, 재의 형태는 보기에도 좋지 않고 무의미하게 느껴질 수 있다는 생각에서였다. 저스틴은 로스앨러모스국립연구소Los Alamos National Laboratory에서 2년간의 연구에 돌입, 재가 아닌 새로운 형태의 유해 보관법을 개발하는 데 성공했다. 이것이 바로 파팅스톤Parting Stone의 시작이다. 파팅스톤은 유해를 40~60개의 돌멩이로 만들어 제공한다. 유해가 재의 형태로 남아 있기 때문에 발생하는 불편한 경험을 개선하는 것이다.

유해로 만든 돌   출처: 파팅스톤

사랑하는 이의 마지막을 간직하게 해주는 파팅스톤

'사람은 모두 죽는다'는 건 변하지 않는 사실이다. 하지만 죽음에 대해 이야기하는 건 여전히 쉽지 않다. 죽음으로 인한 슬픔을 완화하는 데 도움

을 주는 것은 데스테크$^{Death\ Tech}$(죽음에 대한 계획을 돕는 기술)의 존재 이유이기도 하다. 파팅스톤 역시 바로 이러한 이유에서 출발했다.

고인의 유해를 재가 아닌 다른 형태로 보관하는 건, 고인과의 추억을 되새기며 상실감을 다스리는 데 큰 도움이 된다. 물론 유해를 고형으로 만드는 과정에서 나타나는 모양, 질감, 색깔, 숫자는 사람마다 다 다르다. 대부분 하얀 돌맹이 같은 형태지만, 푸른색 혹은 갈색 기운을 띠거나 녹색 등으로 나타나는 경우도 있다. 유골을 굳히는 과정은 도자기를 만드는 과정과 유사하다. 우선 파팅스톤의 실험실에 도착한 유골을 더욱 부드러운 가루 형태로 정제한다. 여기에 소량의 결합제를 첨가해 점토와 유사한 물질을 만든 후 가마에 구워 광택을 내면 모든 과정이 끝이 난다. 완성품은 다시 가족에게 돌아간다.

2022년 기준 파팅스톤의 고형화 기술은 특허 출원 중이다. 파팅스톤의 기술이 특별한 이유는 유해를 더 편리하게 보관할 수 있도록 해줄 뿐 아니라, 직접 돌맹이를 만지는 촉각적 기억 경험을 통해 슬픔에 빠진 이들에게 힘을 실어준다는 점에 있다. 실제로 파팅스톤의 서비스를 이용한 한 고객은 10년 넘게 어머니의 유골을 옷장에 보관했으나, 그 사실이 마음의 안정을 주지는 못했고 가끔은 아무 의미가 없는 것처럼 느껴졌다고 말했다. 그러나 파팅스톤은 그에게 기대 이상의 변화를 가져왔다. 돌맹이의 표면이 매끄러워 워리 비드$^{Worry\ Bead}$(손으로 만지면 걱정을 없애고 감정을 안정시키는 구슬)처럼 사용하는데, 만질 때마다 마음의 안정이 찾아올 뿐 아니라 어머니와의 기억이나 감정을 다시 불러일으키는 강력한 힘이 있다고 밝힌 것이다.

또 다른 고객은 재가 아닌 돌맹이 형태라 가지고 다니기 편리해, 업무상 여행을 많이 다니는 이들에겐 파팅스톤의 서비스가 매우 좋은 선택지라고 강조했다. 공간을 적게 차지하면서도 언제든 가까이에 둘 수 있어 매일매일의 일상생활에서 사랑하는 이를 기억할 수 있는 것은 물론이고, 이를 매개로 다른 사람과 고인의 이야기를 나누기에도 적합하다고 평가했다. 말기 암 상태였던 한 고객은 직접 파팅스톤의 서비스를 신청하며 자신의 유해로 만든 돌멩이를 친구 25명에게 나누어줄 것을 계획하기도 했다. 이와 같이 파팅스톤의 서비스는 가족과 친구 사이에 고인을 기념할 수 있는 매개가 될 뿐 아니라, 세대를 뛰어넘어 각별한 의미를 전달할 수도 있다.

다양한 크기와 색상의 파팅스톤 결과물　　　　　　　　　　　　　출처: 파팅스톤

파팅스톤의 서비스 비용은 995달러(약 129만 원)로, 소요 기간은 실험실에 고인의 유해가 도착한 시점에서 보통 10주가량이다. 현재 파팅스톤의 서비스는 사람에 머무르지 않고 이젠 가족이라 말할 수 있는 반려동물에까지 영역을 넓힌 상태다. 개나 고양이뿐 아니라 토끼, 새, 파충류, 말, 설치류, 물고기 등에 대해서도 서비스를 제공한다. 반려동물의 종류나 크기에 따라 생성되는 돌멩이의 숫자는 1개에서 35개 사이로 편차가 큰 편이다. 파팅스톤의 서비스를 이용하고 싶은 소비자들은 파팅스톤 웹사이트에서 신청하거나 미국과 캐나다에 걸친 200여 곳의 제휴 장례식장을 방문해 문의하면 된다.

존엄한 죽음을 돕는 데스테크 산업의 성장

파팅스톤 외에도 이와 유사한 데스테크 기업은 계속 늘어나는 추세다. 코로나19를 계기로 보다 많은 사람들이 죽음에 대해 진지하게 생각하고 대비하는 경향이 강화된 것이다. 그리고 이는 데스테크 산업의 성장에 기폭제로 작용했다.

파팅스톤과 유사한 서비스를 제공하는 데스테크 기업으로는 미국 텍사스 주 오스틴에 소재한 에테르네바Eterneva가 있다. 에테르네바는 고인의 재를 활용해 다이아몬드를 만드는 서비스를 제공하는데, 다이아몬드의 모양과 색상을 직접 선택하는 맞춤형 서비스가 가능하다. 고객들은 고인의 머리카락 색깔이나 눈 색깔 혹은 고인이 좋아했던 색상을 선택하거나, 고인의 이름을 다이아몬드에 새겨 의미를 더한다. 가격은 색상과 크기에 따라 상이하지만 대개 3,000달러(약 390만 원)에서 5만 달러(약

6,500만 원) 수준이며, 제품을 받기까지는 약 10개월에서 12개월이 소
요된다. 에테르네바 역시 파팅스톤처럼 반려동물을 위한 서비스를 제공
한다. 고객들은 에테르네바의 서비스가 독특하면서도 힐링이 되는 경험
이었다고 강조한다.

반려동물을 위한 데스테크 서비스   출처: 에테르네바

또 다른 데스테크 기업인 케이크^{Cake}는 삶의 끝을 계획하는 데 필요
한 모든 도구를 제공한다. 죽음을 대비하는 일이 악몽과 같은 일이 아니
라, 그동안 살아온 삶을 축하하고 그 사람의 기억과 유산을 기리는 데 집
중돼야 한다는 취지에서다. 이 같은 철학에 따라 케이크는 점검표를 통해
죽음 후 취해야 할 단계, 유언 작성 도구, 온라인 추모 공간 생성 도구와 더
불어 전문가의 경험과 노하우, 풍부한 정보도 함께 제공한다.

유사한 기업으로는 트러스트앤드윌^{Trust & Will}이 있다. 이 기업은 유언,
신탁, 후견 같은 법률 서비스를 제공하는데, 온라인을 활용해 비용을 대

폭 낮췄다. 게다가 사용이 쉽고 이해하기 단순하게 구성돼 소비자들이 법률 전문가의 도움 없이 직접 유언장을 작성하는 것도 가능하다. 이외에도 신용정보 기관에 사망 보고를 하는 방법, 사망 이후 우편 수신을 중지하는 방법, 배우자 사망이나 이혼 시 유서를 변경하는 법 등 여러 가지 상황별로 유용한 정보를 제공한다.

유골을 흙으로 전환해 생명의 순환을 돕는 리턴홈

한편 지속가능성에 초점을 맞춘 리턴홈Return Home이라는 기업도 있다. 리턴홈을 설립한 마이카 트루먼Micah Truman은 화장이나 매장이 모두 환경적으로 지속가능하지 않다는 점에 집중했다. 한 번의 화장은 보통 연료 110리터를 태우고 이산화탄소 250kg을 대기 중으로 방출하는 데다, 그 결과물인 사람의 재는 지구에 전혀 유용하지 않다. 화장한 유해는 강알칼리성이라 토양에 뿌려지면 식물에 악영향을 미칠 수 있어서다. 또한 전통적인 매장법은 엄청난 공간을 차지하며, 방부 처리를 위해 발암물질로 알려진 포름알데히드를 사용해야 한다. 결국 마이카는 시신을 퇴비화하는 방법이야말로 세상을 바꿀 수 있는 대안책이라고 생각하게 됐다. 이를 위해 기계 엔지니어, 전기 엔지니어, 토양 과학자, 장례 업체 등 〈오션스 일레븐Ocean's Eleven〉 같은 영화에서나 볼 법한 드림팀을 만들었다. 2년간 방법을 강구하고 연구 개발을 시도한 끝에 2021년 마침내 정식으로 리턴홈의 운영을 시작했다.

리턴홈의 기술은 인간의 유골을 퇴비화, 즉 흙으로 전환한다. 이 기술은 화장법에 비해 10%의 에너지만을 사용하며 약 60일에 걸쳐 유골이 흙으로 전환되기 때문에 생명의 순환을 돕는다. 진행 과정은 간단하다. 먼저 베셀^{Vessel}이라고 불리는 길이 약 2.5m, 높이 1m, 너비 1m의 시신을 놓을 용기를 만든 후, 시신을 넣고 알팔파^{Alfalfa}(여러해살이풀의 종류), 짚, 톱밥 등이 포함된 유기물을 첨가한다. 이후 산소를 주입해 미생물이 시신을 흙으로 변화시키는 것을 돕는다. 시신은 한 달 이내 모두 흙으로 전환되며, 두 번째 달에는 흙을 그대로 둬 숨을 쉴 수 있도록 하는 레스팅^{Resting} 단계를 거친다. 이렇게 변환된 흙은 다시 가족에게 되돌아가는데 특이하게도 달콤한 냄새가 나는 게 특징이다.

리턴홈의 서비스를 찾는 이들이 비교적 젊은 나이라는 것도 주목할 만하다. 실제로 리턴홈을 이용한 최초 고객 5명의 나이는 모두 40살 이하였다. 기후변화 대응에 관심이 많은 젊은 세대들이 환경을 위한 선택을 몸소 실천하는 셈이다.

맞춤형 데스테크 서비스가 필요한 이유

미국의 호스피스 서비스 제공 기업인 비타스헬스케어^{VITAS Healthcare}는 2022년 3월, 미국인 1,000명을 대상으로 말기 치료 계획에 대한 설문을 실시했다. 이에 따르면 응답자의 68%가 말기 치료에 대한 희망사항을 문서화하는 것이 중요하다고 답했다. 55세 이상의 경우 73.1%가 말기 치료 계획을 미리 논의할 것이라고 답했는데, 이는 전년도 수치인 65%에 비해 8.1%p 높은 수치다. 다시 말해 점점 더 많은 이들이 죽음에 대해 미리 계획하고 방안을 마련해두고자 함을 나타낸다. 말기 치료 계획을 미리 논의하려는 이유로는, 결정을 내리는 데 가족에게 부담을 주기 싫어서가 56.4%, 재정적인 이유가 47.5%를 차지했다.

한국의 상황은 어떨까? 알려진 바에 따르면 한국인 절반 이상은 죽음에 관한 대화를 거의 하지 않는다. 장례식에 사용될 영정 사진을 찍는 것조차도 감정적으로 받아들이는 상황에서, 죽음과 그 이후에 대해 이야기하는 것은 금기시될 수밖에 없다. 그러나 미국에서도 코로나19를 계기로 특히 젊은 층 사이에서 죽음 이후를 계획하는 것이 큰 폭으로 증가하고, 죽음에 대해 이야기하는 것이 보다 일반화된 것과 마찬가지로 한국에서도 점차 이러한 변화가 일어날 것으로 예상된다. 실제로 최근 들어 웰다잉Well-Dying에 대한 관심이 증가하고 존중받는 죽음에 대한 논의도 늘어나는 추세다. 2022년 6월에는 말기 환자가 의사로부터 약을 처방받아 생을 마감하는 행위를 합법화하는 내용을 담은 연명의료결정법 개정안이 국회에서 발의되기도 했다. 아직 데스테크가 산업의 영역으로까지 나아가진 못했지만, 의미 있는 여러 변화가 일어나는 셈이다.

죽음은 아무도 피할 수 없는 삶의 한 단계다. 이 과정을 겪는 건 누구나 일생에 단 한 번이다. 죽음의 과정에서 인간의 존엄성을 유지하며, 남은 이들이 고인을 아름답고 뜻깊게 기억할 수 있도록 돕고, 환경적으로 인류의 미래를 위한 지속가능한 방안을 추구하는 데스테크 산업은 보다 다양한 모습으로 확장·진화하고 있다. 한국에서도 머지않아 데스테크 산업과 이와 관련한 서비스 수요가 대폭 늘어날 것으로 보인다. 따라서 우리 실정에 맞는 맞춤형 서비스와 기술을 개발하여 블루오션인 죽음 관련 틈새 시장을 개척하는 의지가 필요한 시점이다.

이성은(달라스무역관)

2023 한국이 열광할 세계 트렌드

초판 1쇄 발행일 2022년 10월 31일
초판 4쇄 발행일 2023년 1월 30일

지은이 KOTRA

발행인 윤호권
사업총괄 정유한

편집 정상미, 신수엽 **디자인** A.u.H(이선영) **마케팅** 명인수
발행처 ㈜시공사 **주소** 서울시 성동구 상원1길 22, 6-8층(우편번호 04779)
대표전화 02-3486-6877 **팩스**(주문) 02-585-1755
홈페이지 www.sigongsa.com / www.sigongjunior.com

글 ⓒ KOTRA, 2022

ISBN 979-11-6925-331-4 03320
KOTRA 자료 22-097

* 시공사는 시공간을 넘는 무한한 콘텐츠 세상을 만듭니다.
* 시공사는 더 나은 내일을 함께 만들 여러분의 소중한 의견을 기다립니다.
* 알키는 ㈜시공사의 브랜드입니다.
* 잘못 만들어진 책은 구입하신 곳에서 바꾸어 드립니다.